MINERVA
はじめて学ぶ教科教育
9

吉田武男
監修

初等体育科教育

岡出美則
編著

ミネルヴァ書房

監修者のことば

　本書を手に取られた多くのみなさんは，おそらく学校の教師，とくに小学校の教師になることを考えて，教職課程を履修している方ではないでしょうか。それ以外にも，中等教育の教師の免許状とともに，小学校教師の免許状も取っておこうとする方，あるいは教育学の一つの教養として本書を読もうとしている方も，わずかながらおられるかもしれません。

　どのようなきっかけであれ，本シリーズ「MINERVA はじめて学ぶ教科教育」は，小学校段階を中心にした各教科教育について，はじめて学問として学ぶ方に向けて，教科教育の初歩的で基礎的・基本的な内容を学んでもらおうとして編まれた，教職課程の教科教育向けのテキスト選集です。

　教職課程において，「教職に関する科目と教科に関する専門科目があればよいのであって，教科教育は必要ない」という声も，教育学者や教育関係者から時々聞かれることがあります。しかし，その見解は間違いです。教科の基礎としての学問だけを研究した者が，あるいは教育の目的論や内容論や方法論だけを学んだ者が，小学校の教科を1年間にわたって授業を通して学力の向上と人格の形成を図れるのか，と少し考えれば，それが容易でないことはおのずとわかるでしょう。学校において学問と教科と子どもとをつなぐ学問領域は必要不可欠なのです。

　本シリーズの全巻によって，小学校教師に必要なすべての教科教育に関する知識内容を包含しています。その意味では，少し大げさにいうなら，本シリーズは，「教職の視点から教科教育学全体を体系的にわかりやすく整理した選集」となり，このシリーズの各巻は，「教職の視点から各教科教育学の専門分野を体系的にわかりやすく整理したテキスト」となっています。もちろん，各巻は，各教科教育学の専門分野の特徴と編者・執筆者の意図によって，それぞれ個性的で特徴的なものになっています。しかし，各巻に共通する本シリーズの特徴は，多面的・多角的な視点から教職に必要な知識や知見を，従来のテキストより大きい版で見やすく，「用語解説」「法令」「人物」「出典」などの豊富な側注によってわかりやすさを重視しながら解説されていることです。また教科教育学を「はじめて学ぶ」人が，「見方・考え方」の資質・能力を養うために，各章の最後に「Exercise」と「次への一冊」を設けています。なお，別巻は，教科教育学全体とその関連領域から現代の学力論の検討を通して，現在の学校教育の特徴と今後の改革の方向性を探ります。

　この難しい時代に子どもとかかわる仕事を志すみなさんにとって，本シリーズのテキストが各教科教育の大きな一つの道標になることを，先輩の教育関係者のわれわれは心から願っています。

2018年

吉　田　武　男

はじめに

　体育という教科がなければ，私は幸せな小学校生活を送れたのに。このような指摘は，常に繰り返されている。ここでの問題は，教科で学ぶべき知識や技術の存在が見過ごされていることである。体育の授業の成果が個人の体力や運動能力に規定されているという誤解である。しかしどの教科であれ，意図的，計画的に学習しないと習得できない知識や技術がある。体育もまた，そのような条件を整えているがゆえに教科として存在していると考えるべきである。

　学校教育内で教科として実施される体育の授業は，誰もが学ぶに値すると考えられた指導内容が設定されており，その確かな習得が可能になるように，発達の段階に応じた教材，教具が設定され，その確実な習得に必要な時間を確保し，意図的，計画的に展開される必要がある。しかし，授業を受ける児童の実態や利用できる施設，用具も多様である。そのため，教師は，目標達成に向け現実的な対応を行っている。

　私たちは，このような工夫を重ね，優れた授業を展開している教師に多々巡り会うことになる。しかし，優れた授業を展開している教師のなかには，自身が何を考え，実行しているのかに無自覚な方も数多く見られる。

　このような状態は，これから教師になろうとするみなさんにとっては戸惑いの原因でしかない。質の高い授業ができるようになるために大学生としていつ，何をすればいいかが見えないためである。しかし，いい授業ができるようになるためのマジックは存在しない。マジシャンが人の目をいかに引きつけようが，そこにマジックを成功させる特定の手続きが確かに存在するのであり，その手続きを確実に使いこなすための地道な取り組みが重ねられている。体育の授業にしても同じである。授業を受けている児童が先生の授業をもっと受けたいと言ってくれるような授業を行えるようになるためには，大学生として取り組むべき課題が存在する。このことを具体的に考えるには，まずは，教育実習に行くまでの時期に取り組む課題，教育実習期間中に取り組む課題，教育実習終了後に取り組む課題を大別して自分ができることを整理する必要がある。そのため本書は，教育実習に行くまでの時期に焦点をあて，そこで身につけてほしい知識や技能を新学習指導要領で示された体育の授業の意義や指導内容，指導計画と関連づけながら紹介することを意図した。

　体育の授業の実態は，学習指導要領が改訂されても変わらないと言われることもある。しかし，新学習指導要領は，学習指導要領［平成20年改訂］の成果と課題を踏まえて修正されてきた。また，今回の改訂では，期待する成果と指導内容，指導方法の一貫性を確保する必要性が明記されるとともに，インクルージョンの視点が明記されている。それは，改めて，授業の成果を適切に評価する手続きを意識しつつ，確かな学習成果を保証していく取り組みを教師に求めるものと言える。

　そのため本書では，この教師の成長の過程と指導内容，指導計画の立案，実行に関する基本的な知識，技能の習得を意識し，次のように内容を構成した。

はじめに

　まず，第1章では初等体育科の意義を新学習指導要領に即して解説するとともに，第2章から第6章にかけては，教師の成長過程や省察の方法，環境整備，学習指導論，評価法に分け，個々の内容領域の授業をつくる前提条件として踏まえておきたい基本的な知識や技能を紹介している。

　これに対して第7章から第15章までは，個々の内容領域について，中学校までを含む指導内容の一覧表を含め，個々の内容領域の指導内容に即した評価規準を前提に，単元計画ならびに本時の計画の作成手続きやその具体例を紹介している。しかし個々に見るだけでなく，本書を用いて，互いの内容領域の共通性や差異も確認していただきたい。

　例えば，小学校第1学年～第2学年と第5学年～第6学年で指導される「思考力，判断力，表現力等」の内容にはどのような違いがあるのかだけではなく，同じ第5学年～第6学年であっても陸上運動とボール運動にはどのような違いがあるのかを，具体例を踏まえて確認していただければと考えている。その理解が，個々の内容領域の指導内容や児童の発達の段階に対する理解を深めるとともに，指導計画の作成をより効率化してくれると考えている。

　もっとも，学習指導要領解説などで示されている具体例はあくまで参考であり，実際に児童を前にした際には，その実態を踏まえた指導計画の構想，実施が求められることになる。

　加えて，このような対応が教育実習で可能になるためには，大学内で受ける授業において，具体的な指導内容に即した指導計画を作成するのみならず，作成した指導計画を実際に用いて授業を行い，その過程を振り返り，作成した指導計画や自身がそこで取った行動の妥当性を検討しておくことも重要になる。模擬授業はそのいい機会を提供してくれる。

　実は，教師になると，意外に，人の授業を見る機会が少なくなる。隣の教室で行っている授業を見ることもできない。ましてや，教室から離れた施設で実施される体育の授業を参観することは難しい。加えて，せっかく人の授業を見る機会を得ても，何をどのように見ればいいのかがわからないまま終わることも多い。このような状態を回避し，参観の機会をより効果的にする方法は，第3章で紹介している省察の方法を援用することである。一定の視点と手続きを適用することで授業の実態やそれを引き起こしている原因も理解しやすくなる。その意味では，本書は，自分自身が授業をすることのみではなく，人の授業を見ながら，それを参考にすることにも必要な知識や技術を組み込んでいる。

　なお，最終章においては，小学校の体育の授業をめぐる国際的な動向を紹介している。それにより，わが国で実施されている授業に対する理解を深める情報提供に努めた。国際的な体育授業削減現象への取り組みは，改めて，学校教育内における初等体育科の重要性を伝える機会を多くの国の人々に提供してくれた。また，良質の体育授業実現に必要な条件についてもわかりやすい情報を提供してくれることになった。このことは，開発途上国だけではなく，日本にとっても同じである。

　本書を通して自分が今まで受けてきた授業の長所や短所，その原因について検討することで，教師になった時に自分が行ってみたいと考える体育授業の具体像やその手続きをイメージできるきっかけとなればと考えている。

2018年11月

編著者　岡出美則

目次

監修者のことば
はじめに

第Ⅰ部　体育の授業づくり論と教師の成長

第1章　初等体育科教育の意義と内容構成 …… 3
1　初等体育科教育の意義 …… 3
2　初等体育科教育の目標 …… 4
3　初等体育科教育の内容構成 …… 8
4　初等体育科教育の指導計画の作成と内容の取扱い …… 14

第2章　初等体育科教育にかかわる教師の成長過程 …… 16
1　全教科を指導する小学校教師 …… 16
2　体育指導に求められる資質・能力 …… 17
3　教師の成長の場 …… 20
4　教師の成長にかかわる要因 …… 22

第3章　初等体育科教育の改善に向けた省察の方法 …… 27
1　教員養成制度改革と省察 …… 27
2　生産的な省察に向けた手続き …… 29
3　省察をするためのデータの収集方法 …… 31
4　収集したデータを分析，解釈する方法
　　——省察の経験を授業案の立案，教授技能の改善に活用する …… 35

第4章　初等体育科教育の指導計画と学習環境整備 …… 39
1　体育からみたカリキュラム・マネジメント …… 39
2　指導計画の種類 …… 40
3　年間計画 …… 41
4　単元計画 …… 45
5　単元時間計画 …… 48
6　学習環境の整備 …… 49

第5章　初等体育科教育の学習指導論 …… 51
1　よい授業から効果的な授業へ …… 51

2　逆向き設計 …………………………………………………………………… 52
　3　学習者の条件 ………………………………………………………………… 52
　4　マネジメント課題 …………………………………………………………… 53
　5　学習指導課題 ………………………………………………………………… 54
　6　人間関係課題 ………………………………………………………………… 56
　7　自己の学習への責任の醸成 ………………………………………………… 57

第6章　初等体育科教育の評価と授業改善 …………………………………… 62
　1　学習評価の意義 ……………………………………………………………… 62
　2　評価の方法 …………………………………………………………………… 66
　3　評価規準の設定と評価計画の作成 ………………………………………… 68
　4　学習評価を生かした授業改善に向けて …………………………………… 72

第Ⅱ部　個別内容領域の授業をつくる

第7章　初等体育科教育の実践①——体つくり運動系 ……………………… 77
　1　体つくり運動系の新学習指導要領における位置づけ …………………… 77
　2　体つくり運動系の指導内容 ………………………………………………… 80
　3　体つくり運動系の指導計画と評価 ………………………………………… 83
　4　体つくり運動系の学習指導の工夫 ………………………………………… 86

第8章　初等体育科教育の実践②——器械運動系 …………………………… 89
　1　器械運動系の新学習指導要領における位置づけ ………………………… 89
　2　器械運動系の指導内容 ……………………………………………………… 90
　3　器械運動系の指導計画と評価 ……………………………………………… 94
　4　器械運動系の学習指導の工夫 ……………………………………………… 98

第9章　初等体育科教育の実践③——陸上運動系 …………………………… 102
　1　陸上運動系の新学習指導要領における位置づけ ………………………… 102
　2　陸上運動系の指導内容 ……………………………………………………… 103
　3　陸上運動系の指導計画と評価 ……………………………………………… 107
　4　陸上運動系の学習指導の工夫 ……………………………………………… 111

第10章　初等体育科教育の実践④——水泳運動系 ………………………… 114
　1　水泳運動系の新学習指導要領における位置づけ ………………………… 114
　2　水泳運動系の指導内容 ……………………………………………………… 115
　3　水泳運動系の指導計画と評価 ……………………………………………… 118
　4　水泳運動系の学習指導の工夫 ……………………………………………… 121

第11章　初等体育科教育の実践⑤——ボール運動系（ゴール型）……126
- 1　ゴール型の新学習指導要領における位置づけ……126
- 2　ゴール型の指導内容……127
- 3　ゴール型の指導計画と評価……130
- 4　ゴール型の学習指導の工夫……135

第12章　初等体育科教育の実践⑥——ボール運動系（ネット型）……139
- 1　ネット型の新学習指導要領における位置づけ……139
- 2　ネット型の指導内容……140
- 3　ネット型の指導計画と評価……143
- 4　ネット型の学習指導の工夫……146

第13章　初等体育科教育の実践⑦——ボール運動系（ベースボール型）……149
- 1　ベースボール型の新学習指導要領における位置づけ……149
- 2　ベースボール型の指導内容……150
- 3　ベースボール型の指導計画と評価……154
- 4　ベースボール型の学習指導の工夫……157

第14章　初等体育科教育の実践⑧——表現運動系……161
- 1　表現運動系の新学習指導要領における位置づけ……161
- 2　表現運動系の指導内容……164
- 3　表現運動系の指導計画と評価……167
- 4　表現運動系の学習指導の工夫……170

第15章　初等体育科教育の実践⑨——保健……173
- 1　保健の新学習指導要領における位置づけ……173
- 2　保健の指導内容……175
- 3　保健の指導計画と評価……179
- 4　保健の学習指導の工夫……184

終　章　初等体育科教育の課題と今後の展望……187
- 1　初等体育科の可能性と質保証に向けた諸提案……187
- 2　新学習指導要領の求める初等体育科の目標……188
- 3　初等体育科の質保証に向けたアイデア……188

小学校学習指導要領　体育
索　引

第 I 部

体育の授業づくり論と教師の成長

第1章
初等体育科教育の意義と内容構成

〈この章のポイント〉
　本章では，初等教育における体育科教育の意義や役割等について，体育科の教科目標と児童の発達の段階を踏まえた各学年の目標とを関連づけて解説する。さらに，体育科で育成を目指す資質・能力を踏まえた指導内容として学習指導要領で規定されている運動六領域および保健領域について，内容およびその取扱い，体育科の指導計画の作成および内容の取扱いにおける留意事項等について解説する。

1　初等体育科教育の意義

　新学習指導要領は，「子供たちが様々な変化に積極的に向き合い，他者と協働して課題を解決していくことや，様々な情報を見極め知識の概念的な理解を実現し情報を再構成するなどして新たな価値につなげていくこと，複雑な状況変化の中で目的を再構築することができるようにすることが求められている」（文部科学省，2018，1ページ）との認識のもとに作成された。その結果，社会に開かれた教育課程の実現を目指し，学習指導要領等が学びの地図としての役割を果たすことができるように，(1)育成を目指す資質・能力，(2)教科等を学ぶ意義と，教科等間・学校段階間のつながりを踏まえた教育課程の編成，(3)各教科等の指導計画の作成と実施，学習・指導の改善・充実，(4)子どもの発達を踏まえた指導，(5)学習評価の充実，(6)学習指導要領等の理念を実現するために必要な方策の6点からその改善が図られた（文部科学省，2018，2ページ）。また，今回の改訂では，すべての教科の目標および内容が「知識及び技能」「思考力，判断力，表現力等」「学びに向かう力，人間性等」の資質・能力の三つの柱から整理された。
　このなかで体育は，教科の名称が小学校で教科体育（以下，初等体育科），中学校で教科保健体育，高等学校で教科保健体育となっている。初等体育科のなかに運動領域と保健領域が，中学校では教科保健体育のなかに体育分野と保健分野が，高等学校では教科保健体育のもとに科目体育と科目保健が設定されている。いずれの学校段階においても運動と健康を関連づけた目標や指導内容が設定されている教科と言える。
　他方で，学校教育内では個々の教科は教科の枠を越え，指導内容を互いに関

連づけていくことが求められている。例えば，特別の教科道徳と体育の指導内容の双方向的な関連づけが学習指導要領で示されている（文部科学省，2018，166ページ）。また，学校における体育・健康に関する指導を，学校の教育活動全体を通して適切に行うことによって，健康で安全な生活と豊かなスポーツライフの実現を目指した教育の充実が求められている。運動会や食育，安全，クラブ活動との関連づけが，その例である（文部科学省，2018，169～172ページ）。

2　初等体育科教育の目標

1　初等体育科の目標

　体育の授業が，児童の発育・発達に対して多様な便益を保障しうることや10歳以前の児童に運動する機会を提供していく必要性が国際的にも指摘されている◁1。しかし，そこで期待しうる多様な効果は，その実現を可能にするさまざまな要因の影響を受けることになる◁2。

　そのためわが国の学習指導要領は，「各学校において編成される教育課程の基準として，全ての児童生徒に対して指導すべき内容を示したものであり，指導の面から全国的な教育水準の維持向上を保障するものである」（中央教育審議会教育課程部会，2010）とされる。これに対し，学習評価は，「児童生徒の学習状況を検証し，結果の面から教育水準の維持向上を保障する機能を有する」（中央教育審議会教育課程部会，2010）とされる。そのため，新学習指導要領の改訂の過程では，学習指導要領［平成20年改訂］の成果と課題が次のように整理されている。「運動やスポーツが好きな児童生徒の割合が高まったこと，体力の低下傾向に歯止めが掛かったこと，『する，みる，支える』のスポーツとの多様な関わりの必要性や公正，責任，健康・安全等，態度の内容が身に付いていること，子供たちの健康の大切さへの認識や健康・安全に関する基礎的な内容が身に付いていることなど，一定の成果が見られる」。「他方で，習得した知識や技能を活用して課題解決することや，学習したことを相手に分かりやすく伝えること等に課題があること，運動する子供とそうでない子供の二極化傾向が見られること，子供の体力について，低下傾向には歯止めが掛かっているものの，体力水準が高かった昭和60年ごろと比較すると，依然として低い状況が見られることなどの指摘がある。また，健康課題を発見し，主体的に課題解決に取り組む学習が不十分であり，社会の変化に伴う新たな健康課題に対応した教育が必要との指摘がある」（中央教育審議会，2016，186ページ）。

　以上の指摘を踏まえ，新学習指導要領では，体育科の目標が次のように設定された。

▷1　国際スポーツ科学体育学会連合会（ICSSPE）は，身体活動から期待しうる便益を，(1)身体的資源，(2)情緒的資源，(3)個人的資源，(4)社会的資源，(5)知的資源ならびに(6)財政的資源の6点から指摘している。また，その行い方により得られる便益が異なることも指摘されている（ICSSPE，2012，12ページ）。

▷2　ユネスコは，良質の体育の実現に影響を与える要因として，(1)教師教育のシステム，(2)施設，用具，(3)柔軟なカリキュラム，(4)コミュニティの支援，ならびに(5)モニタリングと質保証をあげている（UNESCO，2015，23ページ）。

> 　体育や保健の見方・考え方を働かせ，課題を見付け，その解決に向けた学習過程を通して，心と体を一体として捉え，生涯にわたって心身の健康を保持増進し豊かなスポーツライフを実現するための資質・能力を次のとおり育成することを目指す。
> (1) その特性に応じた各種の運動の行い方及び身近な生活における健康・安全について理解するとともに，基本的な動きや技能を身に付けるようにする。
> (2) 運動や健康についての自己の課題を見付け，その解決に向けて思考し判断するとともに，他者に伝える力を養う。
> (3) 運動に親しむとともに健康の保持増進と体力の向上を目指し，楽しく明るい生活を営む態度を養う。

　ここで言われる体育や保健の見方・考え方は，次のように説明されている。
　「『体育の見方・考え方』とは，生涯にわたる豊かなスポーツライフを実現する観点を踏まえ，『運動やスポーツを，その価値や特性に着目して，楽しさや喜びとともに体力の向上に果たす役割の視点から捉え，自己の適性等に応じた「する・みる・支える・知る」の多様な関わり方と関連付けること』であると考えられる。小学校においては，運動やスポーツが楽しさや喜びを味わうことや体力の向上につながっていることに着目するとともに，『すること』だけでなく『みること』，『支えること』，『知ること』など，自己の適性等に応じて，運動やスポーツとの多様な関わり方について考えることを意図している」（文部科学省，2018，18ページ）。

　「『保健の見方・考え方』とは，疾病や傷害を防止するとともに，生活の質や生きがいを重視した健康に関する観点を踏まえ，『個人及び社会生活における課題や情報を，健康や安全に関する原則や概念に着目して捉え，疾病等のリスクの軽減や生活の質の向上，健康を支える環境づくりと関連付けること』であると考えられる。小学校においては，特に身近な生活における課題や情報を，保健領域で学習する病気の予防やけがの手当の原則及び，健康で安全な生活についての概念等に着目して捉え，病気にかかったり，けがをしたりするリスクの軽減や心身の健康の保持増進と関連付けることを意図している」（文部科学省，2018　18ページ）。

　これらを踏まえ，生涯にわたって心身の健康を保持増進し豊かなスポーツライフを実現するための資質・能力の三つの柱が，(1)知識及び技能，(2)思考力，判断力，表現力等，(3)学びに向かう力，人間性等である。また，2学年単位のその記述の一覧が，表1-1である。

　(1)は，「知識及び技能」にかかわる目標であり，各種の運動（体つくり運動系，器械運動系，陸上運動系，水泳運動系，ボール運動系および表現運動系の総称）で得られる楽しさや喜び，そこで解決すべき課題，それらの解決方法に応じた行い方を理解することや各種の運動の基本的な動きや技能を解決すべき課題と関連づけながら，確実に身につけることが重視されることになる。また，健康な

第Ⅰ部　体育の授業づくり論と教師の成長

表1-1　初等体育科の学年別の目標一覧

	第1学年～第2学年	第3学年～第4学年	第5学年～第6学年
(1)知識及び技能	各種の運動遊びの楽しさに触れ，その行い方を知るとともに，基本的な動きを身に付けるようにする。	各種の運動の楽しさや喜びに触れ，その行い方及び健康で安全な生活や体の発育・発達について理解するとともに，基本的な動きや技能を身に付けるようにする。	各種の運動の楽しさや喜びを味わい，その行い方及び心の健康やけがの防止，病気の予防について理解するとともに，各種の運動の特性に応じた基本的な技能及び健康で安全な生活を営むための技能を身に付けるようにする。
(2)思考力，判断力，表現力等	各種の運動遊びの行い方を工夫するとともに，考えたことを他者に伝える力を養う。	自己の運動や身近な生活における健康の課題を見付け，その解決のための方法や活動を工夫するとともに，考えたことを他者に伝える力を養う。	自己やグループの運動の課題や身近な健康に関わる課題を見付け，その解決のための方法や活動を工夫するとともに，自己や仲間の考えたことを他者に伝える力を養う。
(3)学びに向かう力，人間性等	各種の運動遊びに進んで取り組み，きまりを守り誰とでも仲よく運動をしたり，健康・安全に留意したりし，意欲的に運動をする態度を養う。	各種の運動に進んで取り組み，きまりを守り誰とでも仲よく運動をしたり，友達の考えを認めたり，場や用具の安全に留意したりし，最後まで努力して運動をする態度を養う。また，健康の大切さに気付き，自己の健康の保持増進に進んで取り組む態度を養う。	各種の運動に積極的に取り組み，約束を守り助け合って運動をしたり，仲間の考えや取組を認めたり，場や用具の安全に留意したりし，自己の最善を尽くして運動をする態度を養う。また，健康・安全の大切さに気付き，自己の健康の保持増進や回復に進んで取り組む態度を養う。

出所：文部科学省（2018）をもとに作成。

生活，体の発育・発達，心の健康，けがの防止および病気の予防についての基礎的・基本的な内容を実践的に理解するとともに，身近な生活を中心とした保健にかかわる基本的な技能を身につけることが求められている（文部科学省，2018，20～21ページ）。

(2)は，「思考力，判断力，表現力等」にかかわる目標であり，各運動領域の特性を踏まえ，動きや技のポイントを見つけたり，自己の行い方についての課題を見つけたりすること，および健康にかかわる事象や健康情報などから自己の課題を見つけることが求められている。また，自己の課題に応じて，運動の行い方や練習の仕方などを選んだり，応用したりすることや習得した知識及び技能を活用して自己の健康課題の解決方法を考えるとともに，さまざまな解決方法のなかからよりよい解決に向けて判断することが意図されている。さらに自己の課題について，思考し判断したことを，言葉や文章および動作などで表したり，仲間や教師などに理由を添えて伝えたりすることを示している（文部科学省，2018，21～22ページ）。

(3)は「学びに向かう力，人間性等」にかかわる目標であり，主体的に学習に取り組む態度を含めた学びに向かう力や自己の感情や行動を統制する能力，自らの思考の過程等を客観的に捉える力などの「メタ認知」にかかわる学びに向

かう力，多様性を尊重する態度や互いのよさを生かして協働する力，持続可能な社会づくりに向けた態度，リーダーシップやチームワーク，感性，優しさや思いやりなど（人間性）から構成されている（文部科学省，2018，22ページ）。なお，運動領域では「学びに向かう力，人間性等」に対応した，公正，協力，責任，参画，共生および健康・安全の具体的な指導内容が示されている（文部科学省，2018，10ページ）。

以上を踏まえた各学年の目標の特徴は，次のとおりである。

2　第1学年〜第2学年の目標

(1)については，児童が成功体験を得やすいように課題やルール，場や用具等が緩和された各種の運動遊びの楽しさに触れることができるようにすることが意図されている。また，運動遊びの課題，行い方のきまり，用具の使い方，場の安全確保等，各種の運動遊びの行い方を知るとともに，各種の運動遊びにおいて習得が期待される，運動種目として成立する以前の基本的な動きを身につけることが意図されている。

(2)については，第1学年〜第2学年の各種の運動遊びの楽しさに触れることができるようにするために，運動遊びをする場や練習の仕方などを自らの力に応じて工夫したり，選択したりするとともに，自己の工夫したことを他者に伝えることができるようにすることが目指されている。なお，ここで言う他者とは，ともに学ぶ友達だけでなく，教師，保護者なども含めた総称とされる。また，直接，言葉で説明することばかりでなく，身振りなどの動作をともない表現すること，学習で経験したことを感想文や絵で表現すること，保護者に伝えることなども想定されている（第3学年〜第6学年も同様）。

(3)については，各種の運動遊びの楽しさに触れ，自ら進んで運動遊びに取り組むことにより，生涯にわたる豊かなスポーツライフを実現する資質・能力を培うことが目指されている。各種の運動遊びにおいて，順番やきまりを守り，誰とでも仲よく運動をしたり，友達と協力したり，公正な態度で勝敗を競ったりするなどのスポーツの価値の実現に関する態度の育成が重視されている（文部科学省，2018，36〜38ページ）。

3　第3学年〜第4学年の目標

(1)については，各種の運動の楽しさや喜びに触れ，運動や健康についての知識及び運動の技能を身につけることができるようにすることが意図されている。

(2)については，児童が自己の運動や身近な生活における健康の課題を見つけ，その解決に向けた方法や活動を工夫するとともに，自己の工夫したことを他者に伝えることができるようにすることが目指されている。

(3)については，各種の運動の楽しさや喜びに触れ，自ら進んで運動に取り組むことにより，生涯にわたる豊かなスポーツライフを実現する資質・能力を培うことが目指されている。また，各種の運動において，順番やきまりを守り，誰とでも仲よく運動をしたり，互いの違いを認めたり，友達と協力したり，公正な態度で勝敗を競ったりするなどのスポーツの価値の実現に関する態度の育成が重視されている（文部科学省，2018，67～70ページ）。

4 第5学年～第6学年の目標

(1)については，各種の運動の楽しさや喜びを味わい，運動や健康についての知識及び運動の技能を身につけることができるようにすることが意図されている。第5学年～第6学年では，楽しさとともに，運動の特性に即して自己の力に応じた各種の運動の行い方を理解し，それらの基本的な技能を身につけたり，それをプレイなどのなかで発揮したりすることで喜びを味わうことに重点が置かれている。また，各種の運動の基本となる技能を，それぞれの運動の特性に応じて身につけるとともに，心の健康における不安や悩みなどへの対処の方法やけがの防止におけるけがなどの簡単な手当にかかわる技能を身につけるようにすることが求められている。

(2)については，各種の運動において見つけた自己やグループの運動についての課題や，心の健康，けがの防止および病気の予防に関する課題の解決に向けた方法や活動を工夫するとともに，自己や仲間の考えたことを他者に伝えることができるようにすることが目指されている。

(3)については，各種の運動の楽しさや喜びを味わい，自ら積極的に運動に取り組むことにより，生涯にわたる豊かなスポーツライフを実現する資質・能力を培うことが目指されている。仲間と一緒に運動の楽しさや喜びを味わうことができるように，自分たちで決めた約束を守り，仲間と互いに助け合って運動をすることを通して，運動の課題やその解決方法についての理解を深めるとともに，仲間への信頼感を高め，互いの関係をより良好にするなどのスポーツの価値の実現に関する態度の育成が意図されている（文部科学省，2018，112～115ページ）。

3 初等体育科教育の内容構成

1 発達の段階の捉え方と指導内容の系統

新学習指導要領の作成に際しては，指導内容の系統性を踏まえた指導内容のいっそうの充実が図られた。その際，①各種の運動の基礎を培う時期，②多く

の領域の学習を経験する時期，③卒業後も運動やスポーツに多様な形でかかわることができるようにする時期といった発達の段階のまとまりが踏まえられている（文部科学省，2018，10ページ）。この三つの段階は，小学校入学から高等学校卒業までの12年間を見通したものであり，①が小学校第1学年〜第4学年，②が第5学年〜中学校第2学年，③が中学校第3学年〜高等学校卒業時までの各々4年を想定している。初等体育科は，この①と②の段階に対応している。そのうえで初等体育科の内容領域は，さらに，そのなかで2学年単位で構成されている（表1-2）。

　第1学年〜第2学年の内容領域は，ゲームを除き，すべての運動領域の名称に「遊び」が付されている。幼稚園との接続を意図したものであり，児童が就学前の運動遊びの経験を引き継ぎ，易しい運動に出会い，伸び伸びと体を動かす楽しさや心地よさを味わう遊びであることを強調するためである（文部科学省，2018，25ページ）。他方で，第5学年〜第6学年ではボール運動を除き，すべての運動領域の名称に「運動」が記されている。このことは，中学校からの学習の基礎となる動きや技能を身につけることを強調するためである。

2　体つくり運動系

　体つくり運動系は，全学年で指導される。それは，体を動かす楽しさや心地よさを味わい運動好きになるとともに，心と体との関係に気づいたり，仲間と交流したりすることや，さまざまな基本的な体の動きを身につけたり，体の動きを高めたりして，体力を高めるために行われる運動である。

　「体ほぐしの運動（遊び）」は，自己の心と体との関係に気づくことと仲間と交流することをねらいとし，誰もが楽しめる手軽な運動（遊び）を通して運動好きになることをねらいとしている。

　第1学年〜第4学年においては，体力を高めることを直接の目的とするのではなく，さまざまな基本的な体の動きを培っておくことが重視されている。そのため，第1学年〜第4学年の「多様な動きをつくる運動（遊び）」では，その行い方を知るとともに，運動（遊び）の楽しさを味わいながら体の基本的な動きを培うことをねらいとしている。

　第5学年〜第6学年では，第4学年までに育まれた体の基本的な動きをもとに，各種の動きをさらに高めることにより体力の向上を目指すものとし，児童一人ひとりが運動の楽しさを味わいながら，自己の体力に応じた課題をもち，体の柔らかさ，巧みな動き，力強い動きおよび動きを持続する能力を高めるための運動を行うことが意図されている。「体の動きを高める運動」では，体の動きを高めるための運動の行い方を理解し運動に取り組むとともに，学んだことを授業以外でも生かすことができるようになることが目指されている。な

第Ⅰ部　体育の授業づくり論と教師の成長

表1-2　初等体育科の内容領域構成

	第1学年～第2学年	第3学年～第4学年	第5学年～第6学年
領域	体つくりの運動遊び ア　体ほぐしの運動遊び イ　多様な動きをつくる運動遊び 　(ア)体のバランスをとる運動遊び 　(イ)体を移動する運動遊び 　(ウ)用具を操作する運動遊び 　(エ)力試しの運動遊び	体つくり運動 ア　体ほぐしの運動 イ　多様な動きをつくる運動 　(ア)体のバランスをとる運動 　(イ)体を移動する運動 　(ウ)用具を操作する運動 　(エ)力試しの運動 　(オ)基本的な動きを組み合わせる運動	体つくり運動 ア　体ほぐしの運動 イ　体の動きを高める運動 　(ア)体の柔らかさを高めるための運動 　(イ)巧みな動きを高めるための運動 　(ウ)力強い動きを高めるための運動 　(エ)動きを持続する能力を高めるための運動
	器械・器具を使っての運動遊び ア　固定施設を使った運動遊び イ　マットを使った運動遊び ウ　鉄棒を使った運動遊び エ　跳び箱を使った運動遊び	器械運動 ア　マット運動 イ　鉄棒運動 ウ　跳び箱運動	器械運動 ア　マット運動 イ　鉄棒運動 ウ　跳び箱運動
	走・跳の運動遊び ア　走の運動遊び イ　跳の運動遊び （投の運動遊びを加えて指導できる）	走・跳の運動 ア　かけっこ・リレー イ　小型ハードル走 ウ　幅跳び エ　高跳び （投の運動を加えて指導できる）	陸上運動 ア　短距離走・リレー イ　ハードル走 ウ　走り幅跳び エ　走り高跳び （投の運動を加えて指導できる）
	水遊び ア　水の中を移動する運動遊び イ　もぐる・浮く運動遊び	水泳運動 ア　浮いて進む運動 イ　もぐる・浮く運動	水泳運動 ア　クロール イ　平泳ぎ ウ　安全確保につながる運動
	ゲーム ア　ボールゲーム イ　鬼遊び	ゲーム ア　ゴール型ゲーム イ　ネット型ゲーム ウ　ベースボール型ゲーム	ボール運動 ア　ゴール型 イ　ネット型 ウ　ベースボール型
	表現リズム遊び ア　表現遊び イ　リズム遊び	表現運動 ア　表現 イ　リズムダンス	表現運動 ア　表現 イ　フォークダンス（日本の民踊を含む）
		保健 (1)健康な生活 (2)体の発育・発達	保健 (1)心の健康 (2)けがの防止 (3)病気の予防

出所：文部科学省（2018）をもとに作成。

お，小学校第5学年～第6学年では児童の発達の段階を踏まえ，主として体の柔らかさおよび巧みな動きを高めることに重点を置いて指導することとする（文部科学省，2018，25～27ページ）。

3　器械運動系

器械運動系は，さまざまな動きに取り組んだり，自己の能力に適した技や発

展技に挑戦したりして技を身につけた時に楽しさや喜びを味わうことのできる運動であり，「回転」「支持」「懸垂」などの運動で構成されている。

第1学年～第2学年の「器械・器具を使っての運動遊び」は，「固定施設を使った運動遊び」「マットを使った運動遊び」「鉄棒を使った運動遊び」および「跳び箱を使った運動遊び」で構成されており，さまざまな動きに楽しく取り組み，その行い方を知るとともに基本的な動きを身につけることが目指されている。

第3学年～第6学年の「器械運動」は，「マット運動」「鉄棒運動」および「跳び箱運動」で構成され，技を身につけたり，新しい技に挑戦したりする時に楽しさや喜びに触れたり，味わうことができる運動である。また，より困難な条件の下でできるようになったり，より雄大で美しい動きができるようになったりする楽しさや喜びも味わうことができる運動である（文部科学省，2018，27～28ページ）。

4　陸上運動系

陸上運動系は，自己の能力に適した課題や記録に挑戦したり，競走（争）したりする楽しさや喜びを味わうことのできる領域であり，「走る」「跳ぶ」などの運動で構成されている。

第1学年～第2学年の「走・跳の運動遊び」および第3学年～第4学年の「走・跳の運動」は，走る・跳ぶなどについて，友達と競い合う楽しさや，調子よく走ったり跳んだりする心地よさを味わうとともに，体を巧みに操作しながら走る，跳ぶなどのさまざまな動きを身につけることが主なねらいとされている。

第5学年～第6学年の「陸上運動」は，走る，跳ぶなどの運動で，体を巧みに操作しながら，合理的で心地よい動きを身につけるとともに，仲間と速さや高さ，距離を競い合ったり，自己の課題の解決の仕方や記録への挑戦の仕方を工夫したりする楽しさや喜びを味わうことが主なねらいとされている（文部科学省，2018，28～29ページ）。

なお，新学習指導要領では，投の粗形態の獲得と，それを用いた遠投能力の向上を意図する「投の運動（遊び）」を加えて扱うことができることが示されている。

5　水泳運動系

水泳運動系は，水のなかという特殊な環境での活動におけるその物理的な特性（浮力，水圧，抗力・揚力など）を生かし，「浮く」「呼吸する」「進む」などの課題を達成し，水に親しむ楽しさや喜びを味わうことのできる領域である。

第1学年～第2学年の「水遊び」は，水中を動き回ったり，もぐったり，浮いたりする心地よさを楽しむとともに，それぞれの児童の能力にふさわしい課題に挑み，活動を通して水のなかでの運動の特性について知り，水に慣れ親しむことで，課題を達成する楽しさに触れることができる運動遊びとされている。

　第3学年～第6学年の「水泳運動」は，安定した呼吸をともなうことで，心地よく泳いだり，泳ぐ距離や浮いている時間を伸ばしたり，記録を達成したりすることにつながり，楽しさや喜びに触れたり味わったりすることができる運動とされている。そのため，水遊びで水に慣れ親しむことや，もぐる・浮くなどの経験を通して，十分に呼吸の仕方を身につけておくことが求められている。この趣旨は，第3学年～第4学年の「初歩的な泳ぎ」ならびに第5学年～第6学年の「安全確保につながる運動」にも明確に反映されている。

　なお，け伸びから泳ぎにつなげる水中からのスタートを指導することや，着衣をしたままでの水泳運動を指導に取り入れることも求められている。また，水泳運動の楽しさを広げる観点から，集団でのリズム水泳などを指導に取り入れることも示唆されている。さらに，水泳場の確保が難しい場合にも，水遊びや水泳運動などの心得などを必ず指導することが求められている（文部科学省，2018，30ページ）。

6　ボール運動系

　ボール運動系は，競い合う楽しさに触れたり，友達と力を合わせて競争する楽しさや喜びを味わったりすることができる領域である。

　第1学年～第4学年の「ゲーム」は，主として集団対集団で，得点を取るために友達と協力して攻めたり，得点されないように友達と協力して守ったりしながら，競い合う楽しさや喜びに触れるとともに，基本的なボール操作とボールを持たないときの動きを身につけ，ゲームを楽しむことが主なねらいとされる。

　第5学年～第6学年の「ボール運動」は，ルールや作戦を工夫し，集団対集団の攻防によって仲間と力を合わせて競争する楽しさや喜びを味わうとともに，互いに協力し，役割を分担して練習を行い，型に応じたボール操作とボールを持たないときの動きを身につけてゲームをしたり，ルールや学習の場を工夫したりすることが主なねらいとされている。

　第3学年～第4学年のゲームおよび第5学年～第6学年のボール運動は，「ゴール型」「ネット型」および「ベースボール型」の三つの型で内容が構成されている。「ゴール型」は，コート内で攻守が入り交じり，ボール操作とボールを持たないときの動きによって攻防を組み立てたり，陣地を取り合って得点しやすい空間に侵入し，一定時間内に得点を競い合ったりすることが課題とさ

れている。「ネット型」は、ネットで区切られたコートのなかでボール操作とボールを持たないときの動きによって攻防を組み立てたり、相手コートに向かって片手、両手もしくは用具を使ってボールなどを返球したりして、一定の得点に早く達することを競い合うことが課題とされている。「ベースボール型」は、攻守を規則的に交代し合い、ボール操作とボールを持たないときの動きによって一定の回数内で得点を競い合うことが課題とされている（文部科学省、2018、31ページ）。第1学年～第2学年のボールゲームもまた、これら三つの課題のゲームへの発展が想定されている（文部科学省、2018、58ページ）。

なお、これらの領域における技能は、ボール操作およびボールを持たないときの動きで構成されている。ゲームではこれらの技能をいつ、どのように発揮するかを適切に判断することが大切となる（文部科学省、2018、31ページ）。

7 表現運動系

表現運動系は、自己の心身を解き放して、イメージやリズムの世界に没入してなりきって踊ったり、互いのよさを生かし合って仲間と交流して踊ったりする楽しさや喜びを味わうことのできる領域である。

第1学年～第2学年の「表現リズム遊び」は、身近な動物や乗り物などの題材の特徴を捉え、そのものになりきって全身の動きで表現したり、軽快なリズムの音楽に乗って踊ったりする楽しさに触れるとともに、友達とさまざまな動きを見つけて踊ったり、みんなで調子を合わせて踊ったりする楽しさに触れることが主なねらいとされている。

第3学年～第6学年の「表現運動」は、自己の心身を解き放して、イメージやリズムの世界に没入してなりきって踊るとともに、互いのよさを生かし合って仲間と交流して踊る楽しさや喜びを味わうことが主なねらいとされている。第3学年～第6学年の「表現」は、身近な生活などから題材を選んで表したいイメージや思いを表現するのが楽しい運動であり、第3学年～第4学年の「リズムダンス」は、軽快なロックやサンバなどのリズムに乗って友達とかかわって踊ることが楽しい運動とされている。第5学年～第6学年の「フォークダンス」は、日本各地域の民踊と外国のフォークダンスで構成され、日本の地域や世界の国々で親しまれてきた踊りを身につけてみんなで一緒に踊ることが楽しい運動とされている（文部科学省、2018、32～33ページ）。

8 保健領域

保健領域の五つの内容とねらいは、「ア　健康な生活」「イ　体の発育・発達」「ウ　心の健康」「エ　けがの防止」ならびに「オ　病気の予防」で構成されている（文部科学省、2018、33～35ページ）。

4　初等体育科教育の指導計画の作成と内容の取扱い

　以上の体育科の目標を達成するためには，学校の実態に即した意図的・計画的な学習指導が不可欠である。そのため，学校や地域の実態および児童の心身の発達の段階や特性を十分考慮し，小学校6年間の見通しに立って，各学年の目標や内容，授業時数，単元配当などを的確に定め，年間を通して運動の実践が円滑に行われるなど調和のとれた指導計画を作成することが重要になる（文部科学省，2018，161～166ページ）。

　資質・能力の三つの柱に対応した目標の達成に向け，それらに対応した指導内容を児童が豊かに習得していくことを可能にする，主体的・対話的で深い学びの過程を保証する体育授業の実現が期待される。

Exercise

① 「体育の見方・考え方」ならびに「保健の見方・考え方」について説明してみよう。
② 体育の授業の三つの目標について説明してみよう。
③ 各運動領域の特性について説明してみよう。

📖 次への一冊

石井英真『現代アメリカにおける学力形成論の展開――スタンダードに基づくカリキュラムの設計』東信堂，2015年。
　　新学習指導要領の改訂過程では，21世紀型能力に代表される資質・能力論の影響が強い。本書で紹介されているアメリカにおける学力論の展開過程は，新学習指導要領で示されている資質・能力論に対する理解を深めるうえで，重要な手がかりを提供してくれる。

岩田靖『体育の教材を創る――運動の面白さに誘い込む授業づくりを求めて』大修館書店，2012年。
　　学習指導要領に示された指導内容の確実な習得には，質の高い教材が不可欠である。しかし，体育の授業に関する教材論や効果的な教材具体例をまとまった形で目にすることは，難しい。本書は，体育の授業における教材づくりの意義とその手法ならびにその具体例が実践を踏まえて豊かに紹介されている。

高野努「平成26年度プロジェクト研究調査研究報告書　資質・能力を育成する教育課程の在り方に関する研究報告書1――使って育てて21世紀を生き抜くための資質・能力」国立教育政策研究所，2015年。

本報告書は，国立教育政策研究所の平成26〜28年度のプロジェクト研究の報告書である。そこでは，21世紀に求められる資質・能力を整理した背景とその内容がまとめられるとともに，教育目標や内容，学習・指導方法，評価等を一体として考えるための材料が提供されている。

引用・参考文献

中央教育審議会「幼稚園，小学校，中学校，高等学校及び特別支援学校の学習指導要領等の改善及び必要な方策等について（答申）」中教審第197号，2016年。http://www.mext.go.jp/b_menu/shingi/chukyo/chukyo0/toushin/1380731.htm（2016年12月30日閲覧）

中央教育審議会教育課程部会「児童生徒の学習評価の在り方について（報告）」2010年。http://www.mext.go.jp/b_menu/shingi/chukyo/chukyo3/004/gaiyou/attach/1292216.htm（2018年4月26日閲覧）

ICSSPE "Designed to Move. A Physical Activity Action Agenda," 2012. https://www.designedtomove.org/en_US/?locale=en_US（2014年8月26日閲覧）

文部科学省『小学校学習指導要領（平成29年告示）解説体育編』東洋館出版社，2018年。

UNESCO "Quality Physical Education Guidelines for Policy-Makers," 2015. http://unesdoc.unesco.org/images/0023/002311/231101E.pdf（2015年1月30日閲覧）

第2章
初等体育科教育にかかわる教師の成長過程

〈この章のポイント〉

　教員養成課程での学修をより充実させ，また教師になってから主体的，継続的に指導力の向上を図るための機会をいかに生かしていくかが重要になる。本章では，初等体育科教育にかかわる教師の成長過程について学ぶ。そのため，効果的な体育授業の指導にはどのような資質・能力が求められるのかを確認し，小学校教師の体育指導にかかわる成長過程とそれを促す要因および克服すべき課題について解説する。

1　全教科を指導する小学校教師

1　初等体育科を指導する担任教師

　小学校教師は通常，すべての教科を指導する。それゆえ，小学校教師の多くは体育指導を専門として養成されているわけではない。実際，保健体育科の教員免許を有する小学校教師は約7％である（文部科学省，2015）。大学などの小学校教員養成課程の多くでは，初等体育科の内容および指導法の科目が十分に配置されているとは言い難い[1]。また，体育専科教員[2]を導入している学校や地域もあるが，限られた数であり長期的に続く保証もない。それゆえ，小学校教師は限られた養成の経験のなかで体育授業の指導を担わなければならないが，体育を専門としなくとも担任教師が体育授業を指導することには利点もある。例えば，体育授業を通して学級集団づくりへの肯定的な作用が期待できることである（日野ほか，2000）。児童の包括的な発達の支援の観点からも，担任教師こそが体育指導の最適者とも言える（Coulter et al., 2009）。このことからも，小学校教師が自らの体育授業の指導力を磨くことは重要であると言える。

2　指導の自信と不安

　小学校教師は体育授業の指導においてどのような得意意識または苦手意識や不安を有しているだろうか。初任教師に対する調査では，体育科の指導の苦手意識は他の教科に比べ低い傾向がある（奈良県立教育研究所，2014）。また，女性教師のほうが男性教師に比べ体育指導に苦手意識をもつ教師が多いことも報告

▷1　教育職員免許法施行規則（平成29年11月改正，平成31年4月施行）において，各教科の指導法の最低修得単位数は，中学校一種・専修では8単位（二種では2単位），高等学校一種・専修では4単位となっている。それに対して，小学校一種・専修の各教科の指導法では，10教科についてそれぞれ1単位以上，二種では10教科のうち6教科以上（音楽，図画工作，体育のうち2教科以上を含む）についてそれぞれ1単位以上となっている。

▷2　体育専科教員
小学校の学校全体の体力向上の取り組みの中核として，体育授業の指導や行事などの計画，実施を担う。授業では体育専科教員と担任とのTT（ティーム・ティーチング）を導入することが可能となる。体育専科の常勤教員を1人以上配置する学校は6.0％，非常勤教員を1人以上配置する学校は2.6％となっている（文部科学省，2015）。

されている（宮尾・三木，2015；白旗，2013）。体育指導のどのような点に不安を抱えているかに関する調査（加登本ほか，2010）では，配慮を要する児童のニーズに応える，運動の苦手な児童への配慮，一人ひとりの児童の学びを把握するなどの項目があげられていた。もっとも，体育指導への自信や不安の自覚は実際の指導力を反映するものとは限らない。体育指導に対する関心がそもそも低く，現状に問題意識を感じないために不安も感じないという教師の存在も懸念される。

2 体育指導に求められる資質・能力

1 教師に求められる資質・能力

すべての教師に求められる資質・能力として，教職に対する使命感や教育的愛情，総合的な人間力などがあげられている（文部科学省，2012）。さらに，現代の教師は，自ら教育課題を見出し，調査，分析などの探求を行い，報告，活用するという研究遂行能力も求められている（大杉，2015）。体育授業の効果的な指導には，これらに加え，どのような資質・能力が求められるのだろうか。まず，教師が体育授業の教育的価値を重視し，積極的に授業実践の改善に取り組む「コミットメント（積極的関与）」を有することが重要となる（四方田ほか，2013）。また，効果的な体育授業を実践する教師は，豊富な知識および多様な指導技術を有していることが知られている（Siedentop & Tannehill, 2000）。以下では，効果的な体育指導に求められる具体的な知識および指導技術にはどのようなものがあるかを検討する。

2 体育指導に必要な知識

吉崎（1988）が提案した教師の知識構造を踏まえれば，体育授業の指導において教師に求められる知識について次のように捉えることができる（糸岡，2010）。

(1) 教科内容についての知識：体育科で扱う指導内容に関する知識をさし，運動の行い方や技能の体系や構造，教材の解釈などに関する知識を含む。
(2) 教授方法についての知識：効果的な課題の提示方法，学習形態やマネジメント方略など教授方法に関する知識をさす。
(3) 学習者についての知識：児童の発達段階に応じた身体的および技能的，認知的，情意的な特徴や発達過程に関する知識をさす。
(4) 複合的な知識：効果的な体育授業の実践のためには，指導内容の深い理解をもとに児童の発達の特性に応じて効果的な教授方法を選択するなど，上

▷3 2017（平成29）年に改訂された新学習指導要領解説体育編では，運動が苦手な児童や運動に意欲的でない児童へ配慮した指導の工夫の例が具体的に記載されるなど，「体力や技能の程度，年齢や性別及び障害の有無等にかかわらず」，共生の視点を踏まえた指導の必要性がより強調されるようになった（文部科学省，2018，8ページ）。

▷4 教師に求められる資質・能力
2012（平成24）年の中央教育審議会答申（文部科学省，2012）では，教師に求められる資質・能力として，(1)教職に対する使命感や責任感，自主的に学び続ける力，教育的愛情等，(2)専門職としての高度な知識・技能（専門的知識，実践的指導力），(3)総合的な人間力（豊かな人間性や社会性，コミュニケーション能力等）があげられた。

第Ⅰ部 体育の授業づくり論と教師の成長

記の知識を融合させて活用することが必要となる。この複合的な知識は，授業実践経験の積み重ねと省察の繰り返しにより獲得されていく。

3 体育授業の指導技術

体育授業の指導のためには，教室の授業で一般的に求められる指導技術に加え，体育授業に特徴的な次のような指導技術が必要となる（糸岡，2010；Rink, 2014）。

▷5 カリキュラム・マネジメント
新学習指導要領総則第1の4において，「児童や学校，地域の実態を適切に把握し，教育の目的や目標の実現に必要な教育の内容等を教科等横断的な視点で組み立てていくこと，教育課程の実施状況を評価してその改善を図っていくこと，教育課程の実施に必要な人的又は物的な体制を確保するとともにその改善を図っていくことなどを通して，教育課程に基づき組織的かつ計画的に各学校の教育活動の質の向上を図っていくこと」が示された。新学習指導要領解説体育編では，カリキュラム・マネジメントに関して，体育的行事等も含めた6年間を見通した計画，地域の人的・物的資源等の活用等を図ることが示された（文部科学省，2018）。

(1) 授業の計画に関する技術：カリキュラム・マネジメントの視点を踏まえた年間計画，単元計画，1単位時間の授業計画の各段階の設計をする技術である。単元のなかでどのような指導内容をどのような順序で配列していくのか，さらに1時間の授業をどのように構成していくのか，児童の実態に応じて計画する必要がある。

(2) マネジメント技術：運動場や体育館，プールなどで行われる体育授業では，場面転換や移動，準備などのマネジメント技術が求められる。このマネジメントが場当たり的になってしまうと児童の学習時間を十分に確保することができなくなる。

(3) 学習指導の技術：児童の実態に応じて「知識及び技能」の向上，「思考力，判断力，表現力等」「学びに向かう力，人間性等」の育成など，多様な指導内容を効果的に指導するための技術が求められる。運動中の助言や補助，演示の仕方などは体育に特有の指導技術と言える。

(4) 評価に関する技術：教師は日々の授業実践のなかで児童の学習状況を評価し授業の改善を行う。とくに体育授業では，広い場所で同時に活動する児童たちの学習状況を評価するため評価計画と観察の技術が必要となる。

(5) 安全管理に関する技術：授業が安全に行われるよう，起こりうる危険を予測して計画，準備を行い，授業での危険な状況を取り除き回避する技術が必要となる。

このように，体育授業の指導で教師に求められる知識および指導技術は多岐にわたり，さらに児童の実態に応じてそれらを組み合わせて授業を実践しなくてはならない。

4 キャリアステージに応じて求められる指導力

次に，教師のキャリアステージに応じてそれぞれの段階で求められる指導力について考えてみる。教師のキャリアステージは，一般的に経験年数から初任期，中堅期，熟練期に分けられる。以下では，一般的な教師の発達段階に関する事例（Berliner, 1988；木原，2004）から小学校教師の体育指導にかかわる発達段階について考えてみたい。

① 初任期

　おおむね3年目までの初任期は大学の教員養成課程とのギャップを感じながらも一般的な授業方略を身につけていく時期と言える。授業ルーティーンの獲得が一つの課題となり，とくに体育授業では，教室からの移動，用具の準備，集合，準備運動などを円滑に行うことが必要となる。先輩教師などの授業を参考にしてマネジメントを効果的に行い，児童の学習機会を十分に確保することが課題となる。また，安全に配慮した授業の計画，実施も初任期から必須と言える。

② 中堅期

　中堅期以降には，個々の児童の課題に応じた教材の選択，支援の仕方を身につけ，児童の学習過程を予測し柔軟な授業進行ができるようになる。また，独創的な授業実践方法の創造と蓄積が目指される。中堅期の体育授業では，幅広い運動領域，学年段階の指導経験を蓄積していき，児童の技能や運動に対する意欲の多様性に応じられる実践的指導力が求められる。

③ 熟練期

　熟練期には，教師の誰もが到達できるわけではないという（Berliner, 1988）。この段階では授業がより無意識的に実践できるようになり，精度の高い予測と学習者への柔軟な対応ができるようになる。体育授業では，児童の技能や意欲に応じた豊富な教授方法を用い，高い精度での児童の学習の予測が可能となり，児童は細かい指示がなくても行動できる状態になる。また，熟練期には自らの授業実践を体系化し提案したり，若手教師の授業実践をサポートしたりすることも期待される。

　もっとも，単に教職経験年数に応じてどの教師も同じように成長するとは言えず，それぞれの時期の発達課題を一律に特定できるわけではない。それを踏まえ，主任，教頭，校長など校務分掌に応じた発達課題を提示している例も見られる（小島，1996）。体育にかかわる校務分掌に応じた指導力としては，体育主任の果たす役割が大きいだろう。例えば，体育主任には，体力向上に関する学校全体の取り組みや健康や安全に関する指導，体育集会，運動会などの行事，施設，用具の管理，6年間のカリキュラム作成，体育科の校内研修などを中心となって計画，実践していくことが求められる。

　このように，教師は自らの専門的力量を生涯にわたって自己形成し成長を続けていく必要がある。では，教師の体育指導にかかわる成長の機会にはどのようなものがあるだろうか。

▷6　新学習指導要領の総則第1の2の(3)において，従前から引き続き，体力の向上，健康，安全に関する指導については，体育科はもとより，特別活動や各教科の特質に応じて学校の教育活動全体を通じて行うことが明記されている。

▷7　教育公務員特例法第21条に「教育公務員は，その職責を遂行するために，絶えず研究と修養に努めなければならない」と定められている。2012（平成24）年の中央教育審議会答申（文部科学省，2012）でも「学び続ける教員像」が示され，教職生活の全体を通して専門性の向上に努めること（CPD：continuing professional development）が求められている。

3 教師の成長の場

1 大学等の教員養成課程

　小学校の教員養成課程において，体育科の指導に直結する科目は「初等体育」や「初等体育科教育法」など限られているが，前節で見たように児童の理解や一般的な教授技術などを扱う科目の内容も教科指導と関連する。また，近年では，学校現場での経験が重視され，学校インターンシップや体験実習など現場での体験や実習を1年次など早期から始める例が見られる（『朝日新聞』2017年10月14日付）。教職課程の学生にとっては，大学の授業で学んだ知識および指導技術を模擬授業や教育実習などでの指導経験を通して実践につなげることが課題となる。それゆえ，指導の立場を経験することや学校現場で児童や現職教師とかかわることなどの機会を積極的に活用してほしい。

2 現職教員の研修

① 公的研修（行政研修）

　初任教師は採用から1年間の初任者研修が義務づけられる。初任者研修は，学校内の指導教諭のもとでの校内研修と教育センターなどでの校外研修で構成され，初任者は日常の教育活動に従事しながら研修を行う。法定研修としては，初任者研修と中堅教諭等資質向上研修が位置づけられているが，2年目，3年目，5年目などの各段階で必要な職能に関する研修も各県市の教育センターなどで実施されている。ただし，これらの公的研修で体育授業の指導に関する研修は限られていると言える。教員免許更新講習では，30時間のうち18時間の選択科目において教科の指導法の科目などを任意に選択でき，体育科の授業づくりに関する科目も含まれる。

② 授業研究

　「授業研究」とは，日本で伝統的に行われてきた協働的な授業改善の手法である。学校を基盤として行われる校内授業研究，地区や全国的な研究会などの組織や自主的な教師などが集まる民間の授業研究会など多様な形態がある。

　校内授業研究は校内研修の一環として行われ，学校内の教師が協働的に教材研究，授業計画の作成，研究授業の実践，協議会を通して授業実践の改善に取り組む。学校で特定の教科の授業づくりに焦点を当てる場合や，「思考力，判断力，表現力の育成」「主体的・協働的な学習活動」などの研究主題の実現を目指す各教科の授業づくりに取り組む例も見られる。数十年にわたり体育科の校内授業研究に取り組む小学校も見られ，そうした学校の公開授業研究会には

▷8 初任者研修
初任者研修とは，公立学校の教諭の採用の日から1年間，教諭の職務に必要な事項に関する研修の実施を義務づけた法定研修である。校内研修（週10時間以上，年間300時間以上）と校外研修（年間25日以上）とで構成される。

▷9 中堅教諭等資質向上研修
2017（平成29）年に教育公務員特例法等の一部が改正され，従前の十年経験者研修が「中堅教諭等資質向上研修」に改められた。十年経験者研修と教員免許更新講習との時期，内容の重複が課題とされていたことから，実施時期の弾力化と中核的な役割を果たす職務を遂行するための資質の向上という目的の明確化が図られた。

▷10 教員免許更新講習
2007（平成19）年6月に教育職員免許法が改正され，2009（平成21）年4月から「教員免許更新制」が導入された。定期的に最新の知識技能を身につけ，教員が自信と誇りをもって教壇に立ち，社会の尊敬と信頼を得ることを目的としている。教員免許状に10年間の有効期間が定められ，大学などで行われる講習を30時間（必修6時間，選択必修6時間，選択18時間）以上受講し，修了認定を得ることが必要となる。

▷11 授業研究は，日本の学校で伝統的に行われてきた協働的な授業改善と専門的力量向上の取り組みであり，「lesson study」として海外にも広がりつつある。実施方法は多様な形態があるが，教材研究，研究授業の相互観察，授業検討会などが継続的に行われる。

全国から多くの参観者が訪れる。

都道府県や市町村などの地区で組織される各教科の研究会や民間の授業研究会などでも授業の提案や実践の報告などを通して授業研究が行われる。民間の全国的な体育科の研究会としては，学校体育研究同志会，全国体育学習研究会，体育授業研究会などがある。また，各教科に興味をもつ教師や大学教員などが中心となり自主的なサークルやセミナーなどで実践の共有や協議を行う場もある。こうした学校外の研究会などを通して体育の授業づくりの仲間と出会えることが成長の契機となったという教師は多くいる。

3 大学・大学院等の研修や進学

① 大学院への進学

教職大学院▷12は，実践的指導力を有する新人教師の育成と現職研修を意図したスクールリーダー（中核的中堅教員）の養成を目的とする専門職大学院として創設された。主に学部卒業生の進学と現職教師の修学の機会がある。また，大学院の教育学研究科などに進学し専門的な学修や研究を行い，専修免許状を取得することもできる。大学院進学を支援するために，教員採用試験に合格した大学院の在学者や進学予定者に対し，採用を猶予したり次年度以降の試験を減免したりするなどの制度を設ける自治体も多い▷13。現職教師の大学院進学には休業して進学する▷14ほか，研修として現職のまま派遣されて進学を認められる例もある▷15。

② 長期研修

都道府県などの長期研修制度（半年間や1年間）では，大学などで研究指導を受けながら研修に取り組む。研修者は長期間かけて教材研究や専門家との協議を通して授業計画や研究計画を作成し，調査や検証授業を行い論文や報告書にまとめる。

4 自己研修，日常のインフォーマルな学び合い

自らの授業の日常的な省察や教材研究を通して自主的に授業の改善を模索する自己研修を行うこともできる。先述の授業研究などへの参加も個々の教師の日常的な自己研修が基盤となる。また，同僚教師との日常的な相談や情報交換などインフォーマルな学び合いの機会は，頻度が高く即時的であるため積極的に行っていきたい。

なお，自らの体育授業の指導力向上や授業改善に積極的に取り組み続けている教師は多くいる▷16。こうした教師らの多くは，教職経験を通して体育指導に対する意欲や自信の浮き沈みを経ている。では，小学校教師の自らの体育指導にかかわる成長は，どのような要因により促されるのか，また，その継続を難しくする要因とは何であろうか。次節では，筆者らの研究（四方田ほか，2013；四

▷12 **教職大学院**
教職大学院の主な目的は，(1)学部段階での資質能力を修得した者のなかから，より実践的な指導力・展開力を備え，新しい学校づくりの有力な一員となり得る新人教員の養成，(2)現職教員を対象に，地域や学校における指導的役割を果たし得る確かな指導理論と優れた実践力・応用力を備えたスクールリーダー（中核的中堅教員）の養成である。一般の大学院修士課程とは異なり，修士論文が課されない一方，45単位のうち10単位以上の学校現場での実習が義務づけられている。

▷13 大学院在学や進学を理由に採用を辞退した者に対し，次年度以降の採用試験に特別選考や採用候補者名簿登録期間の延長などの特例を設けている自治体は全68県市のうち57県市に上る（文部科学省，2016）。

▷14 **大学院修学休業制度**
専修免許状を取得する機会を拡充するため，教育公務員特例法等の一部を改正する法律（平成12年）により大学院修学休業制度が創設された。一種免許状または特別免許状を有する者は，任命権者の許可を受けて専修免許状を取得するため3年を超えない期間，休業をすることができる。この制度では，教員の身分は保有されるが，給与は支給されない。

▷15 **大学院派遣研修**
各都道府県の教育委員会が選考のうえ，教師を大学院に研修として現職のまま（給与を支給して）派遣する制度。

▷16 小学校教師の専門意識として「力を入れて研究している教科」に体育と回答した小学校教師は6.4％であり，国語（31.1％），

第Ⅰ部　体育の授業づくり論と教師の成長

算数（23.2％）と大きく差があるが，3番目に多い（Benesse教育研究開発センター，2010）。

方田，2014）および関連した文献から検討したい。

4　教師の成長にかかわる要因

1　体育指導に関する成長を促す要因

まず教師の体育指導に関する成長を促す要因について，教師の個人的要因と職場環境や同僚教師，児童などの環境的要因に分けて整理する。

① 体育指導にかかわる教師の個人的要因

教師の授業実践には，体育授業を通して児童に何を学んでほしいのかという教師の授業観[17]が強く影響する。体育授業に積極的に取り組む教師らは，体育授業の教育的価値を信じ，体育授業の理想のイメージを明確にすることで，授業改善の意欲を高めている。また，体育指導のやりがいや達成感の実感も教師の体育授業への取り組みを促す重要な要因となる。さらに，体育指導に対する得意意識や体育指導の専門家という教師観をもつことも，同様に体育授業改善への積極的な取り組みを促していた。

② 職場環境や同僚教師，児童などの環境的要因

職場環境や同僚教師からの支援，研修への参加といった環境的要因の影響も大きい。体育授業に積極的に取り組む教師の多くは，最も影響を受けた契機として先輩教師から体育授業に関する指導や支援を受けたことをあげていた[18]。また，職場での期待感や責任感を感じることも契機となる。小学校の体育に関しては，体育主任や男性教師に対する役割期待[19]が存在し，体育授業や体育行事を中心的に担うという職場での役割期待を感じることにより，体育授業の実践力向上への意欲を高めていく。また，学外の授業研究会などでの理想とする授業提案や教師との出会いや自身の授業実践の提案の機会が，体育授業づくりに深くかかわるきっかけとなったという教師も多い。加えて，大学での長期研修への参加を通して体育授業について深く学び，授業成果の検証を通した授業改善への取り組みが促される契機となった例も見られる。

教師の体育授業への取り組みには，児童の授業への反応や学習状況も影響する。体育授業での児童の成長場面や学級経営への効果を実感することで，体育授業をより重視するようになる。とくに体育授業は児童の感情が表出しやすく児童や学級集団への影響が大きい。その一方で，児童のネガティブな反応や学習の停滞が表面化しやすいという側面もある。とはいえ，そうした場合でも，授業を反省的に振り返り授業改善への意欲を奮起させることができる。そのためには，授業省察の習慣と基礎が身についていること，身近に相談できる同僚がいることが重要となる。

▷17　教師の信念は授業実践に大きく影響する。信念には多様な概念が含まれるが，本章では授業観と教師観と捉えている。授業観は，教師が教科の目標や学習内容においてどのような側面を重視するかをさす。教師観は，教師自らの専門性の認識や教師としてのあり方に関する意識をさす。

▷18　若手教師の成長に最も強く影響するのは同僚教師（メンター）からの支援的なかかわり（メンタリング）であるとされる。

▷19　役割期待
職業や地位，性などの属性に対して他者や集団から規範的に期待される行動をさす。小学校では若手の男性教師に対する体育指導の役割期待が大きい。

2 体育指導への積極的な取り組みを阻害する要因

　体育授業に積極的に取り組む教師でも，多くはその継続が困難となる経験を経てそれを克服してきている。よって，体育授業への取り組みを困難にする要因についても検討しておく必要がある。筆者らの研究では，先にあげた同僚教師や職場環境，教師の抱く体育授業観などが，場合によっては授業への取り組みを阻害する要因としても働くことが示されている（四方田ほか，2013）。

① 学校内での体育科の地位

　勤務校で体育科が重視されているかどうかは，教師の体育授業への取り組みに大きな影響を与える。実際，学校外の体育授業研究サークルでは活発に意見交換できる教師が，学校内では体育について熱く語り合える同僚がいないと嘆く例が見られた。また，自身が長期研修などで体育授業に関して専門性を高めていても，学校内の同僚教師の授業に意見を言うことは難しいという声も聞かれる。こうした状況は，体育授業に関する人的，財政的な支援の少なさや，研修への参加機会の減少，ひいては教師の体育指導に対する意欲の低下につながる恐れがある（Pétrie, 2008）。

▷20　教科としての地位について，いわゆる「主要教科」（国語，算数，理科，社会，外国語）に対し，体育科などは「技能教科」と区別して呼ばれることがある。国際的にも体育科が「周辺化された（marginalized）」教科とされて教師や保護者から学習成果が重視されない傾向が課題となっている（Pétrie, 2008）。

② 目標観や指導内容の不明確さ

　体育科の運動領域には教科書がなく，授業で何を学習させるかという教師の目標観や指導内容の認識が不明確になりやすいことも課題である。一定数の教師は，体育を「体力向上のために大切である」「気晴らしとして大切である」と「大切」だと考えてはいるが，具体的に体育の指導内容について深く捉えられていないことが懸念される。体育は気晴らしであるとか，スポーツ種目をそのまま行えばよいという授業観を有する教師は，自らの授業の改善の必要性を感じることはないだろう。さらに，教師の体育授業の目標観の不明確さは，授業の質を低下させるばかりか，前項のように体育に積極的に取り組む教師の学校内での活躍の場をも阻害してしまう問題も生じさせる。

③ 体育指導へのネガティブな意識

　体育授業の価値を高く評価し，授業成果を高めたいと感じていても，教師自身の運動や体育指導に対する苦手意識により，授業づくりから遠ざかってしまうことがある。こうした体育指導へのネガティブなイメージは，教師自身の運動経験や受けてきた体育授業の経験が影響することが知られている（Fletcher & Mandigo, 2012）。体育授業でのネガティブな記憶が体育指導の自信の低下や教育的価値の認識を低下させ，体育授業の質の低下につながることがある。そのため，大学の教員養成課程や勤務校での支援を通して体育授業に対する意識の再構成を図ることが求められる（Fletcher & Mandigo, 2012）。

④ 職務の多忙さ

第Ⅰ部 体育の授業づくり論と教師の成長

▷21 教師の多忙さには，日常の業務の多さに加え，その業務の途中に次々に対応が必要な事案が発生することに特徴がある。日本の教師の職務時間は国際的に比較してきわめて長く，「職能開発の参加の障壁」として，日程調整の難しさをあげた教師は86.4%に上り，OECD加盟34の国と地域のなかで最も多い（国立教育政策研究所編，2014）。

これらの阻害要因の根底には教師の多忙さもかかわっている[21]。わが国の教師の職務時間は諸外国に比べきわめて長く，教材研究や個々の児童への対応に困難を感じている教師も多いという実態がある（国立教育政策研究所編，2014）。そのため，体育科の研修機会を大幅に増やすことは現実的とは言えない。日々のインフォーマルな学び合いをベースとして，教材研究や児童と向き合う時間を確保することが求められる。体育指導に関しては，学校内で教材や教具を学級間，学年間で共有することなどが重要となる。

3 多様な成長機会の自律的な活用を

教師の成長の契機やプロセスは多様であり，すべての教師に効果的な支援というものは存在しない（Housner et al., 2009）。筆者らの研究でも，ある程度共通した要因があるとはいえ，体育授業に積極的に取り組む教師は，豊かで多様な経験を経て阻害要因を克服しつつその取り組みを継続していることが示された（四方田ほか，2013）。そして，先にあげたような要因（促進，阻害いずれも）はそれぞれが個別に作用するのではなく，複雑に関係し合いスパイラル的に働く。体育授業を重視し指導力向上の意欲を高めることで学校内外の教師との協働を自発的に求めるようになり，その影響を受け授業を改善し，児童の反応からやりがいや達成感を得ることにつながる。一方，体育授業の学習成果が高まらず，指導の苦手意識を感じれば，同僚教師との体育の対話からもより遠ざかってしまい，支援的な環境も失ってしまう。これまで見てきたように，勤務校の環境の影響を大きく受けるとはいえ，自ら体育授業の改善に取り組み続ける姿勢から，相談できる他者や学校内外で学ぶ場を得る機会につなげられる例は多い。教員養成課程から教職のキャリアステージの各段階を通して多様な成長の機会があることを知り，積極的にそうした機会を活用していくことを期待したい。

Exercise

① 小学校の体育授業を効果的に実践するためにはどのような資質・能力が求められるか考えてみよう。
② 小学校教師として体育授業の指導力を向上させるために大学在学中にどのようなことを意識するとよいか考えてみよう。
③ 小学校教師になった際に体育授業の指導力を向上させるためにどのような機会を活用できるか考えてみよう。

📖 次への一冊

木原成一郎『体育授業を学び続ける——教師の成長物語』創文企画，2015年。
 小学校教師が他者との出会いや経験を通して体育指導の学びを深めていく事例と関連したキーワードが紹介され，教師を目指す学生にとっても参考になる。

梅野圭史編著『教師として育つ——体育授業の実践的指導力を育むには』明和出版，2010年。
 体育授業の実践的指導力の育成に関して，とくに教員養成課程の模擬授業と教育実習に関する取り組みや研究成果，現職教師の成長における課題などがまとめられている。

山﨑準二『教師という仕事・生き方　第二版』冬陽社，2009年。
 現職教師20人の教職経験の軌跡（ライフコース）から教師がさまざまな悩みや喜びなどの経験を通して成長していく様子を紹介している。

グループ・ディダクティカ編『教師になること，教師であり続けること——困難の中の希望』勁草書房，2012年。
 現代の教師の直面する困難とそれを克服していく教師の成長過程が綴られている。第5章では若手小学校教師の体育指導に関する成長過程とその要因などが紹介されている。

前田康裕『まんがで知る教師の学び——これからの学校教育を担うために』さくら社，2016年。
 小学校教師が授業実践に悩みつつも同僚教師と学び合い成長していく様子を描く。漫画のストーリー展開と関連した理論の解説文で構成されており読み進めやすい。

引用・参考文献

Benesse 教育研究開発センター「第5回学習指導基本調査報告書（小学校・中学校版）」2010年。

Berliner, D. C., *The development of expertise in pedagogy*, AACTE, 1988.

Coulter, M., Marron, S., Murphy, F., Cosgrave, C., Sweeney, T., & Dawson, G., "Teaching PE: The central role of the class teacher," *Intouch*, 102, 2009, pp. 39–41.

Fletcher, T., & Mandigo, J., "The primary schoolteacher and physical education: a review of research and implications for Irish physical education," *Irish Educational Studies*, 31(3), 2012, pp. 363–376.

日野克博・高橋健夫・八代勉・吉野聡・藤井喜一「小学生における子どもの体育授業評価と学級集団意識との関係」『体育学研究』45，2000年，599～610ページ。

Housner, L. D., Metzler, M. W., Schempp, P. G., & Templin, T. J. (Eds.), *Historic Traditions and Future Directions of Research on Teaching and Teacher Education in Physical Education*, Fitness Information Technology, 2009.

糸岡夕里「体育授業で求められる教師の能力」高橋健夫・岡出美則・友添秀則・岩田靖編著『新版　体育科教育学入門』大修館書店，2010年，251～256ページ。

加登本仁・松田泰定・木原成一郎・岩田昌太郎・徳永隆治・林俊雄・村井潤・嘉数健悟「体育授業の悩み事に関する調査研究（その1）——教職経験に伴う悩み事の差異を

中心として」『広島大学学校教育実践学研究』16，2010年，85〜93ページ。
木原俊行『授業研究と教師の成長』日本文教出版，2004年。
小島弘道『学校管理職研修読本』教育開発研究所，1996年。
国立教育政策研究所編『教員環境の国際比較──OECD国際教員指導環境調査（TALIS）2013年調査結果報告書』明石書店，2014年。
宮尾夏姫・三木ひろみ「小学校教師の体育授業実践に対する支援の検討──実践状況と指導上の困難さに着目して」『びわこ成蹊スポーツ大学研究紀要』12，2015年，37〜47ページ。
文部科学省「平成25年度学校教員統計調査」2009年。
文部科学省「教職生活の全体を通じた教員の資質能力の総合的な向上方策について（中央教育審議会答申）」2012年。
文部科学省「平成27年度全国体力・運動能力，運動習慣等調査」2015年。
文部科学省「平成28年度教員採用等の改善に係る取組事例」2016年。
文部科学省『小学校学習指導要領（平成29年告示）解説体育編』東洋館出版社，2018年。
奈良県立教育研究所「小学校若手教員の研修状況等実態調査報告──『小学校教員の研修ニーズ等に関するアンケート調査』から」『奈良県立教育研究所研究紀要・研究集録』22，2014年。
大杉昭英「教員養成等の改善に関する調査研究（全体版）報告書」国立教育政策研究所，2015年。
Pétrie, K., "Physical education in primary schools: Holding on to the past or heading for a different future?" *New Zealand Physical Educator*, 41(3), 2008, pp. 67-80.
Rink, J. E., *Teaching Physical Education for Learning*, 7th ed., McGraw-Hill Education, 2014.
白旗和也「小学校教員の体育科学習指導と行政作成資料の活用に関する研究」『スポーツ教育学研究』32(2)，2013年，59〜72ページ。
Siedentop, D., & Tannehill, D., *Developing Teaching Skills in Physical Education*, 4th ed., Mayfield, 2000.
四方田健二「小学校教師の体育授業への積極的な取り組みを促す要因」『体育科教育』62(7)，2014年，42〜45ページ。
四方田健二・須甲理生・萩原朋子・浜上洋平・宮崎明世・三木ひろみ・長谷川悦示・岡出美則「小学校教師の体育授業に対するコミットメントを促す要因の質的研究」『体育学研究』58，2013年，45〜60ページ。
吉崎静夫「授業研究と教師教育（1）──教師の知識研究を媒介として」『教育方法学研究』13，1988年，11〜17ページ。
「教育実習，大学1年生から　適性や現場早めに意識」『朝日新聞』朝刊，2017年10月14日付。

第3章
初等体育科教育の改善に向けた省察の方法

〈この章のポイント〉
　よりよい授業を実現するためには，教師が探求力をもち，学び続ける存在である必要がある。教師は，自らの授業実践を振り返り，課題を見つけ，よりよい授業を創り出すように努めなければならない。そのためには，授業を省察する力が重要になる。教師は，「どうすればよい授業ができるか」を問い，授業実践のさまざまな視点から自らの授業を振り返ったり，他者の授業を観察して授業改善の力量を高めていく必要がある。本章では，授業を省察するとはどういうことか，また省察する力を身につけるためにはどうすればいいかについて学ぶ。

1　教員養成制度改革と省察

1　教師が身につけるべき資質・能力

　現在，わが国では教職生活全体を通じて探求力をもち，「学び続ける教員像」の確立が求められるとともに，教師に求められる資質・能力が次の3点に整理して示されている（中央教育審議会，2012，2ページ）。
(1) 教職に対する責任感，探求力，教職生活全体を通じて自主的に学び続ける力（使命感や責任感，教育的愛情）
(2) 専門職としての高度な知識・技能：教科や教職に課する高度な専門的知識ならびに新たな学びを展開できる実践的指導力
(3) 総合的な人間力

　確かに，教師に向いている人といった指摘も見られる。しかし，実際には向き・不向きだけではなく，専門職として働くためには時間をかけて意図的に習得すべき知識や技能が存在する。この生涯にわたる教師の成長過程（Continuing Professional Development：CPD）のなかで教師として身につけていくべき資質・能力も，多様に示されている。

　図3-1は，コクランの提案である。「授業の手続きに関する知識」は，協同学習や戦術学習のモデルなどの学習指導モデルやモニタリングやマネジメント，発問，相互作用など教授技能に関する知識をさしている。「教科内容に関する知識」は，指導内容に関する科学的知見と同時に，その学習に際して児童

図3-1 教師教育の枠組みとしての児童の実態に合わせて指導内容や指導方法を適用できる知識（PCKg）
出所：Cochran et al. (1993, p. 268) をもとに作成。

が直面する典型的なエラーやその改善策に関する知識が想定されている。「児童に関する知識」は，発達の段階から見た生徒の特性などに関する知識をさす。また，「環境条件に関する知識」は，天候などに応じた対応に関する知識をさす。しかし，これらの知識は個々ばらばらに活用されるわけではなく，児童が効果的に学習成果を獲得していくために統合されることが必要になる。そのため，児童の実態に合わせて指導内容や指導方法を適用できる知識を身につけていること（Pedagogical Content Knowing：PCKg）が強調されることになる。また，児童が効果的に学習成果を習得できるようにしていくためには，児童の実態に合わせて指導内容を組み替えることが必要になる。この過程では教師は情報を批判的に吟味，解釈し，男女の違いや既得の知識など，児童の実態に応じた素材を選択し，加工していくことが必要になる（Cochran et al., 1993, p. 264）。PCKgを身につけていることで，これが可能になる。

2 省察が求められる理由

しかし，このような資質・能力の育成にあたっては，教師教育の立場の違いを確認しておく必要がある。教師教育に関しては，次の三つの立場が区別されている（O'Sullivan, 2003, pp. 276-278）。

(1) 教師は，実践に役立つ知識を習得する（knowledge for practice）：知識を受け入れる教師
(2) 教師は，実践のなかで知識を習得する（knowledge in practice）：省察主体としての教師
(3) 教師は，実践のなかで知識を生み出す（knowledge of practice）：知識の創造者，研究者としての教師

この(2), (3)の立場に基づく教師教育プログラムにおいては，教師教育の対象者は，自身の実践を振り返り，その改善に必要な手続きを自ら生み出していく存在とみなされる。当然，そのために必要な知識や技能を養成プログラムなどを通して意図的，計画的に習得していくことになる。しかも，この過程や成果

を専門職集団として共有していくことが可能な人材に成長していくことが期待されている。

このような期待を示す具体例が，アメリカにおいて示されている初任の体育教師が身につけるべき六つの資質・能力である（NASPE, 2009, p. 3）。その一つとして位置づけられている省察（Reflection）とは，学習指導方略を修正し，児童の学習成果をより高めるために児童の多様性や発達段階の違い，運動技能のタイプ，学習指導ならびに学習を取り巻く文脈に関連した重要な要因，児童の学習成果ならびに評価について検討する思考過程を意味している。省察を効果的に進めるには，省察のサイクル（Reflective Cycle）が重要になる。それは，評価データに基づき，教員志望者に対して児童の学習成果を高めるために児童の示す学習成果や適用した学習指導方略について情報を提供する組織的かつ包括的な過程を意味している。(NASPE, 2009, p. 57)。

この省察能力の育成が重要になる理由は，次のように指摘されている。「教師教育の目標は，処方箋にしたがって行動できるようにトレーニングしたり，教え込むことではない。学習指導について健全な根拠づけができるようにすることと上手にパフォーマンスを発揮できるようにすることである。健全な根拠づけとは，自分たちの行動について考える過程の健全さと根拠づけの論理の適切さの双方が求められる。教師は，選択と行動の根拠を得るために知識ベースの活用の仕方を学習しなければならない。そのため，教師教育は，教師の下す選択のエビデンスと原理をともに教師を方向づけるように機能しなければならない」(Shulman, 1987, p. 13)。

▷1　NASPEは，2009年に示した指針において初任の体育教師に求められる資質・能力を，(1)科学的，理論的知識の習得，(2)技能と体力，(3)計画の立案と実行，(4)効果的な授業運営とマネジメント，(5)生徒の学習に影響を与えること，ならびに(6)プロ意識の6項目から示している。なお省察は，この(5)に含まれている。

2　生産的な省察に向けた手続き

教師が行う省察は，授業中に行われている省察（in action）と授業後に実施される省察（on action）が区別されている。授業中に行われる省察は，モニタリング（一定の視点に基づく観察）と連動することになる。そこで，以下では，授業後に実施される省察に焦点化して話を進めたい。

授業改善に向けた省察を展開するには，一定の手続きが必要になる。ここで紹介する手続きは，体育の授業改善に向けた省察を促す手続きとしてトサンガリドゥーらにより提案された手続きである。彼女らは，自らが何をしたのか，また，なぜそのような行動を取ったのかを考えることのできる能力をどの程度備えているのかが重要になるとの認識のもと，教職に就く前の教師の省察能力の向上に肯定的な影響を与える新たな教育学的省察課題を提供した（Tsangaridou & O'sullivan, 1994, p. 13）。それが，表3-1の手続きである。

彼女らは，教育実習などで展開される省察がAの課題のみで構成されてい

第Ⅰ部　体育の授業づくり論と教師の成長

表3-1　トサンガリドゥーらの提案した省察記録の付け方

> A．あなたが授業をしている際に起こった重要な出来事を一つ，詳細に記しなさい。恐らくそれは，何かしら興奮させるものであったかもしれないし，困ったことであったかもしれないし，あなたの意図／信念を再考させるものであったかもしれない。あるいは，あなたの意図／信念がまともなものであることを実感させてくれるものであったかもしれません。
> B．この出来事を次の視点から分析しなさい。
> 　1．この出来事が重要だと考えた理由を明記しなさい。
> 　2．この出来事にどのように対応したのか，また，なぜそのように対応したのかを述べなさい。
> 　3．この出来事から何を学びましたか。
> 　4．この出来事の事後処理として何を計画しますか。

出所：Tsangaridou & O'Sullivan (1994, p. 30).

たのに対し，Bの課題を追加したのである。それは，事実の確認に留まっていた省察を，事実の改善に向けて展開させていくことを求める手続きであった。その結果，新規の省察手続きを課された大学生は，省察の対象ならびにレベルを多様化させていった。また，多様化の方向についても，初任の教師や大学生には困難と言われる価値づけにかかわる省察の対象が見られたり，単純な記述のみではなく根拠や批判的な省察が見られたのであった。それはまた，省察の手続きにより，大学生の省察の対象やレベルが多様化，発達しうることを示唆するものであった。また，彼女らは，この成果を踏まえ，体育授業実施のための省察の枠組み（Reflective Framework for Teaching in Physical Education：RFTPE）を表3-2のように提案した。

　もっとも，彼女らは言及していないが，省察の対象として，教師が一定の価

表3-2　体育授業実施のための省察の枠組み（RFTPE）

省察の対象	記述	行動／イベントについての情報を記述する。
	根拠づけ	行動／イベントが派生した理由に焦点を当てる。
	批判	行動／イベントについて説明し，価値づける。
省察のレベル	技術的	学習指導やマネジメントという観点から教授技能を見る。効果的な教授技能の発揮に焦点化する。
	実践的	教授技能が発揮された状況の問題。意味のある状況や教師が判断すべき状況から導き出される。
	批判的	教授技能に関連した社会的，モラル，倫理観ならびに政治的観点。（ジェンダーや民族などの）学級の社会的構成，（いじめのような）モラルに反する行動，（権力や権威のような）政治的観点。
体育授業実施のための省察の枠組みを用いた省察文章の記述方法	イベントを詳細に記述する	何が起こったのか。あなたは何をしたのか。児童は何をしたのか。
	あなたが取った行動の理由を説明する	その行動が重要，あるいは有意味であった理由は何か。あなたがそれを行った際にどのような反応をしたのか。
	自分が行ったことへの批判	あなたが行ったことに対してどのような感情を抱いたのか。そのイベントから何を学んだのか。そのイベントを踏まえ，次に何をするか。

出所：Tannehill et al. (2015, p. 377).

表3-3 Ennis の指摘した価値観志向とカリキュラムモデルの特徴

価値志向	特徴
科学志向	専門科学の成果や運動の習得を目的とする。
自己実現	児童が肯定的な自己概念を発達させ、人格形成上適切な目標を実現していくことを目指す。
エコロジカルな統合	知識ベース、学習者の興味ならびに地域社会の関心のバランスを取ろうとする。
学習過程	特定の運動が特定の結果を生み出す方法と理由を児童たちに考えさせることにより、効果的な環境を生み出していくことを意図する。
社会的再生産	クラスの児童間の相互関係に焦点を当てている。それはまた、さまざまな状況内での適切な個人的、社会的行動の育成を目指している。

出所：Silverman (2003), Jewett et al. (1995) をもとに作成。

値観を身につけていることを見過ごせない。例えば体育教師が身につけている価値観は、表3-3のように分類されてきた。

また、教師が身につけている価値観が授業の成果に大きな影響を与えることも繰り返し指摘されてきた (Siedentop & Tannhehill, 2000；Wirszyla, 2002)。それらは、また、学習指導計画の立案、選択にも影響を及ぼすことになる。

加えて重要なことは、指導教員の用いる手続きが大学生の省察の過程に影響を与えていたことが報告されていることである。それらは、(1)多面的なデータ収集、(2)さまざまな教育学的な方法を受け入れること、(3)発問すること、ならびに(4)自信を培う方法を用いること、という手続きであった。

これらの指摘は、行った授業に対する省察を加えることを求める場合、省察課題とその進め方により、省察の成果が異なることを示唆している。とくに、省察の根拠となるデータの収集方法と解釈の方法が重要になることを示唆している。

3 省察をするためのデータの収集方法

1 多様な組織的観察法

自身が実施した授業を振り返る時、あるいは他人が実施した授業について話し合う際には授業中に派生した事実を把握する方法が問題になる。とくに、2人の人間が同じ定義を用いて同じ人間を同時に観察した際にどの程度同じ行動を記録できるかという意味で、観察結果の信頼性の確保は重要である。加えて、観察が直感的に行われると、教授技能の改善に十分な影響力をもつとは思われないと指摘されるように（シーデントップ、1988、268ページ）、授業改善に向けては、組織的な観察法に基づくデータ収集やそれを用いて収集したデータに基づく省察が重要になる。表3-4は、組織的観察法の例である。

第Ⅰ部　体育の授業づくり論と教師の成長

表3-4　多様な組織的観察法

名　称	定　義
イベント記録法	一定のカテゴリーを定義づけ，そのカテゴリーに該当するイベントの出現した頻度を問題にする。例えば，教師と児童の間の肯定的相互作用や児童が授業の規則を破った回数，児童が技能練習に挑戦した回数といったカテゴリーの出現頻度をカウントする。そのメリットは，時間（分）に対する割合に変換できる点にある。例えば，1分間に何回ある現象が生じていたかといった具合である。さらに，それを時間軸に即して並べれば，ある現象が頻繁に出現していた時間帯とそうではない時間帯を識別できる。
期間記録	イベント記録が有効ではない場合がある。例えば，児童が授業時間内にどの程度，授業に参加していたのかを確認する場合などである。この場合には，行動を観察する尺度として時間を活用する。その際には，「参加」「不参加」の場合もその概念を定義することが必要になる。なお，イベント記録と同様，5分×3回といた方法を用いてデータを収集することもできる。
間隔記録	短時間で行動を観察し，その期間で最も特徴的な行動を決定する方法。例えば，10秒間で教師行動を観察し，次の10秒間で観察した行動を最も特徴づける行動カテゴリーに記録する。この際，インターバルは20秒を超えない。この方法の問題は，観察時間帯に複数の行動が見られた場合，何を記録として残すのかの判断である。また，そのような現象が生じないためにも，観察時間を短くすることも必要になる。なお，収集されたデータは，インターバルの割合で決定される。
集団的標本法	あるグループに対して定期的なデータを集める方法をさす。例えば，一定の方法で集団を観察し，特定の行動をしていた者の人数を確認する。その際，ある児童を二度数えることはしない。また，観察に際しては，間隔をあけて行うことが必要になる。
自己記録	児童や教師が自分自身でとる記録。例えば，児童がバレーボールの授業で課題を達成した記録を残すことや，教師が自分自身の発言をテープに録音することなどである。これらの方法は，観察者なしに記録が取れることならびに教師が自分のパフォーマンスに対する自己統制の方法を考え出すようになる点で有効である。

出所：シーデントップ（1988, 274～279ページ）をもとに作成。

２　授業場面の期間記録

　表3-4のうち，期間記録のなかでも簡便な観察法が，授業場面の期間記録である。これは，表3-5の四つの概念に即して授業経過を記録する方法で，記録は図3-2のようなコーディングシートになされる。授業中，場面の転換時にコーディングシートに線を引き，そこで行われた活動を記載していく。なお，場面の移行は，教師の指示や，ホイッスルなどの合図で区切られることが多いが，児童が自主的に場面を転換するような場合には，ほぼ半数以上の児童が次の活動に移ったところで区切ることになる。また，授業が終了した時点で

表3-5　授業場面の期間記録分析カテゴリー

記　号	概念名	定　義
M	マネジメント	クラス全体が移動，待機，班分け，用具の準備，休憩などの学習成果に直接つながらない活動に充てられている場面。
I	学習指導	教師がクラス全体の学習者に対して説明，演示，指示を与える場面。学習者の側から見れば，教師の話を聞いたり，観察したりする場面。
A1	認知学習	学習者がグループで話し合ったり，学習カードに記入したりする場面。
A2	運動学習	学習者が準備運動，練習，ゲームを行う場面。

各場面の合計時間量を算出し，授業時間の合計数を分母にして各場面の比率を算出する。算出された比率は，マネジメントが10％台，学習指導が20％程度，認知学習が10％台，運動学習が50〜60％以上を目安として評価する。なお，この目安の比率は，単元中盤で期待される比率であり，実際には授業の目的や過程と対応させて評価することが必要になる。

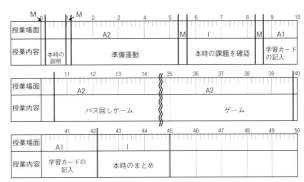

図3-2 授業場面の期間記録のコーディングシート

3 教師の相互作用の記録法

イベント記録法の代表は，教師と児童の相互作用の記録法である。その概念ならびに定義は，表3-6のとおりである。また，授業経過に即しては図3-3のコーディングシートが活用されることになる。

学習者の従事状況のデータも，授業の実態把握にとって有効である。表3-7は，大学生が実施した50分のネット型ゲームの模擬授業において収集されたデータである。技能上位と目された児童と，下位と目された児童の試行数には大差が見られないが，成功率に関しては平均では大きな差が見られる。このよ

表3-6 相互作用分析カテゴリー

概念名	定　義
発　問	主体的な意見や問題解決を要求する言語的・非言語的行動。
受　理	教師と子どもとの双方向的な言語的相互作用を生み出すために学習者の意見や考えを引き出すような教師の言語的・非言語的行動。
フィードバック	子どもの技能のできばえや応答・意見に対して提供される具体的情報。言語的・非言語的行動。表現方法により，肯定的，矯正的，否定的を区別。
励まし	子どもの技能達成や認知行動を促進させるための言語的・非言語的行動。

注：対象により個人，小集団，クラス全体を区別。

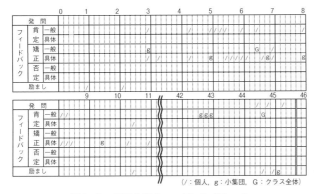

(/：個人，g：小集団，G：クラス全体)

図3-3 相互作用のコーディングシート

表3-7 大学生の実施した模擬授業で見られた試行数の違い（2007年）

教師役	上位					下位				
	成功	失敗	練習	成功率	相互作用	成功	失敗	練習	成功率	相互作用
A	37	14	51	72.5%	0	29	12	41	70.7%	1
B	74	16	90	82.2%	0	32	45	77	41.6%	3
C	68	13	81	84.0%	2	89	20	119	74.8%	0
D	39	13	52	75.0%	0	24	14	38	63.2%	0
E	9	3	12	75.0%	0	16	6	22	72.7%	3
F	27	7	34	79.4%	0	27	11	38	71.1%	0
G	103	17	120	85.8%	0	39	42	81	48.1%	1
H	46	5	51	90.2%	0	25	15	40	62.5%	1
計	403	88	491	80.5%	2	281	165	456	63.1%	9

うな違いに教師役が気づいていたのか，また，その解消に向けて事前にどのような手続きを組み込んでいたのかが省察の対象とされていくことになる。

4 観察者のトレーニング

他方で，このような組織的観察法を適用する場合，収集したデータの信頼性を確保するためには，観察者のトレーニングが必要になる。そのためには，(1)各カテゴリーについて学習する，(2)行動を分類する練習を行う，(3)具体的行動事例について討議する，(4)ビデオテープを用いて観察の練習をする，(5)実際に現場で練習する，観察者はペアで練習する，(6)トレーニング期間中は記録決定ノートを携帯し，了解事項を書き留める，(7)最低限の信頼性の基準達成まで練習するという手続きが取られることになる。

なお，観察者間の一致度は，一般的には80％と設定されるが，その信頼性は，次の計算式で確認されることになる（シーデントップ，1988，294ページ）。

$$一致率＝一致数／（一致数＋不一致数）\times 100$$

もっとも，これらのデータは，第三者が観察可能なデータに限定されてお

表3-8 形成的授業評価の設問

1．ふかく心にのこることやかんどうすることがありましたか。
2．今までにできなかったこと（運動や作戦）ができるようになりましたか。
3．「あっ，わかった！」とか「あっ，そうか」と思ったことがありましたか。
4．せいいっぱい，ぜんりょくをつくして　運動することができましたか。
5．楽しかったですか。
6．自分から進んで学習することができましたか。
7．自分のめあてにむかって何回も練習できましたか。
8．友だちと協力して，なかよく学習できましたか。
9．友だちとおたがいに教えたり，助けたりしましたか。

注：はいを3点，いいえを1点，どちらでもないを2点として，平均点を算出。
出所：高橋（2003，163ページ）。

り，授業中に教師や児童が感じていた内容や思考した内容を把握することはできない。そのため，授業の最後に児童に質問紙などを用いて自己評価を求めることで，授業を振り返る異なるデータソースを確保することが可能になる。表3-8は，児童を対象とした形成的授業評価である。

4 収集したデータを分析，解釈する方法
—— 省察の経験を授業案の立案，教授技能の改善に活用する

表3-9は，大学生がバドミントンコート1面で3対3のバレーボールの模擬授業を実施した際の期間記録である。各場面でグループ間に違いが見られる。このような違いを視覚的に提示することで，その違いを生み出した原因や改善策を指導計画と対応させ，具体的に検討することが可能になる。

期間記録はまた，授業の経過の改善にも活用できる。図3-4で問題になるのは⑧の場面である。⑥でゲームを実際にスタートしたにもかかわらず，直後の⑦では教師からの学習指導がなされている。各グループのメンバー間で個人が呼ばれたい名前を決めるように指示したのである。そのため，短時間とはいえ，スタートしていたゲームが中断されることになった。なぜ，この⑧は⑤の後に実施されなかったのであろうか。この理由を検討し，改善策を確認し，それを次の機会に活用していくことが効果的な省察と言える。ここで問題になるのは，この過程が学習指導案にどのように記されていたのかであろう。

なお，省察の手続きで紹介したように，複数のデータを併用することは授業

▷2 これらのデータの評価の軸は二つ設定できる。事前に設定した時間配分と他人のデータの比較である。大切なことは，事前に設定した時間配分にどの程度忠実に実施できたかどうかである。それができなかった場合，時間配分に無理があったのかがまずは問われる。また，時間配分どおりに実施できた場合には，期待していた成果が得られているかどうかを評価すべきと言える。他人との比較は，自身の時間配分の妥当性や根拠を問い直す契機となる。

表3-9　大学生が実施したバレーボールの模擬授業の期間記録[2]（2007年）

	I	A1	A2	M	計
A	17.4%	4.1%	71.2%	7.3%	100.0%
B	22.3%	5.0%	64.7%	8.0%	100.0%
C	15.4%	1.8%	80.6%	2.3%	100.0%
D	20.0%	0.0%	69.6%	10.4%	100.0%
E	22.8%	6.2%	61.9%	6.1%	100.0%
F	29.6%	6.3%	57.3%	6.7%	100.0%
G	24.4%	2.4%	69.7%	3.5%	100.0%
H	15.2%	9.8%	69.2%	5.8%	100.0%
計(平均)	20.9%	4.5%	68.4%	6.3%	100.0%

		26分					27分				28分		
授業場面	① A2	② M	③ I	④ M	⑤ I	⑥ A2	⑦ I	⑧ A1	⑨ I	⑩ A2			
授業内容	練習	移動	説明	移動	ルール説明	ゲーム	説明	ネーム確認	説明	ゲーム			

図3-4　大学生が実施した模擬授業の期間記録のデータ

表3-10 模擬授業に対する大学生の感想文

1	生徒役の時，僕はあまり球技が得意ではないので練習の内容がうまくできませんでした。でも，その時，先生役の人がそれに気づき，技術ポイントを優しく教えてくれました。そのおかけで，何とかうまくできるようになり，ゲームも楽しむことができた。ずっと球技が苦手で授業でも避けていたので，初めて楽しめた感じでした。
2	H君からのアドバイスがはじめ的確かどうか半信半疑な点があったがひとまず言われたとおりにやってみました。もちろんアドバイスされたからといってすぐにできるようになるわけではありませんでしたが，言われたことを意識して練習しているうちにだんだん上達していくのが身を以て感じられました。結果を感じられたことで，彼からのアドバイスは的確であると信用できるようになったため素直に信じられるようになりました。
3	今回生徒役として受けた授業の中で，最も重要な出来事だと思ったことは，運動学習時間の質を高くする（生徒が楽しいと感じることができる）ことである。今回の授業では，部活動みたいに早いペースでひたすら動くことを教師に求められたことによって，体力的にも精神的にも辛い思いをしてしまったからである。集中力がなくなり，仲間とのコミュニケーションをとる余裕もなくなった。少なくとも私は楽しいと感じることができなかったのである。この出来事に対して私の対応は，体力的・精神的にも辛いということを教師に察してもらいたかったため，それらを態度や動作で表し，消極的な授業の取り組み方となった。疲れで動きも鈍くなり，口数も少なくなっていった。また，集中力も切れ失敗も多くなった。そして，仲間とのコミュニケーションも取れなくなり，沈黙の多い活動（ドリルやゲーム）となった。

中に派生していた事実を確認するためには重要になる。その際には，授業者の視点，児童の視点，第三者の視点を反映されたデータの収集が求められる。そのため，模擬授業などでは，形成的授業評価の結果を確認したり，生徒役になって授業に対するコメントをする手続きを組み入れることになる。

例えば，模擬授業の児童役から得られた形成的授業評価では，「いいえ」と回答した児童を特定することで，授業者としては気づいていなかった特定の児童の満足度を確認できる。また，次の時間に対応すべき児童，対応すべき課題や方法の検討が容易になる。

また，感想文の例が，表3-10である。これらの感想は何ら特殊なものではなく，通常の授業でも児童が感じている内容と言える。そのため，児童役の感想を共有していくことで，児童の視点で授業を考える道が開かれていくことも期待できる。

本章で紹介したデータは，大学生の模擬授業を対象に収集されたものである。しかし，これらのデータが示す傾向は，体育の授業研究の成果として報告されてきた傾向とおおむね一致している。そのため，同様の現象は，教育実習中に実施する授業や教師になって以降に実施する授業でも派生すると考えられる。他方で，大学生が実施する模擬授業であるため，データの収集も容易である。短時間で模擬授業の効果が期待できることや省察に必要な多様なデータを収集しやすいなどの条件を活用することで，省察に必要なデータの収集方法や解釈方法を学習したり，省察の結果を踏まえた授業改善の過程を経験していき，教師として求められる資質・能力の改善を図っていくことが期待される。

同時に，省察の成果を指導案の立案と連動させたり，達成したい目標を具体的に設定したうえで結果に省察を加えることで，授業中のモニタリングの能力

改善や指導計画の立案能力の改善が期待される。

Exercise

① 小学校第2学年に対して10分間で実施する縄跳びの授業の指導案を作成し，模擬授業を実施し，その成果を評価してみよう。
② 模擬授業の教師役の相互作用を記録し，その結果を評価し，改善案を提案してみよう。
③ 学習者の行動を観察する観点とその記録方法を検討し，それを実際の授業に適用し，記録してみよう。また，その結果を分析，評価してみよう。

📖 次への一冊

シーデントップ，D.，高橋健夫ほか訳『体育の教授技術』大修館書店，1988年。
　体育の授業で用いる教授技能が日本語で体系的に確認できる。また，その教授技能を実際に活用し，評価する手法を理解できる。
高橋健夫編著『体育授業を観察評価する』明和出版，2003年。
　体育授業で用いられている多様な観察法ならびに評価法を確認することができる。また，それらを用いた授業研究の例を確認できる。
高橋健夫・岡出美則・友添秀則・岩田靖編著『新版体育科教育学入門』大修館書店，2010年。
　体育の授業を計画，実行，評価する際に必要な基本的な知識をカリキュラム論，学習指導論，評価論とバランスよく学習できる。また，学習指導論に関しては具体的な教師行動についての基本的な知識も紹介されている。

引用・参考文献

中央教育審議会教育「教職生活の全体を通じた教員の資質能力の総合的な向上方策について（答申）」資質能力向上特別部会，2012年。
Cochran, K. F., Deruiter, J. A., & King, R. A., "Pedagogical Content Knowing: An Integrative Model for Teacher Preparation," *Journal of Teacher Education*, 44(4), 1993, pp. 263-272.
Jewett, A. E. et al., *The Curriculum Process in Physical Education*, 2nd ed., Wm. C. Brown: Dubuque, 1995.
マクドナルド，D.「オーストラリアの教師教育の現在・過去・未来──シーソー，ブランコ，滑り台」『スポーツ教育学研究』23(1)，2003年，55～63ページ。
NASPE, *National Standards and Guidelines For Physical Education Teacher Education*, 3rd ed., AAHPERD Publications: Sewickley, 2009.
O'Sullivan, M., "Learning to Teach Physical Education," Silverman, S. J., & Ennis, C. D.

(Eds.), *Student Learning in Physical Education*, Human Kinetics: Champaign, 2003, pp. 275-294.

Shulman, L., "Knowledge and Teaching: Foundations of the New Reform," *Harvard Educational Review*, 57(1), 1987, pp. 1-23.

シーデントップ，D.，高橋健夫ほか訳『体育の教授技術』大修館書店，1988年。

Siedentop, D., & Tannhehill, D., *Developing teaching skills in physical education*, Mayfield: Mountain View, Calif, 2000.

Silverman, S. J., & Ennis, C. D. (Eds.), *Student Learning in Physical Education*, Human Kinetics: Champaign, 2003.

Tannehill, D., van der Mars, H., & MacPhail, A., *Building Effective Physical Education Programs*, Jones & Bartlett Learning, 2015.

高橋健夫編著『体育授業を観察評価する』明和出版，2003年。

高橋健夫・岡出美則・友添秀則・岩田靖編著『新版体育科教育学入門』大修館書店，2010年。

Tsangaridou, N., & O'Sullivan, M., "Using Pedagogical Reflective Strategies to Enhance Reflections Among Preservice Physical Education Teachers," *Journal of Teaching in Physical Education*, 14(1), 1994, pp. 13-33.

Wirszyla, C., "State-Mandated Curriculum Change in Three High School Physical Education Program," *Journal of Teaching in Physical Education*, 22(1), 2002, pp. 4-19.

第4章
初等体育科教育の指導計画と学習環境整備

〈この章のポイント〉

　よい体育授業を展開するためには，指導計画を十分に検討する必要がある。指導計画には，年間にわたってどのような内容を取り上げ，どのように配列したらよいかを明らかにする「年間計画」と，一つひとつの単元をどのように具体的に展開したらよいかを明らかにする「単元計画」がある。年間計画や単元計画を作成するためには，学校の教育目標，児童や地域の実態，施設・設備，用具など学校の諸条件などを考慮する必要がある。本章では，指導計画の作成や学習環境の整備についてのポイントなどについて解説する。

1　体育からみたカリキュラム・マネジメント

1　各学校におけるカリキュラム・マネジメントの推進

　各学校においては，教科等の目標や内容を見通し，とくに学習の基盤となる資質・能力（言語能力，情報活用能力，問題発見・解決能力等）や現代的な諸課題に対応して求められる資質・能力の育成のためには，教科等横断的な学習を充実することや，主体的・対話的で深い学びの実現に向けた授業改善を，単元や題材など内容や時間のまとまりを見通して行うことが求められる。これらの取り組みの実現のためには，学校全体として，児童生徒や学校，地域の実態を適切に把握し，指導内容や時間の配分，必要な人的・物的体制の確保，教育課程の実施状況に基づく改善などを通して，教育活動の質を向上させ，学習の効果の最大化を図るカリキュラム・マネジメントに努めることが求められる。

　このため学習指導要領総則第1の4において，「児童や学校，地域の実態を適切に把握し，教育の目的や目標の実現に必要な教育の内容等を教科等横断的な視点で組み立てていくこと，教育課程の実施状況を評価してその改善を図っていくこと，教育課程の実施に必要な人的又は物的な体制を確保するとともにその改善を図っていくことなどを通して，教育課程に基づき組織的かつ計画的に各学校の教育活動の質の向上を図っていくこと（以下「カリキュラム・マネジメント」という。）に努める」（文部科学省，2018a，39ページ）ことが新たに示されている。

［２］ 学校における体育・健康に関する指導との関連

　総則第1の2の(3)には，学校における体育・健康に関する指導については，「児童の発達の段階を考慮して，学校の教育活動全体を通じて適切に行うことにより，健康で安全な生活と豊かなスポーツライフの実現を目指した教育の充実に努めること。特に，学校における食育の推進並びに体力の向上に関する指導，安全に関する指導及び心身の健康の保持増進に関する指導については，体育科，家庭科及び特別活動の時間はもとより，各教科，道徳科，外国語活動及び総合的な学習の時間などにおいてもそれぞれの特質に応じて適切に行うよう努めること」（文部科学省，2018a，31ページ）と示されている。

　したがって，教科としての体育科において，基礎的な身体能力の育成を図るとともに，運動系のクラブ活動，運動会，遠足や集会などの特別活動や教育課程外の学校教育活動などを相互に関連させながら，学校の教育活動全体として効果的に取り組むことが求められている。つまり，体育科での学習と運動会や縄跳び集会および持久走大会などの特別活動の体育的行事とを関連づけて指導計画を立てる必要がある。

　また，各学校において，体育・健康に関する指導を効果的に進めるためには，全国体力・運動能力，運動習慣等調査などを用いて児童の体力や健康状態等を的確に把握し，学校や地域の実態を踏まえて，学校の体育・健康に関する全体計画を作成したうえで，体育科に関する指導計画を作成する必要がある。

2　指導計画の種類

　指導計画は，体育科の目標と内容を実際の授業に効果的につなぐという重要な機能を果たすものであるが，その役割や性格によって，「年間計画」「単元計画」および「単位時間計画」などに区別することができる。

　「年間計画」は，1年間の体育の学習をどのように進めるかの見通しであり，体育科の目標を達成するために，どのような内容を，どのようなまとまり（単元）として，いつ，どのように指導するのかを明らかにする内容編成のための計画である。

　これに対して，「単元計画」は，年間に配列された一つひとつの単元を授業としてどのように展開していくかの見通しを立てたものであり，毎時間の学習指導につなげる展開計画としての役割を担うものである。

　また，「単位時間計画」は，本時案や時案などと呼ばれ，1単位時間の授業をどのように展開するかの見通しを示した計画であり，指導計画のなかで最も具体的な計画である。

3　年間計画

1　年間計画の意義および作成上の留意点

　体育科の目標を実現するためには，意図的，計画的に学習指導を展開する必要がある。学校や地域の実態および児童の心身の発達の段階や特性を十分考慮して，小学校6年間の見通しに立って，各学年の目標や内容，授業時数，単元配当等を的確に定め，年間を通して運動の実践が円滑に行われるなど調和のとれた指導計画を作成することが大切である。

　新学習指導要領解説には，「体育科の各学年の目標は，体育科の目標を踏まえて第1学年から第6学年までに育成することを目指すものを，第1学年及び第2学年，第3学年及び第4学年，第5学年及び第6学年の低・中・高学年の三段階で示している。これは，児童の発達の段階を考慮するとともに，学習指導に弾力性をもたせることに配慮したものである」（文部科学省，2018b，23ページ）と示されているので，6年間を見通したうえで，一部の領域に偏ることのないよう，二つの学年を一つの単位として低・中・高学年のまとまりで計画を立案する必要がある。

　年間計画の作成にあたっては，新学習指導要領に示されている目標や内容との関係を考慮するとともに，内容の編成や授業時数の配分などについて，学校としての基本方針を確立し，学校の体育施設や用具，学級数などの実情に対応できるよう具体化することが重要である。その際，運動領域と保健領域の指導内容の関連を踏まえること，体育・健康に関する指導につながる健康安全・体育的行事などとの関連について見通しをもつことなど，体育科を中心とした「カリキュラム・マネジメント」の視点から年間計画を立てることが大切である。

2　年間計画作成の手順

　年間計画は以下の4点を考慮して作成する（表4-1）。
① 運動領域および運動を決める
　体育科の内容は，運動領域と保健領域で構成されている。保健領域は，取り扱う学年が決められているので，二つの学年で内容が示されている運動領域を先に決める。
　運動領域については，運動の楽しさや喜びを味わう学習指導を通じて，生涯にわたって運動やスポーツを豊かに実践していくことの基礎を培うことがねらいの一つである。したがって，一人ひとりの児童がじっくりと学習に取り組む

第Ⅰ部　体育の授業づくり論と教師の成長

表4-1　年間計画表

体育的行事	運動会		
3学期制	1学期（36時間）		2学期（44時間）

1年

時間	4月（4時間） 1-4	5月（11時間） 5-15	6月（12時間） 16-27	7月（9時間） 28-36	9月（12時間） 37-47
領域・種目	B 固定遊び③	C 走の運動遊び（かけっこ・リレー）⑥ / F リズム遊び② / F 表現遊び④	A 体ほぐしの運動遊び③ / A 多様な動きをつくる運動遊び③ / B マット遊び⑤	D 水遊び⑩	C 跳の運動遊び（幅跳び）⑤ / E ボールゲーム（ボール投げ的あてゲーム）⑥

2年 1学期（39時間）／2学期（44時間）

時間	4月（7時間）1-7	5月（11時間）8-18	6月（12時間）19-30	7月（9時間）31-39	9月（12時間）40-50
領域・種目	A 体ほぐしの運動遊び③ / B 固定遊び③	C 走の運動遊び（かけっこ・リレー）⑥ / F リズム遊び② / F 表現遊び④	A 多様な動きをつくる運動遊び⑤ / B マット遊び⑥	D 水遊び⑩	C 跳の運動遊び（高跳び）⑤ / E ボールゲーム（ボール投げゲーム）⑥

3年 1学期（39時間）／2学期（44時間）

時間	4月（7時間）1-7	5月（11時間）8-18	6月（12時間）19-30	7月（9時間）31-39	9月（12時間）40-50
領域・種目	A 体ほぐしの運動③ / A 多様な動きをつくる運動③	C 走の運動（かけっこ・リレー）⑥ / F リズムダンス② / F 表現④	G 保健 健康な生活④ / B マット運動⑦	D 水泳運動⑩	C 跳の運動（幅跳び）⑤ / E ベースボール型ゲーム⑥

4年 1学期（39時間）／2学期（44時間）

時間	4月（7時間）1-7	5月（11時間）8-18	6月（12時間）19-30	7月（9時間）31-39	9月（12時間）40-50
領域・種目	A 体ほぐしの運動③ / A 多様な動きをつくる運動③	C 走の運動（かけっこ・リレー）⑥ / F リズムダンス② / F 表現④	G 保健 体の発育・発達④ / B マット運動⑦	D 水泳運動⑩	C 跳の運動（高跳び）⑤ / E ベースボール型ゲーム⑥

5年 1学期（39時間）／2学期（29時間）

時間	4月（7時間）1-7	5月（11時間）8-18	6月（12時間）19-30	7月（9時間）31-39	9月（8時間）40-46
領域・種目	A 体ほぐしの運動③ / E ネット型⑦	C 短距離走・リレー⑤ / F 表現⑤	G 保健 心の健康③ / B マット運動⑥	D 水泳⑩	C 走り幅跳び⑤ / B 鉄棒運動⑤

6年 1学期（39時間）／2学期（29時間）

時間	4月（7時間）1-7	5月（11時間）8-18	6月（12時間）19-30	7月（9時間）31-39	9月（8時間）40-46
領域・種目	A 体ほぐしの運動③ / E ネット型⑥	C 短距離走・リレー⑤ / F 表現⑤	G 保健 病気の予防④ / B マット運動⑥	D 水泳⑩	C 走り高跳び⑤ / B 鉄棒運動⑤

42

第4章　初等体育科教育の指導計画と学習環境整備

			持久走大会		縄跳び大会		
	2学期（44時間）			3学期（22時間）			
	10月（12時間）	11月（12時間）	12月（8時間）	1月（7時間）	2月（9時間）		3月（6時間）
48 49 50 51 52 53 54 55	56 57 58 59 60	61 62 63 64	65 66 67 68 69 70 71 72	73 74 75 76 77 78 79 80	81 82 83 84 85 86 87	88 89 90 91	92 93 94 95 96	97 98 99 100 101 102
B 固定遊び③	E 鬼遊び④	C 走の運動遊び（ハードルリレー）⑤	E ボールゲーム（ボール蹴り的あてゲーム）⑦	A 体ほぐしの運動遊び③	B 跳び箱遊び⑥	A 多様な動きをつくる運動遊び④	F リズム遊び②	E 鬼遊び（ボール運び鬼）⑥
B 鉄棒遊び⑤				A 多様な動きをつくる運動遊び⑥			F 表現遊び④	

	2学期（44時間）			3学期（22時間）			
	10月（12時間）	11月（12時間）	12月（8時間）	1月（7時間）	2月（9時間）		3月（6時間）
51 52 53 54 55 56 57 58 59 60 61 62 63	64 65 66 67 68 69 70 71 72 73 74 75	76 77 78 79 80 81 82 83	84 85 86 87 88 89 90	91 92 93 94 95 96 97 98 99	100 101 102 103 104 105
B 固定遊び③	E 鬼遊び④	C 走の運動遊び（ハードルリレー）⑤	E ボールゲーム（ボール蹴りゲーム）⑦	A 体ほぐしの運動遊び③	B 跳び箱遊び⑥	A 多様な動きをつくる運動遊び④	F リズム遊び②	E 鬼遊び（ボール運び鬼）⑥
B 鉄棒遊び⑤				A 多様な動きをつくる運動遊び⑥			F 表現遊び④	

	2学期（44時間）			3学期（22時間）			
	10月（12時間）	11月（12時間）	12月（8時間）	1月（7時間）	2月（9時間）		3月（6時間）
51 52 53 54 55 56 57 58 59 60 61 62 63	64 65 66 67 68 69 70 71 72 73 74 75	76 77 78 79 80 81 82 83	84 85 86 87 88 89 90	91 92 93 94 95 96 97 98 99	100 101 102 103 104 105
B 鉄棒運動⑥	E ゴール型ゲーム⑥	C 走の運動（小型ハードル走）⑤	E ネット型ゲーム⑦	A 体ほぐしの運動③	B 跳び箱運動⑥	A 多様な動きをつくる運動④	F リズムダンス②	E ゴール型ゲーム⑥
				A 多様な動きをつくる運動⑥			F 表現④	

	2学期（44時間）			3学期（22時間）			
	10月（12時間）	11月（12時間）	12月（8時間）	1月（7時間）	2月（9時間）		3月（6時間）
51 52 53 54 55 56 57 58 59 60 61 62 63	64 65 66 67 68 69 70 71 72 73 74 75	76 77 78 79 80 81 82 83	84 85 86 87 88 89 90	91 92 93 94 95 96 97 98 99	100 101 102 103 104 105
B 鉄棒運動⑥	E ゴール型ゲーム⑥	C 走の運動（小型ハードル走）⑤	E ネット型ゲーム⑦	A 体ほぐしの運動③	B 跳び箱運動⑥	A 多様な動きをつくる運動④	F リズムダンス②	E ゴール型ゲーム⑥
				A 多様な動きをつくる運動⑥			F 表現④	

	2学期（29時間）			3学期（22時間）			
	10月（8時間）	11月（8時間）	12月（5時間）	1月（7時間）	2月（9時間）		3月（6時間）
47 48 49 50 51 52 53 54 55 56 57 58 59 60 61 62 63 64 65 66 67 68	69 70 71 72 73 74 75 76 77 78 79 80 81 82 83 84 85 86 87 88 89 90
B 鉄棒運動⑤	F フォークダンス③	C ハードル走⑤	E ベースボール型⑥	A 体の動きを高める運動⑤	B 跳び箱運動⑥	A 体の動きを高める運動③	G 保健 けがの防止⑤	E ゴール型⑧

	2学期（29時間）			3学期（22時間）			
	10月（8時間）	11月（8時間）	12月（5時間）	1月（7時間）	2月（9時間）		3月（6時間）
47 48 49 50 51 52 53 54 55 56 57 58 59 60 61 62 63 64 65 66 67 68	69 70 71 72 73 74 75 76 77 78 79 80 81 82 83 84 85 86 87 88 89 90
B 鉄棒運動⑤	F フォークダンス③	C ハードル走⑤	E ゴール型⑥	A 体の動きを高める運動⑤	B 跳び箱運動⑥	A 体ほぐしの運動②／A 体の動きを高める運動②	G 保健 病気の予防④	E ゴール型⑧

43

ことで，指導内容の確実な定着を図ることができるよう，二つの学年のなかで弾力的扱い，各運動の単元構成や年間配当，時間配当を工夫することが大切である。また，地域や学校の特色を生かせる種目などの視点も加える必要がある。

② 単元の規模を決定する

主体的・対話的で深い学びを実現させるためには，単元のまとまりのなかで，学習の見通しを立てたり学習を振り返ったりして自身の学びや変容を自覚できるようにしたり，対話によって自分の考えなどを広げたり深めたり，試行錯誤を重ねたりするゆとりのある学習時間が必要である。しかしながら，学習時間には限りがあるので，その確保には，創意工夫が求められる。

③ 単元の構成を工夫する

単元の構成をどのようにしていくかについては，各運動の特性と児童の心身の発達的特性や各運動への興味・関心，能力，学習経験などの程度，施設・設備の状況および健康安全・体育的行事等の学校行事などとの関係を十分考慮して，学習指導の効果がより期待できるように工夫することが大切である。

運動領域の単元の構成の方法としては，一つの運動のみで単元を構成する場合（単独単元）およびいくつかの運動を組み合わせて単元を構成する場合（組合せ単元）などが考えられる。しかし，授業時数は限られているので，すべての運動を均等に取り上げるのは，運動が細切れになり学習の深まりが見られない場合が考えられる。

体育の学習をできるだけ能動的な活動とするためには，運動の特性が明確で一人ひとりの学習に深まりが見られる豊かな内容をもった運動を単元として用意し，その単元には学習時間にゆとりをもたせるなどの工夫が大切である。このような課題を解決するためには，各学年において重点的に取り上げる単元を明確にし，十分な授業時数を充てるなどの工夫をすることが大切になる。

④ 単元の配列を工夫する

単元の構成と規模，領域別の授業時数などが決まった段階で，学年ごとに単元を配列することになる。単元の配列にあたっては，下記の点に留意する。

(1)季節を考慮する：例えば，水泳運動系は季節を考慮して夏の時期に位置づける。

(2)体育的行事との関連を考慮する：例えば，運動会の前に陸上運動系の領域を，縄跳び集会や持久走大会の前に体つくり運動系の領域を位置づける。

(3)同一領域の単元については，各学期にどう配分するかを考慮する：例えば，ボール運動系は「ゴール型」「ネット型」および「ベースボール型」の三つの型で内容が構成されているので，各学期に分けて位置づける。

(4)施設・設備，用具を考慮する：例えば，器械運動系は跳び箱など準備に時間を要するので，同じ時期に位置づける。

4 単元計画

1 単元計画の意義および作成上の留意点

　体育科の学習指導は，単元を単位として進められる。一定の活動として児童が習得する内容のまとまりを単元として捉え，まとまりをもったものとして組織し，構成して学習させる必要がある。

　単元計画には，教師の授業に対する考え方や児童の実態に基づいた学習指導のねらいや学習の進め方などが具体的に示される。

　したがって，単元計画は，第5節で示す単位時間計画の根拠となるとともに，児童に単元全体の学習の見通しをもたせるためのものである。

2 単元計画作成の手順

① 運動の特性を明確にする

　単元計画の基本的な条件としての単元の内容や単元の規模などについては，すでに年間計画の段階で方向づけられている。したがって，単元計画の立案にあたって重要なことは，単元を構成する運動の特性を明確にすることである。

　一人ひとりの児童の運動経験や技能の程度はさまざまであるので，すべての児童に運動の楽しさや喜びを味わわせるためには，運動を一般的な視点からだけで捉えるのではなく，運動を行う児童がその運動の特性をどのように受け止め，どこに楽しさや喜びを感じているのか，楽しさに向かってどのような学習ができるかなど，児童と運動との関係から運動の特性を捉え直すことが大切である。

　この「児童から見た特性」を明らかにすることによって，運動に対する興味・関心の傾向や技能習熟の程度など児童一人ひとりの特性がわかり，具体的な学習のねらいや指導活動の目安，学習集団の組織の仕方や学習活動の場の工夫が導かれることになる。

② 学習のねらいをわかりやすく示す

　主体的な学びを実現するためには，この単元で何を目指して学習すればよいかが明確に示されている必要があり，指導する教師にとっても，何をねらってどのように指導するのかが明確にされていなければならない。

　この「学習のねらい」は，どのような楽しさを求めて学習を進めていくのかにかかわり学級の児童に共通に示されている目標であり，それはそのまま学習すべき内容を示している。したがって，「学習のねらい」は，児童が学習の方向や進め方を理解できるように，わかりやすく示すことが重要である。その手

第Ⅰ部　体育の授業づくり論と教師の成長

がかりを与えるのは、「知識及び技能」「思考力、判断力、表現力等」「学びに向かう力、人間性等」という指導内容である。

③　学習過程を工夫する

　学習過程は、児童が学習のねらいを達成するための内容の順序性をもった合理的な学習の道筋であり、ねらいに近づくための学習のステップを示すものである。また、学習過程はすべての児童が運動の楽しさや喜びを味わうことができるようにする必要があるので、運動を苦手に感じている児童や運動に意欲的でない児童などに配慮しながら、学習のねらいや学習の進め方の違いを認めていくことが必要である。

　以上のことを考慮して作成した単元計画の例を表4-2に示す。

表4-2　単元計画，小学校高学年「ボール運動」（ソフトバレーボール）

1　指導計画作成上のポイント

　本単元では、中学年で身につけたワンバウンドのボールをアンダーハンドパスでセッターに返球する技能を発展させ、ノーバウンドでアンダーハンドパスをして、セッターに返球しながら味方でボールをつないで3回で攻撃することと、アタックのボールの方向を予測してノーバウンドでキャッチすることを学習させる。

　ローテーション制で行い、レシーバー役、セッター役、アタッカー役のそれぞれのポジションでの技能やボールを持たないときの動きを十分に身に付けさせる。

　ラリーを続けると動きが複雑になるため、攻守交代型でゲームを行い、アタックに対する防御の動きも身につけさせることとした。

　10時間の単元計画で、すべての児童にアンダーハンドパスの技能を保証し、中学校でのバレーボールの授業につなげるために、オーバーハンドパスは取り扱わないこととし、オーバーハンドパスについては、中学校第1学年および第2学年の学習で扱うこととした。

2　単元の目標

(1)　ネット型ボール運動の楽しさや喜びを味わい、個人やチームによる攻撃と守備の行い方を理解するとともに、その技能を身につけ、簡易化されたゲームをすることができるようにする。（知識及び技能）

(2)　ルールを工夫したり、自己やチームの特徴に応じた作戦を選んだりするとともに、自己や仲間の考えたことを他者に伝えることができるようにする。（思考力、判断力、表現力等）

(3)　運動に積極的に取り組み、ルールを守り助け合って運動をしたり、勝敗を受け入れたり、仲間の考えや取り組みを認めたり、場や用具の安全に気を配ったりすることができるようにする。（学びに向かう力、人間性等）

3　学習指導要領にみる内容記述

　ボール運動について、次の事項を身につけることができるよう指導する。

(1)　次の運動の楽しさや喜びを味わい、その行い方を理解するとともに、その技能を身につけ、簡易化されたゲームをすること。

　ア　ゴール型では、（以下略）

　イ　ネット型では、個人やチームによる攻撃と守備によって、簡易化されたゲームをすること。

　ウ　ベースボール型では、（以下略）

(2)　ルールを工夫したり、自己やチームの特徴に応じた作戦を選んだりするとともに、自己や仲間の考えたことを他者に伝えること。

(3)　運動に積極的に取り組み、ルールを守り助け合って運動をしたり、勝敗を受け入れたり、仲間の考えや取り組みを認めたり、場や用具の安全に気を配ったりすること。

4　単元計画と学習の道すじ──10時間の具体例

	はじめ		なか①			なか②			まとめ	
	1	2	3	4	5	6	7	8	9	10

オリエンテーション1	オリエンテーション2	本時のねらいの確認 準備運動		
◇チーム分け発表 ◇チームの役割分担 ◇ルールやマナーについて ◇学習カードの使い方	◇ドリルゲームのしかたについて ◇タスクゲームのしかたについて	ねらい① 個人的技能を身につけ、3段攻撃でゲーム楽しもう。 ◇ドリルゲーム（5分） ①ペアアンダーハンドパス ②アンダーハンドキャッチ ◇タスクゲーム（3分） ①レシーブ・キャッチ・アタックゲーム（攻守1分30秒交代） ・兄弟チームで対戦 ・攻守交代制 ◇メインゲーム・リーグ戦Ⅰ ①スリータッチゲーム（6分）（レシーブ・キャッチ・アタック） ・攻守交代制（攻守3分交代） ・3段攻撃を中心に	ねらい② 作戦を立てながら、3段攻撃でゲームを楽しもう。 ◇ドリルゲーム（5分） ①ペアアンダーハンドパス ②アタック練習 ◇タスクゲーム（3分） ①レシーブ・キャッチ・アタックゲーム（攻守1分30秒交代） ・兄弟チームで対戦 ・攻守交代制 ◇メインゲーム・リーグ戦Ⅱ ②ポイントゲットゲーム（レシーブ・キャッチ・アタック） ・攻守交代制（攻守3分交代）	◇チーム練習 ◇ポイントゲットゲームの大会 リーグ戦Ⅲ（またはトーナメント）
		整理運動	反省	次時の確認

【左側注記】
- チーム分けは、技能面とリーダー性を考慮して、等質グループになるように教師が事前に編成する。チームの人数は3〜5人とする。4人が望ましいが、クラスの人数に応じて8チーム以内（できれば偶数チーム）になるようにする。
- ねらい①では、アンダーハンドパスの技能を身につける最初の段階として、落下点に入りボールをキャッチしてパスをし、味方でボールをつないで、3回で攻撃するゲームをする。
- ゲームは、レシーバー役、セッター役、アタッカー役のポジションの時の役割と、3段攻撃に対する防御のしかたを明確にするために攻守交代型で行う。

【右側注記】
- 基礎的・基本的な内容の確実な定着を図るために、10時間扱いとする。
- 大会は、児童の活動意欲を高めたり、主体的に活動する力を身につけたりすることにつながるので、単元のまとめとして必ず取り入れる。
- 審判のしかたも指導し、勝敗を受け入れる態度も身につけさせる。
- ねらい②では、アンダーハンドパスの技能を身につける第2段階として、ワンバウンドのボールをアンダーハンドパスでセッターに返球し、味方でボールをつないで、3回で攻撃するゲームをする。

第4章　初等体育科教育の指導計画と学習環境整備

5　単位時間計画

1　単位時間計画の意義および作成上の留意点

　単位時間計画には，単元計画におけるその1時間（本時）の位置を示しながら，それまでの学習と指導を踏まえたうえで，その時間のねらいや学習の内容，さらには児童の学びの姿を想定した教師の指導上の留意点などが示されることとなる。

2　単位時間計画作成の手順

① 指導内容を明確にする

　一つの単元の学習指導は，大きく「はじめ」「なか」「まとめ」という段階に分けることができるが，児童が主体的に学習活動を展開していくためには，それぞれの段階において，何を学習するのか，どのような活動が展開されるのか，教師はどのような点に気をつけ，どのような働きかけをすればよいかなど学習活動と指導を予定し具体的にしておくことが重要である。

② 児童の学びの姿を想定する

　指導内容および指導上の留意点の欄は，児童が運動の楽しさを求めて自ら主体的に学習を進めていくことを基本として，教師は，そのような児童の主体的な活動がうまく展開できるように必要に応じて指導し助言を加えていく，といった流れを予想しながら記述することになる。

　したがって，一人ひとりの児童がどのようなめあてをもって，どのような活動をどのように展開するか，その時，どのようなつまずきや問題が生じやすいか，さらには，それらを状況に応じて，いつどのような指導や助言をするかなどについて，できる限り想定しておくことが重要になる。

③ 学習の場やグループ編成を検討する

　学習活動の場の工夫は，運動領域や運動種目あるいは児童の欲求や能力によってその方向や内容は異なってくるが，基本的には，(1)児童一人ひとりの多様な特性を吸収すること，(2)運動技能の高まりに効果的であること，(3)児童にとって易しい活動の場であることが大切である。

　また，児童の興味・関心を生かしたり，能力・適性等に応じて学習指導の個別化・個性化を図ったりしながら，より主体的な学習指導が促されるようにしていくためには，学習集団やグループについては，固定的に捉えるのではなく，学習のめあてとその解決の仕方の違い，あるいは多様な運動の楽しみ方の工夫に柔軟に応じることができるようにすることが大切である。

④ 評価内容と評価機会を検討する

　児童が自分の力に応じためあてを見つけたり，その出来映えを確かめたりできるようにするためには，児童の自己評価や相互評価を活動と一体のものとして位置づけておくことが大切であり，どのような評価活動をいつどのように行わせるかについても十分に検討し計画に明記しておくことも重要である。

6　学習環境の整備

① 地域の人的・物的資源等の活用
　児童の主体的・対話的で深い学びを実現するためには，必要に応じて，地域の人的・物的資源等の活用を検討しておくことが大切である。とくに障害のある児童への支援や実生活へのつながりを充実する観点から，活用可能な人的・物的資源等との連携を図り，指導の充実につなげることが重要である。

② 時間割の編成
　体育科の時間割を編成する場合には，体育館などの施設や跳び箱などの用具などを考慮して，体育主任を中心とした体育部員会などで編成することとなる。
　時間割を編成する際には，器械運動系は器具が重く第1学年および第2学年では準備や後片付けが難しいので，第1学年および第2学年の授業を2〜4時間目に組み込むなどの対応をすることが大切である。また，水泳運動系は更衣に時間がかかるので，その期間だけ2単位時間続きの授業に編成し直すなど柔軟に対応する必要がある。

③ グループ編成
　学習を進めるうえで，どのようにグループを編成するかは重要である。下記の点に留意して編成すると学習が円滑に進むと考えられる。(1)グループの数を決め，中心となって活動できる人物を選ぶ，(2)「チームの力」「人間関係」「配慮を要する児童」などを考慮してメンバーを決める，(3)チームを発表する際に，「チーム力」の差が大きい場合には，変更する場合もあることを伝えておく，(4)ボール運動系などは，2チーム一組の兄弟チームにする，(5)見学者（欠席者）を考慮して，1チームに必要な人数に1〜2人加える。

④ 学習カード[1]
　学習カードは自主的な活動を促すだけでなく，一人ひとりの児童の能力・適性，興味・関心などに対応した学習を展開するという意味において，重要な役割を果たすものである。次の点に留意して作成すると学習が円滑に進むと考えられる。
(1)学習のねらいや道筋に合っている。
(2)児童が今もっている自分の力を知り，さらに次に挑戦する課題を選択しや

▷1　ここでいう学習カードとは，児童の学習を円滑に進めるために準備された記録カードのことである。個人カード，グループカード，めあてカード，記録カードなどさまざまな名称で呼ばれているものがそれにあたる。

すく，めあてを決定しやすい。
　(3)学習を進めるなかで生じる問題点やつまずきを解決するヒントが含まれている。
　(4)書くのに時間がかからずわかりやすい。

Exercise

① 体育科におけるカリキュラム・マネジメントを推進するためには，どのような視点で授業づくりをしていけばよいか述べてみよう。
② 小学校6年間を見通した年間計画を作成するうえでの留意点を，具体的に述べてみよう。
③ 体つくり運動から表現運動までの領域のうちから一つ選び，対象学年を明記したうえで，単元計画を作成してみよう。

📖次への一冊

岡出美則編『平成29年改訂小学校教育課程実践講座　体育』ぎょうせい，2018年。
　新学習指導要領の体育科改訂の趣旨や要点や，新学習指導要領に基づく授業づくりのポイントなどを領域ごとにわかりやすく解説するとともに，具体的な授業の展開例を紹介している。
白旗和也編『平成29年版小学校新学習指導要領の展開　体育編』明治図書出版，2017年。
　新学習指導要領の体育科改訂のポイントや，指導計画と内容の取扱いのポイントなどをわかりやすく解説するとともに，具体的な授業実践の展開例を紹介している。
高橋健夫編『平成23年版観点別学習状況の評価規準と判定基準　小学校体育』図書文化，2011年。
　指導と評価の一体化を図り，学習評価の妥当性と信頼性を保証するための観点別評価の考え方と手順および評価資料の収集の技法などについて，具体的な展開例をもとに紹介している。

引用・参考文献

文部科学省『小学校学習指導要領解説総則編』東洋館出版社，2018年a。
文部科学省『小学校学習指導要領（平成29年告示）解説体育編』東洋館出版社，2018年b。
文部省『小学校体育指導資料　指導計画の作成と学習指導』東洋館出版社，1991年。
高橋健夫・岡出美則・友添秀則・岩田靖編著『新版体育科教育学入門』大修館書店，2010年。

第5章
初等体育科教育の学習指導論

〈この章のポイント〉
　初等体育科の指導内容の習得には，それらを学習可能にする手続きの適用が必要になる。この手続きは学習指導と呼ばれ，指導内容に対応した適切な学習指導論の適用が求められる。それを裏づける理論が，学習指導論である。本章ではこの学習指導論を(1)逆向き設計，(2)マネジメント課題，(3)学習指導課題，(4)人間関係課題，(5)自己の学習への責任の醸成の5点から学ぶ。なお，学習指導課題に関しては，(1)児童が学習可能な教材を開発すること，ならびに(2)適切な教師行動を取ることに分けて解説する。

1　よい授業から効果的な授業へ

　教師であれば誰もがよい授業を実施したいと考えている。しかし，よい体育授業の具体像は千差万別である。この点に関するわかりやすい提案は，授業を規定している三つの課題システムに関する次の指摘である（Tannehill et al., 2015, p. 71）。

(1) マネジメント課題：学習の条件を整備する行動にかかわる課題。行動の説明。組織化。移動。常軌的行動。
(2) 学習指導課題：教師の説明と児童の練習にかかわる課題。情報提供や課題の修正，総括など。学習指導の課題そのものが，時間経過とともに常軌的行動となっていくことがある。
(3) 人間関係課題：教師と児童，児童相互にかかわる課題。非公式な相互作用。名前を覚える。拍手や握手により認めていることを示す。教師は，マネジメント課題や学習指導課題に，人間関係改善にかかわる技能の学習を組み込んでいる。

　もっとも，よい授業という考え方では，よさの基準をめぐる対立を生み出すことになる。そのため，制度的にはよさの基準についての合意形成が必要になる。わが国で言えば，この基準となる文書は，学習指導要領である。しかし，学習指導要領の記述は指導すべき内容を示しているとはいえ，その妥当性は常に評価をとおして検証され続けることになる（中央教育審議会, 2010）。そのため，理念ではなく，設定した指導内容がどの程度習得されたのかを問う，効果的な学習指導が求められるようになってきた（Rink, 1996, p. 171）。

第Ⅰ部　体育の授業づくり論と教師の成長

▷1　学習指導モデル
理論的基盤，意図している学習成果，教師に求められる内容面に関する専門的知識，発達段階に即した発展的な学習活動，期待されている教師行動と生徒行動，独自の課題構造，学習成果の評価ならびにモデルが確実に実行されているかどうかを判断する方法といった一連の内容を含み込んだ，広範で一貫性のある計画をさす（Metzler, 2011, p. 23）。

では，この設定された目標達成に向け，何を手がかりに授業の計画を作成することが必要になるのであろうか。学習指導モデルで示される，体育授業を進めるために必要な方略と知識（表5-1）は，この具体例である。

表5-1　体育の授業を進めるために必要な方略と知識

マネジメント	学習指導	
1　予防的	1　課題の提示	5　課題の進度
2　双方向的	2　課題の構造	6　安全確保
3　グルーピング	3　課題への従事	7　総括
	4　学習活動	
モデルベースの学習指導を展開するために必要な知識領域		
1　学習の文脈	6　体育の内容	
2　学習者	7　評価	
3　学習理論	8　社会的/情緒的雰囲気	
4　発達の適時性	9　平等性	
5　学習の領域と目標	10　体育のカリキュラムモデル	

出所：Metzler（2011, p. 78）.

2　逆向き設計

　指導内容の確実な習得を促すためには，授業の計画が重要になる。この点にかかわる重要な概念が，逆向き設計（バックワードデザイン）と指導と評価の一体化である。

　逆向き設計では，指導内容，評価方法，学習指導間の一貫性が問われることになる。また，期待する学習成果と評価方法を最初に設定し，その達成に向けて必要な学習指導方略が検討されることになる。この期待する学習成果，活動，学習指導ならびに評価の間に一貫性があることが指導と評価の一体化と呼ばれている（Tannehill et al., 2015, p. 62）。それは，学習改善のため評価に向けた取り組みの一つとも言える。

▷2　学習改善のための評価に際しては(1)学習の意図を共有すること，(2)成功の基準を共有すること，ならびに(3)共有した成功の基準に基づきフィードバックを提供することが重要になる（Tannehill et al., 2015, p. 213）。

　なお，期待する学習成果を設定する際には，実際に用いられる状況を想定して知識や技能，戦術を記すことが重要になる。ボール運動であればゲーム中に発揮が期待されているパフォーマンスである（Tannehill et al., 2015, p. 166）。同時に，そのような内容に関するスタンダードをそれらに期待できる達成度を示すパフォーマンスのスタンダードを組み合わせて示すことで，生徒の学習状況や授業の手続きの妥当性をより正確に把握できるようになる。

3　学習者の条件

　学習指導においては学習者の実態把握が重要になる。この実態は，運動能力のみならず，児童が身につけている知識や社会的技能からも検討されるべきで

ある。

　例えば，表5-2は，小学校第6学年のサッカーに関する知識テストの結果を示している。攻撃に関しては半数近い児童が正解（健全）を回答できるのに対して，守備のそれは3分の1に低下する。また，攻撃に関して，ゴールへの攻撃や空間を生み出す方法については60％の児童が正答できるのに対して，ボール保持に関しては4分の1程度しか正答できないことが確認できる。

　この結果は，児童の運動に関する技能のみならず，知識や思考力，判断力，表現力等や学びに向かう力，人間性等にかかわり児童が身につけている知識や技能の実態と単元で利用可能な時間や学習の機会を踏まえて，授業の指導内容や期待する成果を設定することが必要になることを示唆している。[3]

表5-2　小学校第6学年が身につけているサッカーに関する多様な知識

	健全（人数）	ありえる（人数）	混乱（人数）
得点（攻撃）			
1　ゴールへの攻撃	59.0%（23）	18.0%（7）	23.0%（9）
2　攻撃時に空間を生み出す	56.4%（22）	28.3%（11）	15.3%（6）
3　攻撃時に空間を活用する	43.5%（10）	25.6%（10）	30.7%（12）
4　ボール保持	25.6%（10）	31.0%（12）	43.4%（17）
平　均	46.3%（72）	25.6%（40）	28.2%（44）
攻撃阻止（守備）			
1　ボールを奪う	38.6%（15）	30.0%（12）	30.7%（12）
2　空間を守る	33.3%（13）	23.0%（9）	43.7%（17）
3　密集する	28.3%（11）	35.7%（14）	38.5%（15）
平　均	33.0%（39）	29.7%（35）	37.3%（44）
全体平均	41.2%（111）	27.9%（75）	30.9%（83）

出所：Griffin（2001, p. 333）．

▷3　わが国の学習指導要領は，小学校入学年次から高校卒業までの発達を(1)運動の基礎を培う時期（小学校入学年から第4学年），(2)多くの領域の学習を経験する時期（小学校第5学年から中学校第2学年），(3)卒業後も運動やスポーツに多様な形でかかわることができるようにする時期（中学校第3学年から高校卒業年次）に分けている。これは，児童生徒の発達の段階を踏まえた配慮である。

4　マネジメント課題

　体育の授業では教室で行う授業以上に学習に必要な環境条件の整備が重要になる。しかも，その環境条件の整備は教師一人ではできないことが多い。そのため常に児童の協力を得ることが必要になる。

　例えば，1クラス30人の小学校第6学年を対象に跳び箱運動の授業を実施する際，指導計画上，何分の時間を配当するであろうか。

　ここで10分を想定した場合，準備と片付けで20分を想定していることになる。加えて，その設定方法を説明するためにも時間を要することになる。その結果，45分の授業時間の大半は跳び箱の設定に費やされることになる。このような状態は避けたいものである。

　そのため教師は，跳び箱の配置図を示すことや運搬する児童の導線が重ならないように，跳び箱を取りに行く時間や場所をずらすこと，また，児童をグ

ループに分け，各グループの分担を明示するなどの手続きを取ることになる。加えて，準備に要する時間を測定し，その短縮を求め，達成された場合にはそれを称賛するなどの行動を取ることになる。また，授業開始時や学習指導開始時の合図，集合離散の合図などを児童に明示しつつ，その達成度を肯定的に評価できるようにしていくことになる。

5　学習指導課題

1　適切な教材の開発，適用

　体育の授業でいう教材とは何か。サッカーやバスケットボールが教材である，ハードル走やマット運動が教材であるといった指摘は，今日でも根強く残っている。その結果，バスケットボールを教えるにあたって，バスケットボールの公式競技規則に基づくゲームができるようにしていくことや，その競技規則に基づき，パスやシュートの技能を効果的に発揮できることを期待するケースも見られる。しかし，ここで問題になるのが，社会的に存在する文化財などの素材，指導する知識や技能などの教科内容，それを学習可能にする教材，教材を機能させる道具としての教具という区別である。これにより，指導内容と学習を促進する教材を区別し，指導内容の習得度から教材の妥当性を検討する道が開ける。

　例えば，図5-1は，小学校第2学年のゲームで実施した教材である。素材と教材，教科内容が区別されない場合，これはバスケットボールにつながる教

≪ルール≫
○ 3人対3人で行い，4つのリングを用いる。
○ 相手からボールをもらってからチーム内でパスをしたらスタート
○ リングのなかでボールを受け取ると1点。
○ ボールをもったままリングに入ることはできない。
○ 同じ人が続けて点は取れない。
○ 点を取ったら相手にボールを渡す。
○ 相手が入っているリングでボールは受け取れない。
○ ボールを取られたら攻めと守りを交代する。
○ ゲームの時間は2分間。
○ リングに体が全部入って1点。片足だけやリングを踏むのはダメ。
≪ゲームのねらい≫
・隙の認識（プレイ力を育成する領域）
・キャッチ・キープのコントロール（モジュール・スキルを育成する領域）
・パス・シュートのコントロール（モジュール・スキルを育成する領域）

○：リング　◇：みかた
●：ボール　▲：あいて

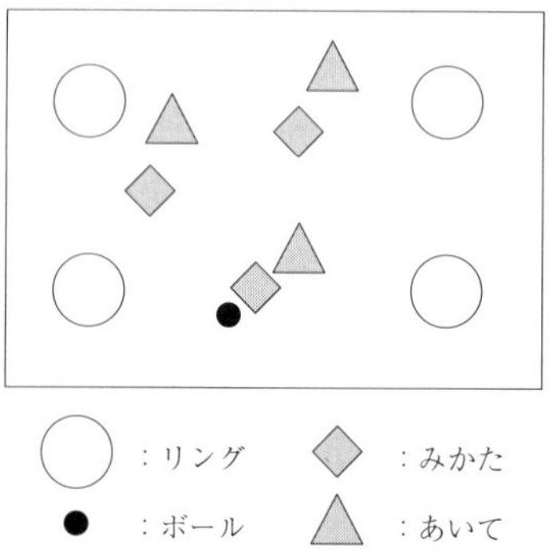

図5-1　小学校第2学年を対象としたゲームの教材「リングで受けろ」とその設定の意図
出所：Roth et al.（2014）をもとに作成。

材なのかといった指摘になる。しかし、そこで言われるバスケットボールにつながるとは何がどのようにつながるのかが必ずしも明確にされないケースが多い。

このゲームは、ドイツで開発されたバルシューレプログラムから取得したゲームである。同プログラムが期待する成果は、図5-1の「ゲームのねらい」に記されているとおりである。これらの記述は教科内容に関する記述であり、新学習指導要領の解説に記されている例示項目とも親和性が高い。ボールを投げて得点することやボールのコースに入ること、ボール操作ができる位置に移動することなどである。その意味では、このゲームは、このような成果を児童に保証しやすい条件がルールとして設定されている教材と言える。

また、このゲームで用いるボールやコートの大きさなどは、児童の実態に応じて修正可能である。これは、教具レベルの修正と言える。素材、教材、教具、教科内容を区別することで、児童の実態に応じて教科内容の確実な習得を保証しやすい教材、教具の検討が可能になると言える。

2 学習を促す適切な教師行動

① 学習指導

学習指導とは、授業中に児童に対して情報を提供する教師の行動をさす（Graham, 2008, p. 80）。この学習指導は、通常の授業では、授業の開始時、中間時点、ならびに最後の総括の3回設定され、各々異なる機能を有する。開始時の学習指導では当該時間の目標や課題に関する情報提供が、中間時点では単元前半と後半をつなげるために前半の授業経過のモニタリングを踏まえた情報提供が、最後の学習指導では授業の成果の評価が加えられることになる。そのため、いつ、誰に対してどのような情報を提供するのかを授業の計画段階で検討しておく必要がある。

なお、学習指導に際しては、(1)一回に一つのアイデアを紹介すること、(2)手短に話すこと、(3)記憶に残るキーワードを設定すること、ならびに(4)児童の観察結果を踏まえることが求められる（Graham, 2008, pp. 82-85）。しかし、教師は往々にして学習指導で多くの情報を伝えようとする傾向が見られる。その結果、教師の説明が終わった途端に、何を説明されたのかがわからない状態が生み出されることも多い。しかし、このような状況は、少しの配慮で改善可能である。

例えば、ゲームのルールを時間をかけて逐一丁寧に説明するよりは、概略を説明した後に実際にゲームを実施させる。その後、ゲームで直面した問題を全体に共有させ、ルールに対する理解を深めるという手続きである。

② 相互作用

　教師の営む相互作用は，通常，発問，受理，フィードバック，励ましに分類される。また，これらの相互作用はその対象により，技能に関するものと行動に関するものとが区別されるとともに，一般的なそれと具体的なそれも区別されてきた。教師は，授業中にこれらの多様な形式の相互作用を意図的，計画的に児童と営んでいる。

　これらのなかでもフィードバックは，児童の取り組んだ結果に関する情報提供である。また，そこには(1)児童に関心を払っていることを示す機能と，(2)結果の改善に向けた情報提供機能の二つの機能が存在する。したがって，一般的なフィードバックであっても，教師がその児童に期待していることを示す情報である点で，児童を学習に動機づけることになる。それだけに，教師のフィードバックの頻度や話しかける児童の実数を増やすことは重要である。そのため，授業中に児童生徒と相互作用を営む際には，次の配慮が必要になると言われている。(1)子どもの運動学習に教師がかかわるための条件を設定する。(2)子どもへのかかわり方に対して教師が明確なビジョンをもつ。(3)すべての子どもに対して公平にかかわる。(4)課題解決につながる適切なかかわりを行う。(5)子どもが求める言葉をかける（深見，2010，93～97ページ）。

　しかし，教師が積極的に児童に話しかけていても，実際に児童がそれをどのように受け止めているかは別である。児童の学習成果に影響を与えるという観点から見た場合，むしろ，児童が役立ったと回答する教師の相互作用が問題にされるべきであろう。そして，この点に関しては，次の指摘が見られる。

　すなわち，体育の授業中に児童が役立ったと回答するフィードバックに関しては，(1)児童がどのような運動課題に取り組み，どのような学習状況が見られた時に（児童の学習状況），(2)教師がどのような言語内容のフィードバックを与えればよいか（フィードバックの言語内容）という二つの条件が，とくに重要であることが示された。その一方で，(3)フィードバック後の「児童の技能成果」は，あまり重要な条件ではないことが示されたという。このことは，教師のフィードバックが児童に「役に立った」と受けとめられるためには，児童が運動ができたり上手くなる以前に，運動のしかたやつまずきの克服方法が「わかる」という認知的側面がより重要になると考えられるという（深見，2003，104ページ）。

6　人間関係課題

　授業中の人間関係に関する課題は，学習指導課題と区別されるケースが多い。しかし，人間関係に関する成果もまた，体育の授業では意図的，計画的に

指導される必要がある。この人とかかわる技能を意図的に学習する機会を保証する学習指導モデルが，協同学習モデル（cooperative learning）である。

通常，授業で設定される課題は，(1)個別的な課題，(2)競争的な課題，ならびに(3)協同的な課題に大別される。個別的な課題は，自分の取り組みが周囲に影響を与えない課題である。競争的な課題は，ゼロ・サムゲームと呼ばれ，一方が利益を得ると他方が損をし，全体としての総和が常に0になる課題をさす。これに対して協同的な課題は，関係者が相互互恵的な関係になれる課題をさす。仲間の成長が自分の成長にもつながるといった課題である。また，(1)肯定的な相互依存関係，(2)個人の説明責任，(3)互いに励まし合う促進的な相互作用，(4)グループでの振り返り，(5)適切な社会的技能の活用，(6)促進者（活性剤）としての教師，(7)異質グループ，(8)協同学習の構造の適用という特徴を備えている（Goodyear, 2017, p. 84）。表5-3は，この協働学習の課題構造の例を示している。

▷4 協調学習は collaborative learning の訳語であり，複数の人がかかわり合って学ぶ基本的な形態をさす。これに対し協同学習は cooperative learning の訳語であり，かかわり合いや分業などの特定の学び方に結びつけられている（国立教育政策研究所，2016，181ページ）。また，協同学習では児童がともに作業できるような構造が意図的に設定されている。しかし，グループワークにはそれが欠けていると指摘されている（Kagan & Kagan, 2017, p. 5.1）。

7　自己の学習への責任の醸成

授業の主人公は，児童である。しかし，児童が主体的に授業に取り組むようになるためには，児童が自己の学習に責任をもてるようにする，意図的，計画的な教師の働きかけが必要になる。

加えて，授業に対する動機づけという観点から見て重要になるのは，(1)身体的有能さの認知，(2)統制感，(3)受容感で構成される運動有能感の育成である。このような因子への意図的で効果的な働きかけを通して，児童をより授業に動機づけることが可能になっていく。

実際，中学校の例ではあるが，戦術学習を受けた生徒は，ボール操作ならびにボールを持たないときの動きに関する状況判断能力が向上したと考えていた。しかし，技術指導を受けた生徒は，それが低下したと感じていたことが報告されている（Grav, 2009）。ここには，自分の取り組みが成功につながったという認識をもてるようにする学習指導方略の重要性が示唆されている。

また，児童自らが主体的に何かを決定していけるようになる能力を培うためには，教師は授業の進め方にあまり介入すべきではないといった指摘が見られる。しかし，実際には，自立支援的なスタイルと管理的なスタイルは二律背反的な関係に置かれるわけではないこと，またそこでは自立的支援高グループ，管理的スタイル高グループ，両者ともに高グループ，ならびに両者ともに低グループという，四つのグループが識別できることが報告されている。同時に自立的支援が知覚されることで好ましい成果が得られることや，生徒の関心を尊重し主体的に取り組む機会を提供，あるいは生徒の選択を促すと同時に生徒を

表5-3 協同学習で適用される課題構造の例

名　称	定　義
チーム課題達成法（STAD：Student Teams-Achievement Devisions）	児童を非競争的状態に置く。全チームに同じ学習課題とその達成に必要な資源が提供される。教師は、各チームに10〜20分の時間を提供する。チーム内のメンバーの個人得点が総計され、チームの得点とされる。教師は協同していた過程についてクラス全体と論議し、グループ内の相互作用の改善方法について論議する。2回目の試行が終了すると、児童は再度、評価を受ける。この2段階目には二つの目標が設定される。すなわち、メンバー全員ならびにチーム全体として1回目の得点を上回ることである。一つ目の目標が達成できれば自動的に二つ目の目標が達成されることになる。チームのレベルは、1回目から2回目にかけてのチーム得点の伸びで判定される。
チームゲームトーナメント（TGT：Team Games Tournament）	複数のトライアルで得られたチーム内の得点を、その順位に応じて他チームと比較し、得点化してチームのもち点として、チーム間で競う。 　TGTは、STADと類似している。チーム分けが行われ、学習課題が提示され、最初に練習したり、知識を獲得するための一定の時間が保証される。個々のチームの全メンバーは、練習の最後に評価を受ける。そして、これ以降、STADとTGTは袂を分かつことになる。TGTでは各チーム内の最高獲得得点、2番目の獲得得点、3番目の獲得得点、4番目の獲得得点が、他チームの得点と順次、比較される。例えば、最高得点同士、2番目の得点同士が比較されることになる。そして、各ランクの得点の過多に応じてチームの得点が決定される。そのため、チームメイトの誰もがチームの成果に貢献できることになる。そのうえで、2回目のラウンドの日程が決定される。そして、それは、チーム内の相互作用を高めることになる。このTGTでの勝者は、最後の段階で最高得点を獲得していたチームである。なお、設定する課題の難度は、ラウンドの進行に応じて難しくしていってよい。同じ課題に2回以上取り組ませる必要はない。
チーム支援法（TAI：Team-Assisted Instruction）	個人的に取り組む課題を設定し、その成果を一定の基準で評価し、得点化する。個人の得点の総点をチームの得点とする。 　このストラテジーは、協同学習と個別化システム（Personalized Systems）を組み合わせたものである。チーム分けの後、一連の学習課題のリストがパフォーマンスの判断基準とともに提示される。このリストには、一つ以上の知識やスキルがその難度に応じて段階別に示されている。チームのメンバーは個人、あるいはチームのメンバーの援助を受けて練習に取り組む。あるメンバーが一定の基準に達すると、他のメンバーがそれをクリアしているかどうかを判定し、合格するとその人は次の課題に取り組む。なお、チームとしての評価は、各週ごとに各チームの得点を教師が評価する方法と最後に各自に最終的な評価が与えられる場合がある。その総点が、チームの得点になる。
ジグソー（Jigsaw）	チームあるいは個人に達成すべき課題を割り振り、その専門家になることを要求する。そのうえで、専門家として友達に教えることを求める。評価は、獲得した内容の教え方を量的、質的に検討して行う。 　児童は、チームに分けられ、ある技能、知識、ゲームなどの一部を学習するように求められる。例えば、テニスで言えば、あるグループはフォアハンド、あるグループはバックハンド、あるグループはルールといった具合である。そして、一定時間が経過した後に、自分たちのグループが学習したことを他のグループのメンバーに教えることを求める。評価は、その教え方を質的、量的側面を考慮して行う。 　なお、チーム内の各メンバーに異なる学習課題を設定し、他チームの同じ課題に取り組むメンバーと交流させ、その後にその成果をチームのメンバーに還元させるという方法もある。いずれにせよ、ある時点で仲間に教える機会が設定されることが、この方法の特徴である。
グループ調査法（Group Investigation）	チームで課題を割り振り、その課題に関してグループとして取り組み、収集した情報をメディアを活用して他のチームに伝える。評価は、予め設定してある得点表にしたがってなされる。 　このストラテジーでは、各チームは自分たちの学習の成果を生みだし、それを共有していくことを目指すことになる。グループが調査する時間は、授業外を活用することも含め、通常3週間以上の長期にわたる。課題は、グループで取り組むプロジェクトとして設定される。そのため、各グループは、コンピュータグラフィックスやビデオ、ポスターなどのメディアを用いて学習成果を公表することを求められる。このメディアは、一方ではグループの学習した成果を示すとともに他のチームとその成果を共有することを可能にする。 　評価は、事前に提示された得点表にしたがってなされる。

出所：Metzler（2011, pp. 245-247）をもとに作成。

心理的なプレッシャーから解放するなど，体育教師やスポーツ指導者が自立支援的であり，管理的ではない動機づけのスタイルを適用していると認知された場合，生徒の動機づけや心理的な安定度に肯定的な影響が見られることが報告されている。逆に，競争的な活動やゲームベースの活動を用いながら敗者に対して腕立て伏せを行わせたり，屈辱的な言葉をかけるなどの罰則を与えるといった行動は，動機づけという観点から見てけっして肯定されるものではないと明言されている。さらに，これらの知見は，ある指導者にとっては管理を低減させる方法を学習することがより効果的であったり，より自立支援的になる方法を学習することから指導者が多くを学んでいることをも示唆することになる。あるいは，他の人々にとっては，より自立支援的になる方法を学ぶ前に，まずは管理をより低減させる方法を学ぶといった手続きが効果的であることが示唆されている (Haerens et al., 2018, p. 32)。

このような指摘は，児童に学習への責任感をもたせていくことが重要になることや，それを可能にする学習指導方略や教師が発揮すべき教授技能があることを示している。また，教師の主導性の発揮と生徒の主体性育成を二者択一的に捉えてしまうなどの誤った常識が存在していることも見過ごせない。

指導内容の確実な習得を意図した学習指導の実施に際しては，自身が自明と考えていた学習指導論を批判的に吟味しつつ，児童の実態と授業を取り巻く諸条件を踏まえ，自身が活用可能な，現実的な学習指導論を検討したいものである。

Exercise

① 小学校第1学年の体つくり運動の単元の一時間目の最初の教師の説明と，その時間の最後に話す説明を記載してみよう。また，その授業の評価の観点と方法を記してみよう。
② 小学校第6学年のマット運動の授業で，前転につまずいている児童にかける言葉を三つ記してみよう。
③ 小学校第4学年のネット型の授業で，教師が発する発問と期待する児童の発言ならびにその発言の効果を確認できるゲームのルールを記してみよう。

📖次への一冊

岩田靖『体育の教材を創る』大修館書店，2012年。
　本書は，体育の教材づくりの基本概念と方法がわかりやすく説明されている。また，それらを踏まえて小学校ならびに中学校の授業で実際に用いられた教材の具体

例が豊富に紹介されている。

グリフィン，L.ほか，高橋健夫・岡出美則監訳『ボール運動の指導プログラム』大修館書店，1999年。
　英語圏で出版された戦術学習論の最初の日本語訳。戦術学習のカリキュラム，学習指導論ならびに評価論が具体的なプログラムとともに収録されている。

ミドゥラ，D. W.・グローバー，D. R.，高橋健夫監訳『チャレンジ運動による仲間づくり』大修館書店，2000年。
　本書は，体つくり運動が学習指導要領に導入された時期に出版された著書であり，体ほぐしの運動で言われる交流に焦点化したプログラムの例が豊富に収録されている。

文部科学省「小学校体育（運動領域）まるわかりハンドブック」。http://www.mext.go.jp/a_menu/sports/jyujitsu/1308041.htm（2018年8月13日閲覧）
　現行学習指導要領に基づく授業の進め方が，低学年，中学年，高学年の分冊で示されている。また，各内容領域の指導内容，単元の展開例，授業づくりのポイントが示されている。

体育授業研究会『よい体育授業を求めて』大修館書店，2015年。
　本書は，体育授業研究の課題や方法論，具体的な教材例や教授行為，学習集団づくり，戦術学習，地域性を生かした授業づくりなどで構成され，幅広い教材や授業の例が収録されている。

引用・参考文献

中央教育審議会「児童生徒の学習評価の在り方について（報告）」2010年。http://www.mext.go.jp/b_menu/shingi/chukyo/chukyo3/004/gaiyou/attach/1292216.htm（2018年8月7日閲覧）

深見英一郎「器械運動における有効な教師のフィードバックの検討——学習行動に応じたフィードバックと子どもの受けとめかたとの関係を通して」『スポーツ教育学研究』23(2)，2003年，95～112ページ。

深見英一郎「モニタリングと相互作用技術」高橋健夫・岡出美則・友添秀則・岩田靖編著『新版体育科教育学入門』大修館書店，2010年，90～97ページ。

Graham, G., *Teaching Children Physical Education*, 3rd ed., Human Kinetics: Champaign, 2008.

Gray, S., & Sproule, J., "Developing pupils' performance in team invasion games," *Physical Education and Sport Pedagogy*, 16(1), 2009, pp. 15-32.

Griffin, L. L., Dodds, P., Placek, J. H., & Tremino, F., "Middle School Students' Conceptions of Soccer: Their Solutions to Tactical Problems," *Journal of Teaching in Physical Education*, 20, 2001, pp. 324-340.

Goodyear, V. A., "Sustained Professional Development on Cooperative Learning: Impact on Six Teacher's Practices and Student's Learning," *Reseach Quarterly fo Exercise and Sport*, 88(1), 2017, pp. 83-94.

Haerence, L., Vansteenkiste, M., De Meester, A., Delrue, J., Tallir, I., Vande Broek, G., Goris, W., & Aelterman, N., "Different combinations of perceived autonomy support and control: identifying the most optimal motivating style," *Phsyical Education and*

Sport Pedagogy, 23(1), 2018, pp. 16–36.

Kagan, S., & Kagan, M., *Kagan Cooperative Learning*, Kagan Publishing, 2017.

国立教育政策研究所『国研ライブラリー　資質・能力［理論編］』東洋館出版社，2016年。

Metzler, M. W., *Instructional Models for Physical Education*, Allyn and Bacon, 2000.

Metzler, M. W., *Instructional Models for Physical Education*, 3rd ed., Holcomb Hathaway Pubishrts: Arizona, 2011.

NASPE, *Moving into the Future National Standard for Physical Education*, 2nd ed., McGraw Hill: Boston, 2004.

Rink, J. E., Effective Instruction in Physical Education, 1996.

Silverman, S. J., & Ennis, C. D. (Eds.), *Student Learning in Physical Education*, Human Kinetics, 2003, pp. 171–198.

Roth, K., Damm, T., Pieper, M., & Roth, C., *Ballschule in der Primarstufe*, Hofmann, 2014.

Tannehill, D., van der Mars, H., & MacPhail, A., *Building Effective Phsyical Education Programs*, Jones and Bartlet Learning, 2015.

第6章
初等体育科教育の評価と授業改善

〈この章のポイント〉
「評価」というと，ABCや1〜5までの評定など，テストやパフォーマンスの結果を教師がランクづけするようなイメージをもちがちである。しかし，評価とは，あくまで教師自身が，自分の指導計画や児童へのかかわり方を振り返り，次の授業改善に生かしていくものである。児童を評価することで，次はどの児童に深くかかわり，どのような指導方略を立てる必要があるのかを考え，日々の授業実践に役立てていくものである。本章では「指導と評価の一体化」の考え方に基づき，評価をどのように授業改善に生かしていくのかについて解説する。

1　学習評価の意義

1　目標に準拠した評価と真正の評価が求められた背景

　各教科における教育活動は，児童を導くための明確な目標を踏まえ，意図的，計画的に展開されなければならない。そして，その指導の下で，児童がどのような達成状況にあるか，目標に照らし合わせて評価を行っていくことになる。

　各教科において，目標や指導内容が明示されているのが学習指導要領であり，それに基づいて，教師は児童の実態を考えながら目標を立て，指導方略を考え，実際に指導したことで，児童がその目標のどの程度まで達成できたのかを評価する，これが目標に準拠した評価である。

　体育科の目標は，新学習指導要領に明記されているが，それに基づいて，各単元の目標が設定され，それを受け各時間の目標が設定されていく。その1単位時間に，または，その単元を通して，児童がどのような姿になったのか，実現状況を適切に評価することが重要となる。

　「幼稚園，小学校，中学校，高等学校及び特別支援学校の学習指導要領等の改善及び必要な方策等について（答申）」（以下，2016年答申）においては，学習評価について次のように述べられている。

　「学習評価は，学校における教育活動に関し，子供たちの学習状況を評価するものである。『子供たちにどういった力が身に付いたか』という学習の成果

を的確に捉え，教員が指導の改善を図るとともに，子供たち自身が自らの学びを振り返って次の学びに向かうことができるようにするためには，この学習評価の在り方が極めて重要であり，教育課程や学習・指導方法の改善と一貫性を持った形で改善を進めることが求められる」(中央教育審議会，2016，60ページ)。

これにより，今後も，目標に準拠した評価を継承し，授業改善に向けたその役割がいっそう重要になっていることが明示されたと言える。

このような目標に準拠した評価に転換が図られたのは，2001年の指導要録の改訂からである。それ以前，日本では集団に準拠した相対評価が用いられており，その児童が集団のなかのどの位置にいるかがもっぱら評価されてきた。体育科で考えれば，「ハードルをリズミカルに跳び越すことができる」という目標を，40人が全員同じように達成していても，そこに集団をもとにした序列がつくということになる。

それについて，教育課程審議会の「児童生徒の学習と教育課程の実施状況の評価の在り方について（答申）」において，次の指摘がなされた。

「集団に準拠した評価（いわゆる相対評価）は，集団の中での相対的な位置付けによって児童生徒の学習の状況を評価するものであることから，学習指導要領に示す基礎的・基本的な内容を確実に習得し，目標を実現しているかどうかの状況や，一人一人の児童生徒のよい点や可能性，進歩の状況について直接把握することには適していない。また，児童生徒数の減少などにより，学年，学級の中での相対的な位置付けを明らかにする評価では，客観性や信頼性が確保されにくくなっていることも指摘されている」(教育課程審議会，2000，5ページ)。

つまり，集団に対してどうなのかではなく，目標に対してどうなのかを評価することで，客観性や信頼性がある一人ひとりの真の評価につながり，児童のがんばりや良さを認め今後の可能性を広げる役割を果たすことになる，ということである。

また，以前は，知識及び技能をいかに蓄積しているかに評価の視点が当てられていたが，この知識及び技能を総合的に活用する力を評価する「真正の評価」が求められた。従来の，何が何回できる，何かを知っているといった断片的な評価では，学習活動で行っている姿を総括的に捉えることはできない。例えば，バスケットボールで，ドリブルやパスの技能をいかにゲームで効果的に発揮できるかが重要になる。目標・指導・評価の一貫性を確立するためにも，パフォーマンス評価▷1がその代表的な評価方法としてあげられる（西岡ほか，2015，43〜45ページ）。

[2] 指導と評価の一体化

「評価」というと，どうしてもABCや1〜5までの評定など，テストやパ

▷1 パフォーマンス評価
知識やスキルを使いこなす（活用・応用，総合する）ことを求める問題や課題などへの取り組みを通して評価する評価方法の総称。

第Ⅰ部　体育の授業づくり論と教師の成長

フォーマンスの結果を教師がランクづけするイメージをもちがちである。しかし，そうではなく，評価はあくまで教師自身が，自分の指導計画や児童へのかかわり方を振り返り，次の授業改善に生かしていく糧となるものであることを理解する必要がある。児童を評価することで，次はどの児童に深くかかわる必要があるのか，また，どのような指導方略を立てる必要があるのかを考え，日々の授業実践に生かしていくのである。こういった考え方を「指導と評価の一体化」と言うが，これについては，教育課程審議会答申のなかで次のように述べられている。

「学校の教育活動は，計画，実践，評価という一連の活動が繰り返されながら，児童生徒のよりよい成長を目指した指導が展開されている。すなわち，指導と評価とは別物ではなく，評価の結果によって後の指導を改善し，さらに新しい指導の成果を再度評価するという，指導に生かす評価を充実させることが重要である（いわゆる指導と評価の一体化）。評価は，学習の結果に対して行うだけでなく，学習指導の過程における評価の工夫を一層進めることが大切である。また，児童生徒にとって評価は，自らの学習状況に気付き，自分を見つめ直すきっかけとなり，その後の学習や発達を促すという意義がある」（教育課程審議会，2000，5ページ）。

図6-1　指導と評価の一体化

具体的に，体育科の体つくり運動の多様な動きをつくる運動遊びの授業を例にとって述べてみたい。図6-1は，「体を移動する運動遊び」の場を動物歩きで行うよう設定したが，なかなかその動きができずにいる児童に教師が声掛けを行っている場面である。教師は，この児童が努力を要する状況だと評価したので，具体的な声掛けや励ましが必要だと指導の手立てを講じているわけである。また，この授業終了後に「移動の距離が長いから場を少し変えよう」「もっと他の運動遊びの方が容易に動きのコツを身に付けられるのではないか」といったように，自分の計画・実施した授業について振り返り改善することを考えることが重要になる。こういった営みを繰り返していくことが指導と評価の一体化の姿と言えよう。

３　2016年答申における評価の位置づけ

学習指導要領［平成20年改訂］では，体育科の運動領域では，「技能」「態度」「思考・判断」のまとまりで指導内容が示され，保健領域では知識ベースで内容が示されている。また，評価の観点は，「運動や健康・安全への関心・意欲・態度」「運動や健康・安全についての思考・判断」「運動の技能」「健康・安全についての知識・理解」と４観点で示されてきた。それについて，2016年

答申においては，次のように改善の指摘がなされている。

「今後，小・中学校を中心に定着してきたこれまでの学習評価の成果を踏まえつつ，目標に準拠した評価を更に進めていくため，こうした教育目標や内容の再整理を踏まえて，観点別評価については，目標に準拠した評価の実質化や，教科・校種を超えた共通理解に基づく組織的な取組を促す観点から，小・中・高等学校の各教科を通じて，『知識・技能』『思考・判断・表現』『主体的に学習に取り組む態度』の3観点に整理することとし，指導要録の様式を改善することが必要である」（中央教育審議会，2016，61ページ）。

「これらの観点については，毎回の授業で全てを見取るのではなく，単元や題材を通じたまとまりの中で，学習・指導内容と評価の場面を適切に組み立てていくことが重要である」（中央教育審議会，2016，61～62ページ）。

新学習指導要領では，「知識及び技能」「思考力，判断力，表現力等」「学びに向かう力，人間性等」のまとまりによって指導内容が示されたが，それに対応して評価の観点についても三つの方向で検討がなされることが示されており，これについては，今後も注視していく必要がある。

4　評価とカリキュラム・マネジメント

2016年答申では，「学習評価については，子供の学びの評価にとどまらず，『カリキュラム・マネジメント』の中で，教育課程や学習・指導方法の評価と結び付け，子供たちの学びに関わる学習評価の改善を，更に教育課程や学習・指導の改善に発展・展開させ，授業改善及び組織運営の改善に向けた学校教育全体のサイクルに位置付けていくことが必要である」（中央教育審議会，2016，60ページ）と述べられている。これは，学習評価をもとに授業改善を図ることを，学級・学年としての体育経営，学校としての年間指導計画，体育部や学校組織運営の改善に結びつけていこうとするものであると考えられる。

例えば，跳び箱運動の授業で，毎時間の準備，後片付けに時間を要し，児童の運動学習時間が確保できず，運動の技能の上達がうまく図れない状況があるとしよう。そうした際に，体育部に提案し，年間指導計画の見直しを行い，ある一定時期には全学年が跳び箱運動（跳び箱を使った運動遊び）を行うことにすれば，用具の出し入れのマネジメント時間が短縮され，その時間は運動学習に充てられることになる。それが児童の技能の定着にもつながっていく。そういった，学習評価の機会をカリキュラム・マネジメントと関連づけて行っていく必要があると言える。

2 評価の方法

1 多面的・多角的な評価の方法

　評価の方法としては，教師が行う評価，児童が自分自身で行う自己評価，児童同士で行う相互評価があげられる。

　教師が行う評価の方法としては，観察，児童との対話，ノート，ワークシート，学習カード，作品，レポート，ペーパーテスト，質問紙，面接など多様な方法があげられる（国立教育政策研究所，2011，11ページ）。体育科という教科の特性を考え，さまざまな評価方法のなかから，その場面における児童の学習の状況を的確に評価できる方法を選択していくことが必要である。体育科では，運動することが主な活動になるので，どのような動きをしているのかといった技能の評価では，主に観察による評価が行われる。思考・判断では，主に学習カードによる評価が用いられるが，書くことが得意な児童とそうでない児童がいることも考慮し，補足する意味でも発問し発言をとり上げる，聞き取りをするといった評価方法を加えることも考えられる。

　次に自己評価であるが，これは主に学習カードに反省の欄を設けて行うことが多い。基本的には，本時のめあてに対して，自分の取り組みがどうであったかを振り返り，次時の取り組みに生かすものである。記述して行うことも多いが，記入の時間を少なくするために記号や○印を記入するような形式で行われることも多い。また，教師の「○○ができるようになった人は？」といった発問に対して，挙手をしたり発言したりすることも自己評価の一つとして捉えることができる。

　最後に，相互評価であるが，これについては，互いに動きを観察するなどして，フィードバックを行うことが考えられる。また，自己評価と同様に，教師の「今日の授業で，グループのなかで一番頑張った人は？」といった発問に対して，挙手をしたり発言したりして互いに紹介することも相互評価の一つとして捉えることができる。

2 診断的・総括的評価と形成的評価

　授業は，ある程度のまとまった時間を単元として年間指導計画に位置づけ，計画的に展開されていく。この単元の前後に行う評価で，単元を通してどのように児童が変容したかを見取る評価を診断的・総括的評価という。また，先述した指導と評価の一体化の考えのもと，1時間ごとの児童の学びについて見取り，次の授業の改善に生かしていこうとする評価を形成的評価という。

前者については，ある学習に入る前に児童がどのような「知識及び技能」をもっているのか，何に興味・関心があるのかといった実態を把握する目的で行うもので，診断的評価という。これは，単元開始前に行うもので，単元構成や指導方略を考えるもとになる情報となる。さらに，単元の学習が終了した時点で，児童の達成状況を把握するために行うのが総括的評価である。これにより，自分の指導がどうであったかを振り返る材料となり，また，次の単元を行う際の貴重な情報となる。

後者については，1時間ごとの授業を教師自身が振り返り，次の授業の目標を明確にしたり，できるようになる手立てを考えたり，友達と仲良く運動できる場面設定をしたりと授業改善に生かすことができる。

これらの評価は，主に質問紙を用いて行われるが，その具体については，「次への一冊」でも紹介している高橋（2003）を参照されたい。

［3］ 観点別学習評価と評定

「評価規準の作成，評価方法等の工夫改善のための参考資料（小学校 体育）」（国立教育政策研究所，2011）において，観点別学習評価と評定について，次のように述べられている。「評定が学習指導要領に示す各教科の目標に照らして学習の実現状況を総括的に評価するものであるのに対し，観点別学習状況は学習指導要領に示す各教科の目標に照らして学習の実現状況を分析的に評価するものであり，観点別学習状況の評価が評定を行うための基本的な要素となる」（国立教育政策研究所，2011，17ページ）。

第1節の［3］で述べたように，新学習指導要領においては，3観点での評価が検討されているが，ここでは現行の4観点で考えてみたい。

表6-1で示したのは，体育科のマット運動6時間単元の，ある児童の評価である。1単位時間ごとに重点を決めて指導と評価を行い，A：十分満足，B：おおむね満足，C：努力を要する，の3段階で評価し，6時間終了後に総括的にABCで評価したものである。これについては，ABAなのでA，BABなのでBというように総括しているが，2時間目に思考・判断についてBと評価した姿が単元終わりにはAに変容していれば，Aの評価にするべきであり，

表6-1　単元の観点別評価および総括（第4学年　マット運動）

	評価の観点	1時間目	2時間目	3時間目	4時間目	5時間目	6時間目	総括
児童1	運動への関心・意欲・態度	A		B		A		A
	運動についての思考・判断		B		A		B	B
	運動の技能				A	B	A	A

表6-2　学期の観点別評価および総括

1学期

	関心・意欲・態度	思考・判断	運動の技能	知識・理解
単元1	A	B	A	
単元2	A	A	A	
単元3	B	B	B	
単元4（保健）	A	B		A
・	・	・	・	・
・	・	・	・	・
総括	A	B	A	A

表6-3　学年の観点別評価および総括

学年末

	関心・意欲・態度	思考・判断	運動の技能	知識・理解
1学期	A	B	A	A
2学期	A	A	A	A
3学期	B	B	B	A
総括	A	B	A	A

機械的に行うものではない。つまり，評価計画では1単位時間ごとに重点を決めて評価は行うが，その時間だけで完結するのではなく，継続して見取ることが必要になるということである。これらの評価は，通常，児童名簿などを利用し補助簿として成績の根拠資料ともなる。

次に表6-2に示したのは，学期末に行う総括の方法である。いくつかの単元を総括して観点別評価を付けることになる。総括した評価が，「AAAA」であれば評定は3，「BBBB」であれば2，「CCCC」であれば1とするのが適当であると考えられるが，表6-2のような場合は適切に評定する必要がある。ABCで表された学習の実現状況には幅があるため，機械的に評定を算出するのは適当ではなく，「ABAA」で3なのか2なのか，根拠になる資料を蓄積しておくことが重要である。なお，これらの学期末の総括は，「通信表」や「あゆみ」といった名称で，学期末に児童を通して保護者に伝えるのが一般的である。

最後に表6-3は，学年末の評価の総括の例である。これについても，先述した学期末と同様に，「AAAA」であれば3の評定が妥当であるが，「ABAA」「ABBA」といった場合にどう判定するかは慎重に行う必要がある。これは，指導要録の指導の記録に記載されるもので，学校における5年間の保存が法律で定められている（学校教育法施行規則第28条）。

3　評価規準の設定と評価計画の作成

1　児童の実態に基づいた計画の作成・実施・評価・改善の取り組みの必要性

教師は，学習指導要領，学習指導要領解説に基づき，授業を構想，展開していくが，あくまで児童の実態に基づいた指導計画が立案されなければならない。そのためにも，児童の実態をしっかり把握することが重要である。例えば，第6学年のボール運動，ネット型，ソフトバレーボールの単元において，児童の実態を考えずに，3段攻撃を用いる課題を設定したとしよう。恐らく，児童はラリーを続けることができずに，1球ごとにどこか違った方向へのパス

を行い，3段攻撃どころかネット型の特性に触れることなく単元を終了してしまうかもしれない。こうならないためにも，第5学年までの学習内容を前担任に確認したり，単元前に試しのゲームを行ってみたり，事前の実態把握がとても重要になってくる。PDCA サイクルに R (research) を加え，R—PDCA サイクルの実現に心がける必要がある。

2　目標に準拠した評価規準の設定

学習指導のねらいが児童の学習状況として実現されたというのは，どのような状態になっているかが具体的に想定されている必要がある。このような状況を具体的に示したものが評価規準であり，各学校において設定するものである（国立教育政策研究所，2011，7ページ）。表6-4は，「学校体育実技指導資料第10集『器械運動指導の手引』」に示されている単元の評価規準である。各単元の評価規準を設定するとともに，それを具体化した学習活動に即した評価規準が設定されている。

表6-4　単元の評価規準

	運動への関心・意欲・態度	運動についての思考・判断	運動の技能
単元の評価規準	・マットを使った運動遊びに進んで取り組むとともに，順番やきまりを守り，仲よく運動をしようとしたり，運動する場の安全に気を付けようとしたりしている。	・マットを使った運動遊びの行い方を知るとともに，運動をする場や使用する器械・器具などを変えながら，いろいろな運動の仕方を見付けている。 ・マットを使った運動遊びの動き方を知るとともに，友達のよい動きを見付けている。	・マットを使った運動遊びでは，いろいろな方向へ転がり，手で支えての体の保持や回転などができる。
学習活動に即した評価規準	①マットを使った運動遊びに進んで取り組もうとしている。 ②運動の順番やきまりを守り，友達と仲よく運動をしようとしている。 ③友達と協力して，マットの準備や片付けをしようとしている。 ④運動をする場やマットの使い方などの安全に気を付けようとしている。	①マットを使った運動遊びの行い方を知っている。 ②マットを使って楽しく遊ぶことができる場や遊び方を選んでいる。 ③マットを使った運動遊びの中で，友達のよい動きを見付けている。	①マットに背中を順番に接触させることができる。 ②マットに背中を順番に接触させて，いろいろな方向に転がることができる。 ③両手で体を支えて，マットを跳び越えることができる。 ④両手で体を支えて，壁を使って逆立ちをすることができる。

出所：文部科学省（2015，47ページ）。

3　単元計画における評価の位置づけ

次に示すのは，「学校体育実技指導資料第10集『器械運動指導の手引』」に示されている指導と評価の計画である（表6-5）。ここでは，単元の指導計画の内容に合わせて，評価の観点および評価項目，評価方法が計画的に配置されている。とくに，小学校の第1学年および第2学年のマットを使った運動遊びであるので，単元の1時間目に態度の内容の安全についての指導が重要だと考え

第Ⅰ部　体育の授業づくり論と教師の成長

られており，その指導に対応して「運動をする場やマットの使い方などの安全に気を付けようとしている」という評価規準を設定している。1単位時間のなかで多くても2項目の設定となっており，重点を決めて指導と評価の計画がなされている。

表6-5　「マットを使った運動遊び」の指導と評価の計画（例）

学習の段階	約束づくり	基礎となる感覚や基本的な動きを身に付ける運動遊びを楽しく行う					
時　数	1	2	3	4	5	6	7
一時間の学習の流れ　0／10／20／30	1．約束づくり　○跳び箱のマットの運び方　○場の準備の仕方　○跳び箱運動遊びの約束　2．場の準備　・あらかじめ分担しておく　3．準備運動　○よく使う部位（関節）を伸長する　・短時間で効率よく行う　4．感覚つくりの運動　○ウマ歩き　○ゆりかご　○背支持倒立　○かえるの足打ち　など　5．感覚つくりの運動を組み合わせた場で遊ぶ　○4．で知った動きを組み合わせて楽しむ	1．場の準備　・あらかじめ分担をしておく　・準備する場所に印をつけておくとよい　2．本時の学習の確認　・児童が学習の見通しをもてるようにする　3．準備運動　4．感覚つくりの運動　○ウマ歩き　○ゆりかご　○背支持倒立　○かえるの足打ち　など　・よい動きをしている児童をほめるとよい　5．いろいろな転がり方をする場　○ジグザグにマットを置いたり，坂道の場を入れたりして，児童が楽しめるように工夫する	5．ローテーションでの学習　○感覚つくりの運動を組み合わせた場　○いろいろな転がり方をする場　・二つに分かれて，交互に行う	1．場の準備　・場の数が増えていくので，児童への分担を考えて提示しておく　2．本時の学習の確認　3．準備運動　4．感覚つくりの運動　○ウマ歩き　○ゆりかご　○背支持倒立　○かえるの足打ち　など　5．川跳びの場　○マットだけの川，跳び箱1段をのせたマットの川，平均台の川を用意し，それに手を着いて向かいに跳び越えるようにする	5．ローテーションでの学習　○感覚つくりの運動を組み合わせた場　○いろいろな転がり方をする場　○川跳びの場　・三つに分かれて回るようにする	1．場の準備　・場の数が増えていくので，児童への分担を考えて提示しておく　2．本時の学習の確認　3．準備運動　4．感覚つくりの運動　○ウマ歩き　○ゆりかご　○背支持倒立　○かえるの足打ち　など　5．できる動きを友達と楽しむ場　○何枚かを重ねたマットを用意し，前転がりからのジャンケンや手を組んで，鉛筆回りをするなど，友達と一緒に取り組んだり，工夫を加えたりして遊べる場を提示する	5．ローテーションでの学習　○感覚つくりの運動を組み合わせた場　○いろいろな転がり方をする場　○川跳びの場　○できる動きを友達と楽しむ場　・四つに分かれて回るようにする

	6．振り返り ○できるようになったことや友達のよい動きを発表する ・教師が発表してほしい児童を学習の中で，探しておくとよい						
40 45	7．整理運動と片付け ・けがの有無の確認をしながら，整理運動をする ・安全に気を付け，友達と協力して片付けをする ・マットを重ねるときに，教師が補助をするとよい						
関心・意欲・態度	④ 観察	③ 観察		①② 観察・カード		①② 観察・カード	
思考・判断			① 観察・カード		② 観察・カード		③ 観察・カード
技能			① 観察	② 観察	③ 観察		④ 観察

出所：文部科学省（2015，48ページ）。

4 1単位時間の展開における評価の位置づけ

　1単位時間の体育授業においては，本時の目標を設定し，「知識及び技能」「思考力，判断力，表現力等」「学びに向かう力，人間性等」の内容を児童が身につけることができるよう，教師が指導していくことになる。現行の評価の観点で言えば，「運動への関心・意欲・態度」「運動についての思考・判断」「運動の技能」について評価するわけだが，40人のクラスを想定した際，一人の教師ですべてを見取ることは困難なことが容易に予想できる。よって，三つの指導内容の重点を決めて，それについて評価するほうが現実的である。もちろん，その一つの観点のみで必ず評価するというわけではなく，そう考えておくことで，指導と評価に計画性がともない，指導と評価の営みに混乱が生じないことにつながる。

5 学習評価の妥当性，信頼性を高める取り組み

　評価規準と対応するように評価方法を準備することによって，評価方法の妥当性，信頼性等が高まるものと考えられる。また，学習評価の信頼性，妥当性を高めるためには，評価規準に対する教師間の共通理解が必要になる（国立教育政策研究所，2011，13ページ）。これについては，授業を展開する教師間での共通理解が最も重要である。例えば，学年内でA教諭とB教諭とでは，同一の指導内容で授業展開をしていても，共通理解を図っていなければ，評価方法や評価規準が違ってきてしまうのは当然である。学年会や放課後の時間，または相互の授業参観などを通して，どのような評価方法で，どういった児童の姿を評

▷2　妥当性
テストの得点の解釈やそこからの推論の正当性の程度のこと。

▷3　信頼性
測定の一貫性・安定性をさす。

価するのか評価規準を確認しておくことが重要である。

4 学習評価を生かした授業改善に向けて

1 「知識及び技能」の指導についての評価を生かした授業改善

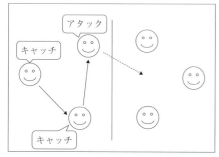

図6-2 ネット型ゲームの例

「知識及び技能」については，評価方法として，主に教師の観察によって行うことが考えられる。第3節の 1 で例にあげたようなソフトバレーボールのゲームにおいて，なかなかラリーが続かずネット型の特性に触れられないと教師が評価した際に，次のような授業改善が考えられる。「サーブは投げ入れてよい」「2回キャッチして最後の3回目は打ち返してよい」「3人が必ずボールに触れる」といった簡易化したルールに変えるということである（図6-2）。これにより，学習機会が保証され，ラリーが続き，相手コートにアタックできるようなゲームとなり，運動の特性に触れながら技能の向上を目指せる授業展開となっていく。また，単元が進むにつれて技能が高まってきたと評価したら，児童と話し合う形でルールを変更するなど新たな課題をもたせて取り組ませるような授業の改善も考えられる。

2 「思考力，判断力，表現力等」の指導についての評価を生かした授業改善

「思考力，判断力，表現力等」については，評価方法として，学習カードへの記入や発問（図6-3）を通して，児童のつぶやきや発表を取り上げることが考えられる。

例えば，学習カードの授業の振り返りの欄に，図6-4のような記述があった場合，友達に教えてもらいながら運動には取り組んでいるが，運動のポイントやコツがまだわからないで困っている様子が見てとれる。こういった場合，どうやって練習していいかわからず困っているという見取りから，次の時間に練習方法を教えたり，練習の場を増やしたりして，練習方法を選べるようにするような授業改善が考えられる。また，発問により，台上前転の踏切の仕方や回り方のコツを児童から引き出し共有する場面をつくることも考えられる。

3 「学びに向かう力，人間性等」の指導についての評価を生かした授業改善

「学びに向かう力，人間性等」については，公正，協力，責任，参画，共生

および健康・安全に関する態度、そして意欲的に運動をする態度の観点で評価を行い、その方法は主には観察によって行うことが考えられる。意欲的に運動をする態度については、運動への苦手意識から体育授業に意欲的に取り組めない児童がいた場合、その児童が「運動は楽しい。動くことは楽しい」と思えるような運動との出会いをさせるような改善が求められる。例えば、器械運動であれば、技の成功だけに目が行きがちであるが、マット運動で「二人でピタッと前転をそろえる」といった課題を設定するだけで児童には魅力ある運動になるかもしれない。また、公正・協力について、ルールを守れないといったような場合には、授業の初めに再度ルールを確認したり、友達に声をかけられてうれしい言葉について児童から発言させたり、また、ルールをきちんと守れたチームを称賛したりといった改善を行うことが考えられる。協力して活動しているペアやグループを「今日のMVP」などと、全員の前で認める場の設定も考えられる。安全については、安全に行っていた児童や場面を取り上げ、安全に運動する意識を強化することも考えられる。

図 6-3　発問（コツの共有）

図 6-4　学習カードの記入の例

Exercise

① 「目標に準拠した評価」とはどのような評価であるか、また、なぜそのような評価に転換が図られたのかについて説明してみよう。
② 「指導と評価の一体化」について、具体的な指導場面を用いながら説明してみよう。
③ 運動が苦手な児童、体育授業に意欲的に取り組めない児童に対する評価と授業改善について考えてみよう。

📖次への一冊

高橋健夫編著『体育授業を観察評価する——授業改善のためのオーセンティック・アセスメント』明和出版、2003年。
　　体育授業の観察方法や児童用の質問紙など、体育授業にどのような成果があったかを診断できる評価方法が網羅されている。
田中耕治『新しい「評価のあり方」を拓く——「目標に準拠した評価」のこれまでとこれから』日本標準、2010年。
　　評価の考え方の変遷について、答申の内容を紹介しながらわかりやすく解説してい

る。巻末に戦後児童指導要録の特徴が年表にまとめられている。

国立教育政策研究所『評価規準の作成，評価方法等の工夫改善のための参考資料（小学校 体育）』教育出版，2011年。

　学習指導要領［平成20年改訂］の目標に準拠した評価規準の設定例が，領域ごとに示されている。また，実践例も示されており指導と評価の計画を立てる際に活用できる。

西岡加名恵・石井英真・田中耕治編『新しい教育評価入門――人を育てる評価のために』有斐閣，2015年。

　教育評価について，その意義，方法，考え方，歴史等についてわかりやすくコンパクトにまとめられており，入門書としての一冊である。

引用・参考文献

中央教育審議会「幼稚園，小学校，中学校，高等学校及び特別支援学校の学習指導要領等の改善及び必要な方策等について（答申）」文部科学省，2016年。

国立教育政策研究所『評価規準の作成，評価方法等の工夫改善のための参考資料（小学校 体育）』教育出版，2011年。

教育課程審議会「児童生徒の学習と教育課程の実施状況の評価の在り方について（答申）」2000年。

文部科学省『学校体育実技指導資料　第10集「器械運動指導の手引」』東洋館出版社，2015年。

文部科学省『小学校学習指導要領（平成29年告示）解説体育編』東洋館出版社，2018年。

西岡加名恵・石井英真・田中耕治編『新しい教育評価入門――人を育てる評価のために』有斐閣，2015年。

高橋健夫編著『体育授業を観察評価する――授業改善のためのオーセンティック・アセスメント』明和出版，2003年。

田中耕治『新しい「評価のあり方」を拓く――「目標に準拠した評価」のこれまでとこれから』日本標準，2010年。

第Ⅱ部

個別内容領域の授業をつくる

第7章
初等体育科教育の実践①
―― 体つくり運動系 ――

〈この章のポイント〉
　体つくり運動系のねらいは，運動することの楽しさや心地よさを重視しながら，基礎となる動きや体力を高めることである。また，運動を通して人とのかかわり方を学び，運動を通して自己との対話をはかることである。本章では，体つくり運動系の目標，指導内容，評価，具体的な実践例について解説をする。

1　体つくり運動系の新学習指導要領における位置づけ

1　体つくり運動系の必要性

　近年のさまざまな調査報告でも明らかなように，児童の体力や運動習慣をめぐって多くの課題が指摘されている。体力テストの結果を見ても，低下傾向に一定の歯止めがかかったとの指摘は見られるものの，相変わらず高得点と低得点の児童間に大きな隔たりが見られており，とくに低得点の児童をどのようにするかが課題となっている。また，こうした体力の問題に加えて，児童の心の問題も大きな課題と言える。各種の調査報告でも，友達関係をうまく築けないといった点が多く指摘されている。
　こうした一連の課題に対して，学校教育ではさまざまな取り組みがなされている。本章で取り上げる体つくり運動系の活動は，児童の心と体の問題に深く関与する系でもあり，こうした課題の解決に向けて重要なものと言える。
　この体つくり運動系は，新学習指導要領において，すべての学年で履修することとされている。この位置づけ方は，体つくり運動系の重要性をさし示すものと言える。しかし，「この系は何をどうやって指導するのかがわからない」という声も頻繁に耳にする。そこで，本章では，この系の特性や目標，さらには，具体的な実践例について概説していく。

2　体つくり運動系の特性

　体つくり運動系は，他の系と比べると以下の特性がある。

(1) 体系化された技術をもった運動ではなく，他の系では取り上げないような手軽な運動を中心としている。そのため，特定の技術の出来不出来や勝敗が重視されるわけではない（楽しさや心地よさの重視）。
(2) 仲間とのかかわりを重視している。運動を通して良好な人間関係を築いていくことが大切にされている（かかわりの重視）。
(3) 心や体の状態に関心を向け，自己と向き合うことを大切にする（自己や仲間への気づきの重視）。
(4) 体力を高めることに直接的に寄与する（体力向上の重視）。

以上のように，この系には，四つの特性があり，運動の苦手な児童であっても取り組みやすい内容となっている。

3　体つくり運動系の目標

新学習指導要領解説体育編（以下，解説）において，体つくり運動系は次のような運動であると記されている（文部科学省，2018，25ページ）。

> 体を動かす楽しさや心地よさを味わい運動好きになるとともに，心と体との関係に気付いたり，仲間と交流したりすることや，様々な基本的な体の動きを身に付けたり，体の動きを高めたりして，体力を高めるために行われる運動である。
>
> （下線は筆者）

ここには，この系が一体何を目指しているのかを示すキーワードが見られる。それは，(1)楽しさや心地よさ，(2)心と体の関係への気付き，(3)仲間との交流，(4)基本的な動きを身に付けること，(5)体の動きを高めること，(6)体力を高めることの六つである。

この(1)〜(6)を見ると，この系で扱う運動が単なる筋力や持久力アップのためのトレーニングやダイエット目的のエクササイズとは違うものであることがわかる。この運動が目指すのは，楽しさや心地よさを重視しながら，基礎となる動きや体力を高めることであり，また，運動を通して人とのかかわり方を学び，さらには，運動を通して自己との対話を行うことであると言える。

こうした目標を達成するために，系統的かつ継続的な指導が不可欠となる。解説を見ていくと，発達の段階に応じて，名称も指導内容も少しずつ変化している（表7-1〜7-3参照）。

第1学年〜第2学年では，「体つくりの運動遊び」という名称で，「体ほぐしの運動遊び」と「多様な動きをつくる運動遊び」という二つの運動がある。第3学年〜第4学年は，「体つくり運動」となり，「体ほぐしの運動」と「多様な動きをつくる運動」という二つの運動がある。第5学年〜第6学年も，「体つくり運動」と呼び，「体ほぐしの運動」と「体の動きを高める運動」の二つの

運動がある。

このように名称と指導内容が徐々に変化し，系統的に指導していくことが大切にされている。では，次に各学年段階における目標について確認をする。

4 体つくり運動系の各学年段階の目標

① 第1学年～第2学年：体つくりの運動遊び

「知識及び運動」では「運動遊びの楽しさに触れ，その行い方を知ること」と「体を動かす心地よさを味わったり，基本的な動きを身に付けたりすること」という二つの目標が設定されている。「思考力，判断力，表現力等」では「遊び方を工夫すること」と「考えたことを友達に伝えること」という二つの目標が設定されている。「学びに向かう力，人間性等」では「進んで取り組むこと」「きまりを守り誰とでも仲良く運動をすること」「場の安全に気を付けること」という三つの目標が設定されている。

この時期では，運動遊びを楽しく，そして幅広く経験することを重視しており，そのなかで，基本的な動きを身につけたり，多様に経験したりしていくことを重視している。これら一連の活動をするなかで，結果的に体力が身につくことをねらいとしている。また，友達との話し合いのなかで活動を工夫したり，その工夫したことを伝えたりすることもねらいとしている。▷1

② 第3学年～第4学年：体つくり運動

「知識及び運動」では「運動の楽しさや喜びに触れ，その行い方を知ること」と「体を動かす心地よさを味わったり，基本的な体の動きを身に付けたりすること」という二つの目標が設定されている。「思考力，判断力，表現力等」では「自己の課題を見付けること」「課題解決のために活動を工夫すること」「考えたことを友達に伝えること」という三つの目標が設定されている。「学びに向かう力，人間性等」では「進んで取り組むこと」「きまりを守り誰とでも仲良く運動をすること」「友達の考えを認めること」「場や用具の安全に気を付けること」という四つの目標が設定されている。

この時期の児童は，第1学年～第2学年と比べて心も体も成長し，複雑な動きを身につけることができるようになる。そのため，動きの幅を広げるだけにとどまらず，身につけた動きの質を高めていくことと，複数の動きを組み合わせていくことが重視されている。さらに，友達と話し合いながら，自分の動きの課題を見つけ，その解決に向けたさまざまな工夫をしていく，といった課題解決の活動も求められている。▷2

③ 第5学年～第6学年：体つくり運動

「知識及び運動」では「運動の楽しさや喜びを味わい，その行い方を理解すること」と「体を動かす心地よさを味わったり，体の動きを高めたりするこ

▷1 ケンケンパーを例にすると，ケンケンパーの動きを楽しく行うことはもちろんのこと，友達に「ケンパー，ケンパー，ケンケンパー」と声をかけたり，友達とハイタッチをして交代したりと，遊びながら動きを身につけていく。また，話し合いながら，リズムを工夫したり，工夫した点を友達に教え合ったりする。

▷2 短縄跳びを例にすると，さまざまな跳び方を学ぶだけではなく，一つひとつの跳び方の質を高め，リズミカルに跳ぶことも重視する。また，縄跳びをしながら，走る動きなどを組み合わせて，活動の難易度を上げたり，縄に入る人数を工夫したり，といったさまざまな工夫をする。こうした学習のなかで，自分自身の縄跳びの課題を見つけ，友達と話し合いながら解決をする。

と」という二つの目標が設定されている。「思考力，判断力，表現力等」では「自己の体の状態や体力に応じて，運動の行い方を工夫すること」と「自己や仲間の考えたことを他者に伝えること」という二つの目標が設定されている。「学びに向かう力，人間性等」では「積極的に取り組むこと」「約束を守り助け合って運動をすること」「仲間の考えや取組を認めること」「場や用具の安全に気を配ること」という四つの目標が設定されている。

この時期は，第3学年～第4学年からの継続と中学校への接続を想定しながら，児童自身が，体力の状態を知り，体力の高め方を学び，体力を高めることの必然性や課題意識をもつことが求められている。とくに体力と運動の関連性について理解し，自身の体力の状況を踏まえて，どの運動が必要かを判断し，選択することが大切である。

以上のように，解説では，第1学年～第2学年から第5学年～第6学年まで目標が段階的に設定されている。

2 体つくり運動系の指導内容

1 「知識及び運動」の指導内容

ここでは，体つくり運動系の指導内容を確認していく。

表7-1は，「知識及び運動」の指導内容の一覧である。先述したとおり，この系は，発達の段階を踏まえて，名称が少しずつ変化している。

① 第1学年～第4学年

第1学年～第4学年では，「体ほぐしの運動（遊び）」と「多様な動きをつくる運動（遊び）」の二つから成り立っているが，とくに「多様な動きをつくる運動（遊び）」では，「体のバランスをとる運動」（以下，バランス），「体を移動する運動」（以下，移動），「用具を操作する運動」（以下，用具操作），「力試しの運動」（以下，力試し），「基本的な動きを組み合わせる運動」（以下，組み合わせ）の五つの活動がある（「組み合わせ」は第3学年と第4学年のみ）。

「バランス」では，回る，立つ，渡るなどの動きをし，バランスを保ったり崩したりするような運動を行う。例えば，平均台のようなものを渡ったり，友達と背中合わせになりながら同時に立ち上がったりなどの活動をしていく。

「移動」では，歩く，走る，跳ぶ，登るなど，体を移動する動きをする。例えば，ジグザグ走をしたり，スキップやギャロップをしたり，ジャンプをしながら全身を使ってジャンケンをしたりなど，体を前後，上下，左右に移動する活動をしていく。

「用具操作」では，ボール，フープ，縄，竹馬などの用具を回す，転がす，

▷3 体力テストをもとにした活動を例にすると，はじめにテストの結果を振り返り，自己の課題を確認する。例えば，シャトルランの得点が低く，持久性に課題があったとする。その解決方法として，児童は縄跳びを選択する。その際，縄跳びを長い時間続けることは「動きを持続する能力」の向上に有益であることを理解している。また，縄跳びを単に続けるだけでは，運動の楽しさや喜びにはつながらないため，どのような跳び方が良いかを他者と話し合い，励まし合いながら活動を続ける。

運ぶ，投げるなど，巧みに用具を扱っていく運動をする。例えば，フープを体の周りで回したり，転がしてなかをくぐり抜けたり，短縄で交差跳びをしたりなどの活動をしていく。

「力試し」では，人や物を押したり，引いたり，支えたり，力比べをしたり，力を加減したりするような運動を行う。例えば，押し合い相撲をしたり，友達をおんぶしたり，手押し車で移動をしたり，登り棒に登ったりなどの活動をしていく。

「組み合わせ」では，「バランス」から「力試し」までの四つの動きのなかから二つ以上の動きを組み合わせる運動である。組み合わせる際には，二つ以上の動きを同時に行う「同時性」と，二つ以上の動きを続けて行う「連続性」の二通りの組み合わせ方がある。例えば，短縄跳びをしながら走る，ボールを投げ上げた直後に，その場で前転をし，ボールをキャッチするなどである。

② 第5学年〜第6学年

第5学年〜第6学年では，「体ほぐしの運動」と「体の動きを高める運動」の二つから成り立っている。とくに「体の動きを高める運動」では，「体の柔らかさを高めるための運動」（以下，柔らかさ），「巧みな動きを高めるための運動」（以下，巧みさ），「力強い動きを高めるための運動」（以下，力強さ），「動きを持続する能力を高めるための運動」（以下，動きの持続）の四つの要素を高めるための学習をしていく。具体的には以下のような活動を行う。

「柔らかさ」では，柔軟性を高めるために，全身や各身体部位を振ったり回したり，あるいは広げたり曲げたりといった活動をしていく。

「巧みさ」では，バランス，リズム，タイミング，力の調整など，動きづくりに関連した活動をしていく。例えば，グループで列になって前後左右にジャンプをしたり，縄やフープを使った運動をしたりする。

「力強さ」では，自己の体重を利用したり，人や物を動かしたりしながら，

表7-1 「知識及び運動」の指導内容の系統表

第1学年〜第2学年	第3学年〜第4学年	第5学年〜第6学年	中学校
体ほぐしの運動遊び ・心と体の変化に気付く ・みんなで関わり合う	体ほぐしの運動 ・心と体の変化に気付く ・みんなで関わり合う	体ほぐしの運動 ・心と体の関係に気付く ・仲間と関わり合う	体ほぐしの運動 ・心と体の関係に気付く ・仲間と関わり合う
多様な動きをつくる運動遊び ・体のバランスをとる運動遊び ・体を移動する運動遊び ・用具を操作する運動遊び ・力試しの運動遊び	多様な動きをつくる運動 ・体のバランスをとる運動 ・体を移動する運動 ・用具を操作する運動 ・力試しの運動 ・基本的な動きを組み合わせる運動	体の動きを高める運動 ・体の柔らかさを高めるための運動 ・巧みな動きを高めるための運動 ・力強い動きを高めるための運動 ・動きを持続する能力を高めるための運動	体の動きを高める運動 ・体の柔らかさを高めるための運動 ・巧みな動きを高めるための運動 ・力強い動きを高めるための運動 ・動きを持続する能力を高めるための運動 ・運動の組合わせ方

出所：文部科学省（2018，174ページ）をもとに作成。

力を出す活動をしていく。例えば，押し相撲や棒に登る活動である。

「動きの持続」では，運動を一定時間反復していく活動をしていく。例えば，縄跳びを使って一定時間跳躍を続けたり，エアロビクスなどの全身運動を続けたりする。

とくに第5学年～第6学年では，これらの体の動きを高めるための運動の行い方を理解しておくことが大切である。単に運動を繰り返し行い，体力が高まればよいというのではない。大切なことは，運動をすることの必然性を児童が感じることであり，その意味を理解することである。ただし，発達の段階を踏まえて，第5学年～第6学年では，四つの要素のなかから，とくに柔らかさと巧みさに重点を置いて指導をする。

2 「思考力，判断力，表現力等」の指導内容

表7-2は「思考力，判断力，表現力等」の指導内容の系統表である。

第1学年～第2学年では，「遊び方の工夫」と「考えたことを友達に伝えること」を指導内容としている。例えば，友達と一緒に楽しくできそうな用具として，ボールの大きさや種類を変えて遊んでみる。その行った様子を友達に伝えることである。

第3学年～第4学年では，「自己の課題を見付けること」と「その課題を解決するための工夫をするすること」，さらには「考えたことを友達に伝えること」を指導内容としている。例えば，友達と自分の動きを比較して，自分の動きの課題は何であるかを考えたり，友達と一緒になって動き方を工夫したりすることである。

第5学年～第6学年では，「自己の心と体の状態や体力に応じて，運動の行い方を工夫すること」や「考えたことを他者に伝えること」を指導内容としている。例えば，縄跳びをする際に，体の状態を確かめながら，自己に合った回数や時間を選ぶことや，活動後の感想を伝える際に，仲間や教師などの他者に対して，グループで考えたことを説明していくことである。

このように「思考力，判断力，表現力等」についても，学年段階が進むにつれて高次な内容へと変化しており，第1学年～第2学年では，「工夫」「友達に

表7-2 「思考力，判断力，表現力等」の指導内容の系統表

第1学年～第2学年	第3学年～第4学年	第5学年～第6学年	中学校第1学年～第2学年
体をほぐしたり多様な動きをつくったりする遊び方を工夫するとともに，考えたことを友達に伝える	自己の課題を見付け，その解決のための活動を工夫するとともに，考えたことを友達に伝える	自己の体の状態や体力に応じて，運動の行い方を工夫するとともに，自己や仲間の考えたことを他者に伝える	自己の課題を発見し，合理的な解決に向けて運動の取り組み方を工夫するとともに，自己や仲間の考えたことを他者に伝える

出所：文部科学省（2018，182～183ページ）をもとに作成。

伝える」から，第3学年〜第4学年では，「課題を見付け」「工夫」「友達に伝える」になり，さらに第5学年〜第6学年では，「状態や体力に応じて工夫」「他者に伝える」へと発展している。とくに，対話をする対象が，身近な存在の「友達」から，教師や仲間を含む「他者」へと拡がっている。

3 「学びに向かう力，人間性等」の指導内容

表7-3は，「学びに向かう力，人間性等」の指導内容の一覧である。この指導内容も発達の段階に応じたものとなっている。具体的には以下のとおりである。

第1学年〜第2学年では，「進んで取り組む」「きまりを守り，誰とでも仲よくする」「安全に気を付ける」の三つを指導内容としている。第3学年〜第4学年では，第1学年〜第2学年の内容に「友達の考えを認める」という指導内容が加わる。第5学年〜第6学年では，「積極的に取り組む」「約束を守り助け合う」「仲間の考えや取組を認める」といった態度面の質の高まりを示す指導内容となっている。このように，「学びに向かう力，人間性等」も，学年が進むにしたがって高次な指導内容に移行している。

表7-3 「学びに向かう力，人間性等」の指導内容の系統表

第1学年〜第2学年	第3学年〜第4学年	第5学年〜第6学年	中学校第1学年〜第2学年
・運動遊びに進んで取り組む ・きまりを守り誰とでも仲よく運動をする ・場の安全に気を付ける	・運動に進んで取り組む ・きまりを守り誰とでも仲よく運動をする ・友達の考えを認める ・場や用具の安全に気を付ける	・運動に積極的に取り組む ・約束を守り助け合って運動をする ・仲間の考えや取組を認める ・場や用具の安全に気を配る	・体つくり運動に積極的に取り組む ・仲間の学習を援助しようとする ・一人一人の違いに応じた動きなどを認めようとする ・話合いに参加しようとする ・健康・安全に気を配る

出所：文部科学省（2018，184〜185ページ）をもとに作成。

3　体つくり運動系の指導計画と評価

1 単元計画の例

ここでは，体つくり運動系で「主体的・対話的で深い学び」を実現するための具体的な実践例として，埼玉県春日部市立粕壁小学校の佐藤貴教諭（平成29年度埼玉県長期研修教員）の授業の一部を紹介する（表7-4，7-5）。佐藤教諭は，第4学年を対象とした「多様な動きをつくる運動」の実践を行っている。

本単元では，「移動」「バランス」「用具操作」に着目し，動きの高め方を学ぶと同時に，「思考力，判断力，表現力等」の育成をねらっている。

第Ⅱ部　個別内容領域の授業をつくる

表7-4　学習活動に即した評価規準

運動への関心・意欲・態度	運動についての思考・判断	運動の技能
①体つくり運動に進んで取り組もうとしている。 ②用具の使い方や運動の使い方の決まりを守り，友達と励まし合って運動をしようとしている。 ③友達の考えを認めようとしている。 ④友達と協力して，用具の準備や片付けをしようとしている。	①自己の課題を見付け，その課題を解決するための運動の行い方を工夫している。 ②多様な動きをつくる運動の行い方を知ることができる。 ③運動の行い方について，考えたことや見付けたことを友達に伝えている。	①体のバランスや移動，用具の操作とともに，それらを組み合わせた動きができる。

表7-5　「多様な動きをつくる運動」の指導と評価の計画

	1	2	3	4	5	6
	【オリエンテーション】 単元のめあてや内容の確認 グループ・用具・場の確認	集合・整列・挨拶・健康観察・準備運動（音楽に合わせた全身運動）					
		体を移動する運動（じゃんけんすごろく）ねらい（両足ジャンプやケンパーでリズミカルに移動する） ルール ①自分の決められたスタート位置で，近くにいる人とじゃんけんをする。 ②勝った人は，左回りで，次のコーンまで決められた動き（両足ジャンプやケンパーなど）で進む。 ③1周できた人は，帽子を白にする。同じグループの人が全員，帽子が白になったら終了とする。				
	準備運動（音楽に合わせた全身運動）を覚える 単元で取り扱う動きの簡単な紹介と体験	【発問】体のどこをどのように気を付けると，「バランスがくずれにくく」「ボールを投げる，捕るがしやすく」なるだろうか	【発問】「バランスがくずれやすい」「ボールを投げる，捕るがしづらい」動きはどんな動きだろうか	【発問】人数を増やす工夫をする時に，どんなことに気を付けると，「タイミング」や「リズム」が合うだろうか	【発問】できた動きをくりかえし行いながら，動きがどうなると，動きが高まったと言えるだろうか	これまで取り組んできた工夫や，できるようになるためのコツを，他のグループに紹介して楽しむ
		体のバランスをとる運動（バランススティックのような用具を使ってバランスをとりながら様々な歩き方をする活動） 単元前半は，「楽にスムーズに動く」をテーマにグループでの教え合い活動をする 単元後半は，「様々な用具を使いながらバランスをとること」をテーマにグループで様々なバランスをとる活動を考える				2～5時間目の間，グループで取り組んできたことを仲間に紹介し，一緒に楽しむ
		用具を操作する運動（グループで声を合わせてボールを上方に投げたり，床にバウンドさせてキャッチさせたりする活動） 単元前半は，投げる・捕るといった動きをスムーズにできるようにグループで教え合い活動をする 単元後半は，人数を増やしたり，動きを工夫したりしながら，グループでのオリジナルの活動を考える。				
	本時のまとめと振り返り					
態		②④	③			①
思・判			②		③	①
技				①		①

84

表7-5のとおり，活動は大きく三つあり，授業の前半はリズムに乗った全身運動と「じゃんけんすごろく」（移動）を行い，思い切り体を動かし，児童の運動欲求を十分に満たしていく。加えて，「すごろく」のなかで，体を支持したり，跳んだりといった基礎的な動きを児童は学習していく。

授業の中盤から後半では，バランスを中心とした運動と，ボールを使った運動を行っている。バランスを中心とした運動では，細くて柔らかいゴム素材の用具の上を，バランスを崩さずに渡り切れるか，という課題が設定されている。その際，途中でフラフープをくぐったり，友達と手をつなぎながら協力して渡ったりと，さまざまな渡り方の工夫が課題となっている。

ボールを使った運動では，「せーの」といった掛け声を合図に，グループの友達と一緒にボールを交換したり，同じ動きでシンクロをしたり，友達と息を合わせて同じ活動をしていく，という課題が設定されている。うまくいくためには，どのような工夫をしたらよいか，児童は思考をしながら，課題を解決していく。

なお，本単元ではグループ活動を中心にしており，児童同士の教え合いや動きを組み合わせていく活動，さらには，学習したことを仲間に伝えていく活動を組み込んでいる。また，毎時間，教師から指導内容に沿った発問（主発問）（例：人数を増やした工夫をする時に，どんなことに気をつけると「タイミング」や「リズム」が合うだろうか）があり，それをもとにして，児童が考えたり，工夫をしたり，話し合ったり，といった活動を繰り返していく。

2　本時案の例

表7-6は，佐藤教諭の5回目の指導案（一部修正）である。本時のねらいは「自己の課題を見付け，その課題を解決するための運動の行い方を工夫している」である。

表7-6　本時の展開

段階	学習内容・活動	指導・評価（○指導　◆評価）
導入5分	1　集合，整列，挨拶，健康観察，服装確認をする。 2　準備運動をする。 ・音楽に合わせた運動をする。 3　じゃんけんすごろくをする。	○本時の意欲へとつなげるために，挨拶，返事が大きくできている児童や，規律のよい児童を称賛する。 ○楽しく活動できるよう，BGMを用いて全身運動を行う。 ○運動に苦手意識がある児童も意欲的に活動できるよう，教師が積極的に盛り上げ，児童を励ましたり称賛したりする。 ○楽しみながら多様な動きを身に付けられるように，ゲーム化して取り組ませる。 ○よい動きを広めることができるように，よい動きをしている児童を積極的に取り上げて，賞賛する。
展開33分	4　本時のねらいを確認する。	○全体で本時のねらいを確認する。
	見付けたコツや工夫を生かして，「オリジナル技」の動きを高めよう。	

	5 シンキングタイムをする。	○本時の活動を焦点化するため、これまでに学習した内容を振り返り、どんな運動を行っていけばよいか確認する。 ○本時の活動を、根拠をもって決定できるように、これまでの学習カードや振り返りを、個人やグループで見直させる。
	発問：できた動きをくりかえし行いながら、動きがどうなると、動きが高まったと言えるだろうか。	
	6 チャレンジタイムをする。 ・体のバランスをとる運動を行う。 ・用具を操作する運動を行う。	○運動に苦手意識がある児童が動きを参考にしたり、教え合いを活発にしたりするために、異質3人グループで取り組ませる。 ○「楽に、スムーズに」という動きの高まりを意識させるため、できた動きは「負荷の条件」を加えながら繰り返し取り組ませる。 ◆自己の課題を見付け、その課題を解決するための運動の行い方を工夫している。（観察・学習カード）【思・判】
整理7分	7 片付け、整理運動をする。 8 本時のまとめをする。 (1)学習カードへの記入 (2)ねらいに沿った振り返り (3)次時の学習の予告をする。 9 挨拶をする。	○正しく安全に用具が片付けられるように指導し、素早く片付けさせる。また、よい態度の児童は積極的に称賛する。 ○今後の学習がスムーズに行えるよう、学習カードの使い方を知らせ、記入させるようにする。 ○本時の課題に対して、自分の取組がどうであったかを振り返ることができるよう、ねらいに沿って振り返らせる。 ○本時の課題に対して、根拠をもって振り返りができたかを確認するため、よい振り返りができている児童を取り上げ、発表させる。

4　体つくり運動系の学習指導の工夫

最後に佐藤教諭の授業のなかで使用された学習カードの一部を示す。

このカード（図7-1）には、グループで話し合ったことを記入できるようになっている。その際、単に活動を紹介するだけではなく、「どこに楽しさがあるのか」「そのコツは何か」といった児童に理由を考えさせるカードになっている。

また、図7-2は個人カードである。このカードには、児童一人ひとりの課題や振り返りが書けるようになっている。ここでは、「自分の課題の設定→活動の振り返り→次の学習への見通し」の三つで構成されている。

こうしたグループカードや個人カードを用いることにより、児童は課題意識をもちながら、また、友達とかかわりながら活動に取り組むようになる。さらに、新たな動きの組み合せの発見や工夫にもつながる。

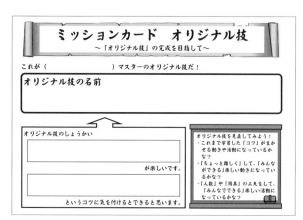

図7-1　グループカード
出所：佐藤（2018）埼玉県長期研修教員研修報告書をもとに作成。

	かだい	ふりかえり（自分のことが書けたら，友達のことも書こう）			次の学習に向けて	先生から
	今日のかだいを書きます。かだいから，どんなことに取り組みたいと思いましたか？	今日のかだいについて，どんなことに取り組みましたか？ 内容を具体的に書きましょう。	なぜ，それに取り組んだのですか？	あてはまる〇をぬりつぶしましょう。	今日のふりかえりから，次の学習に生かしたいこと，次の学習でもっとしたいことなどを書きましょう。	
1	今日のかだい	バランス		〇できた 〇あと少し 〇できなかった		
	取り組みたいこと	ボール		〇できた 〇あと少し 〇できなかった		
2	今日のかだい	バランス		〇できた 〇あと少し 〇できなかった		
	取り組みたいこと	ボール		〇できた 〇あと少し 〇できなかった		

図 7-2　個人カード

出所：佐藤（2018）埼玉県長期研修教員研修報告書をもとに作成。

　ただし，こうしたカードが児童の学習にとって有効に機能するためには，いくつか留意すべき点がある。それは，次の三つである。(1)運動時間を減らさないためにも，児童が一定時間で記入できる量に限定すること。また，記入時間を制限すること（分量・時間），(2)カードの内容は，授業中の指導内容に対応すること（内容），(3)友達同士のかかわりや新たな発見を生むためにも，技能や体力の異なる異質集団でグループを編成し，カードの記入にあたること（グループ編成）。

　体つくり運動の目的としてあげられている体を動かすことの楽しさや基本的な動きの習得に向けて，こうした一連のカードが機能するように心がけることが大切となる。

Exercise

① 体つくり運動系がなぜ必要とされているのか，その理由を考えてみよう。
② この系は，他の系と比べて大きく異なる特性をもっているが，それはどのようなことか考えてみよう。
③ この系では，発達の段階を踏まえた指導内容が配列されているが，「知識及び運動」において各学年段階でどのような違いがあるか考えてみよう。

第Ⅱ部　個別内容領域の授業をつくる

📖次への一冊

文部科学省『学校体育実技指導資料第7集　体つくり運動――授業の考え方と進め方（改訂版）』東洋館出版社，2013年。
　　体つくり運動系について，第1学年～第2学年から第5学年～第6学年まで具体的な活動例や単元計画について記した文献である。
文部科学省『小学校体育（運動領域）まるわかりハンドブック』アイフィス，2013年。
　　小学校の体つくり運動の考え方や活動例を示したわかりやすい書籍である。
文部科学省「小学校低学年体育（運動領域）デジタル教材」「小学校中学年体育（運動領域）デジタル教材」「小学校高学年体育（運動領域）デジタル教材」（YouTube参照）。
　　小学校の体つくり運動の考え方や活動例を示したわかりやすい動画である。この系では，児童の実態や授業のねらいに応じて，さまざまな工夫が可能なため，授業を行ううえでより多くの情報を集めていくことが大切である。文部科学省は，この系について多くの情報を提供しており，主に上記三つを公開している。いずれもWEB上で閲覧が可能であり，閲覧をおすすめする。
髙橋健夫・小澤治夫・松本格之祐・長谷川聖修編著「新しい体つくりの運動の授業づくり」『体育科教育別冊』23，2009年。
　　小学校を中心とした活動例に加えて，実践例や学習カードが収録されているため，すぐに授業で用いることのできる資料が多く収録されている。

引用・参考文献

文部科学省『小学校学習指導要領（平成29年告示）解説体育編』東洋館出版社，2018年。
佐藤貴「児童一人一人が主体的に学び合う体育授業に関する研究――『体つくり運動』を通した，児童の『思考力・判断力・表現力』を高める体育授業の改善」平成29年度埼玉県長期研修教員研修報告書，2018年。

第8章
初等体育科教育の実践②
―― 器械運動系 ――

〈この章のポイント〉

　器械運動系は,「回転」「支持」「懸垂」等の運動で構成され,さまざまな動きに取り組んだり,自己の能力に適した技や発展技に挑戦したりして技を身につけた時に楽しさや喜びを味わうことのできる運動である。本章では,新学習指導要領におけるこの領域の位置づけとして,その目標と特性,その指導内容として,「知識及び技能」「思考力,判断力,表現力等」ならびに「学びに向かう力,人間性等」について学ぶ。また主体的・対話的で深い学びを実現するための器械運動系の指導と評価の仕方と学習指導の工夫についても学ぶ。

1　器械運動系の新学習指導要領における位置づけ

1　器械運動系の目標

　ここでは器械運動系の目標を,第1学年〜第2学年,第3学年〜第4学年,第5学年〜第6学年の三つに分けて解説する（文部科学省,2018）。

　第1学年〜第2学年の器械・器具を使っての運動遊びには,マットや鉄棒,跳び箱や固定施設を使ったものがある。「知識及び技能」の目標はさまざまな運動遊びの楽しさに触れ,その行い方を知るとともに,その動きを身につけること,「思考力,判断力,表現力等」の目標は遊び方を工夫するとともに,考えたことを友達に伝えること,「学びに向かう力,人間性等」にかかわる目標は運動遊びに進んで取り組み,順番やきまりを守り誰とでも仲よく運動をしたり,場や器械・器具の安全に気をつけたりすることとされる。

　第3学年〜第4学年の器械運動はマット運動,鉄棒運動,跳び箱運動で構成される。「知識及び技能」の目標は技の楽しさや喜びに触れ,その行い方を知るとともに,その技を身につけること,「思考力,判断力,表現力等」の目標は自己の能力に適した課題を見つけ,技ができるようになるための活動を工夫するとともに,考えたことを友達に伝えること,「学びに向かう力,人間性等」の目標は運動に進んで取り組み,きまりを守り誰とでも仲よく運動をしたり,友達の考えを認めたり,場や器械・器具の安全に気をつけたりすることである。

第5学年～第6学年の器械運動の構成は，第3学年～第4学年と同様である。「知識及び技能」の目標は技の楽しさや喜びを味わい，その行い方を理解するとともに，その技を身につけること，「思考力，判断力，表現力等」の目標は自己の能力に適した課題の解決の仕方や技の組み合わせ方を工夫するとともに，自己や仲間の考えたことを他者に伝えること，「学びに向かう力，人間性等」の目標は運動に積極的に取り組み，約束を守り助け合って運動をしたり，仲間の考えや取り組みを認めたり，場や器械・器具の安全に気を配ったりすることとされる。

2　器械運動系の特性

　器械運動系は「回転」「支持」「懸垂」等の運動で構成され，さまざまな動きに取り組んだり，自己の能力に適した技や発展技に挑戦したりして技を身につけた時に楽しさや喜びを味わうことのできる運動である（文部科学省，2018，27ページ）。

　運動遊びは，さまざまな動きに楽しく取り組み，基本的な動きや知識を身につけた時の喜びに触れ，その行い方を知ることのできる運動であり，そこでは第3学年以降に学習する技に関連する動きに取り組むことで，基礎となる体の動かし方や感覚を身につけられるようにするものである。一方，器械運動は技を身につけたり，新しい技に挑戦したりする時の楽しさや喜びに触れたり，味わうことができる運動であるとともに，より困難な条件の下でできるようになったり，より雄大で美しい動きができるようになったりする楽しさや喜びを味わうこともできる運動である。またそれぞれの技に集団で取り組み，一人ひとりができる技を組み合わせ，調子を合わせて演技するといった活動を行うこともできる。

2　器械運動系の指導内容

1　「知識及び技能」の指導内容

　表8-1は，小学校，中学校における器械運動系の「知識及び技能」の指導内容を示している（文部科学省，2018）。
① マット運動
　マット運動は回転系と巧技系で構成され，前者には接転技群とほん転技群，後者には平均立ち技群が属する。接転技群は背中をマットに接して回転する運動で，前転と後転のグループに分かれる。またほん転技群は手や足の支えで回転する運動で，倒立回転とはね起きのグループに分かれる。巧技系の平均立ち

第8章 初等体育科教育の実践②

表8-1 「知識及び技能」の指導内容の系統表

種目	系	技群	グループ	第1学年～第2学年 運動遊び	第3学年～第4学年 基本的な技 （発展技）	第5学年～第6学年 発展技 （更なる発展技）	中学校 基本的な技 （発展技）
マット運動	回転系	接転技	前転	ゆりかご　前転がり　後ろ転がり 背支持倒立（首倒立） だるま転がり　丸太転がり	前転 易しい場での開脚前転（開脚前転）	補助倒立前転（倒立前転）（跳び前転） 開脚前転（易しい場での伸膝前転）	補助倒立前転（倒立前転）（跳び前転） 開脚前転（伸膝前転）
			後転	かえるの逆立ち かえるの足打ち うさぎ跳び　壁上り逆立ち	後転 開脚後転（伸膝後転）	伸膝後転（後転倒立）	開脚後転（伸膝後転後転倒立）
		ほん転技	倒立回転	背支持倒立（首倒立） 壁上り逆立ち　ブリッジ かえるの逆立ち かえるの足打ち うさぎ跳び　支持での川跳び	補助倒立ブリッジ（倒立ブリッジ） 側方倒立回転（ロンダート）	倒立ブリッジ（前方倒立回転　前方倒立回転跳び） ロンダート	倒立ブリッジ（前方倒立回転　前方倒立回転跳び） 側方倒立回転（ロンダート）
			はね起き		首はね起き（頭はね起き）	頭はね起き	頭はね起き
	巧技系	平均立ち技	倒立	腕立て横跳び越し 肋木	壁倒立（補助倒立） 頭倒立	補助倒立（倒立） 頭倒立	補助倒立（倒立） 頭倒立
鉄棒運動	支持系	前方支持回転技	前転	ふとん干し　ツバメ　足抜き回り ぶたの丸焼き　さるこうもり ぶら下がり　跳び上がり・跳び下り 前に回って下りる ○固定施設を使った運動遊び ・ジャングルジム ・雲梯 ・登り棒 ・肋木	前回り下り（前方支持回転） かかえ込み前回り（前方支持回転） 転向前下り（片足踏み越し下り）	前方支持回転（前方伸膝支持回転） 片足踏み越し下り（横跳び越し下り）	前方支持回転（前方伸膝支持回転） 転向前下り　踏み越し下り（支持跳び越し下り）
			前方足掛け回転		膝掛け振り上がり（腰掛け上がり） 前方片膝掛け回転（前方もも掛け回転）	膝掛け上がり（もも掛け上がり） 前方もも掛け回転	膝掛け上がり（もも掛け上がり　け上がり） 前方膝掛け回転（前方もも掛け回転）
		後方支持回転技	後転		補助逆上がり（逆上がり） かかえ込み後ろ回り（後方支持回転）	逆上がり 後方支持回転（後方伸膝支持回転）	後方支持回転（後方伸膝支持回転）
			後方足掛け回転		後方片膝掛け回転（後方もも掛け回転） 両膝掛け倒立下り（両膝掛け振動下り）	後方もも掛け回転 両膝掛け振動下り	後方膝掛け回転（後方もも掛け回転）
跳び箱運動	切り返し系	切り返し跳び		馬跳び　タイヤ跳び　うさぎ跳び ゆりかご　前転がり 背支持倒立（首倒立） かえるの逆立ち かえるの足打ち 壁上り下り倒立 支持でまたぎ乗り・またぎ下り 支持で跳び乗り・跳び下り 踏み越し跳び	開脚跳び（かかえ込み跳び）	かかえ込み跳び（屈身跳び）	開脚跳び（開脚伸身跳び） かかえ込み跳び（屈身跳び）
	回転系	回転跳び			台上前転（伸膝台上前転）	伸膝台上前転	
					首はね跳び（頭はね跳び）	頭はね跳び（前方屈腕倒立回転跳び）	頭はね跳び（前方屈腕倒立回転跳び　前方倒立回転跳び）

出所：文部科学省（2018, 175ページ）をもとに作成。

技群はバランスをとりながら静止する技であり、そこには倒立グループが配置される。

第1学年〜第2学年の運動遊びには第3学年以降に学習する技と関連する体の使い方や感覚を養うための運動、第3学年〜第4学年には各技群の基本技と発展技、第5学年〜第6学年には発展技とさらなる発展技が位置づけられている。中学校では小学校で学習する技やその発展技が取り上げられる。

② 鉄棒運動

鉄棒運動は支持系の前方支持回転技群と後方支持回転技群で構成される。前者は腹や足を鉄棒に掛けて前に回るもので、前転と前方足掛け回転のグループに分けられる。一方、後者は腹や足を鉄棒に掛けて後ろに回るもので、後転と後方足掛け回転のグループに分けられる。

第1学年〜第2学年の鉄棒と固定施設を使った運動遊びには第3学年から学習する技に関連する動き方や感覚を養うための運動、第3学年〜第4学年には各技群の基本技と発展技、第5学年〜第6学年には発展技とさらなる発展技が配置されている。中学校では小学校で学習する技やその発展技が位置づけられる。

③ 跳び箱運動

跳び箱運動は切り返し系と回転系で構成され、前者には切り返し跳び技群、後者には回転跳び技群が属する。切り返し跳び技群は跳び箱上に支持し、回転方向を切り返して跳び越す運動で、回転跳び技群は跳び箱上を回転しながら跳び越す運動である。

第1学年〜第2学年の運動遊びには、第3学年以降に学習する技に関連する体の使い方や感覚を養うための運動、第3学年〜第4学年には各技群の基本技と発展技、第5学年〜第6学年では発展技とさらなる発展技が取り上げられる。中学校では小学校で学習する技やその発展技が取り上げられる。

2 「思考力、判断力、表現力等」の指導内容

表8-2には小学校と中学校の「思考力、判断力、表現力等」の指導内容が示されている（文部科学省、2018）。

小学校では全学年を通じて活動の仕方を工夫することが重視されている。小学校の第1学年〜第2学年では遊び方、第3学年〜第4学年では技ができるようになるための活動、第5学年〜第6学年では課題の解決の仕方や技の組み合わせ方の工夫が求められている。

第3学年〜第4学年では、自己の能力に適した課題を見つけることが重視されているが、第5学年〜第6学年では、自己の能力に適した課題の解決の仕方を工夫すること、すなわちその解決方法を選択できるようになることが重視さ

表8-2 「思考力，判断力，表現力等」の指導内容の系統表

第1学年～第2学年	第3学年～第4学年	第5学年～第6学年	中学校第1学年～第2学年
器械・器具を用いた簡単な遊び方を工夫するとともに，考えたことを友達に伝える	自己の能力に適した課題を見付け，技ができるようになるための活動を工夫するとともに，考えたことを友達に伝える	自己の能力に適した課題の解決の仕方や技の組み合わせ方を工夫するとともに，自己や仲間の考えたことを他者に伝える	技などの自己の課題を発見し，合理的な解決に向けて運動の取り組み方を工夫するとともに，自己の考えたことを他者に伝える

出所：文部科学省（2018，182～183ページ）をもとに作成。

れている。

また「思考力，判断力，表現力等」の指導内容として，考えたことを伝えられるようになることも重視されている。第1学年～第4学年では自己の考えたことを友達に伝えられるようになることが，第5学年～第6学年では自分の考えたことだけでなく，仲間の考えたことにも耳を傾け，それを他者に伝えられるようになることが求められている。

3 「学びに向かう力，人間性等」の指導内容

表8-3には小学校と中学校における「学びに向かう力，人間性等」の指導内容がまとめられている（文部科学省，2018）。

小学校においては全学年を通じて運動に取り組む態度を育成することが重視されている。しかし第1学年～第4学年においては運動遊びや運動に「進んで取り組む」と記載されているのに対して，第5学年～第6学年では「積極的に取り組む」といった表記になっており，児童の器械運動への取り組み方をより自主的なものに変化させることが求められる。

また小学校の第1学年～第4学年では「きまりを守り」と記載されている内容が，第5学年～第6学年では「約束を守り」という表記になっており，人から与えられたきまりに沿って行動することから，他者とのあいだで交わした約束に基づいて学ぶ姿勢へと変化することが重視されている。

さらに「学びに向かう力，人間性等」の指導内容としては，仲間と仲よく運動することが重視されている。なお第1学年～第4学年では「誰とでも仲よく

表8-3 「学びに向かう力，人間性等」の指導内容の系統表

第1学年～第2学年	第3学年～第4学年	第5学年～第6学年	中学校第1学年～第2学年
・運動遊びに進んで取り組む ・順番やきまりを守り誰とでも仲よく運動する ・場や器械・器具の安全に気を付ける	・運動に進んで取り組む ・きまりを守り誰とでも仲よく運動をする ・友達の考えを認める ・場や器械・器具の安全に気を付ける	・運動に積極的に取り組む ・約束を守り助け合って運動をする ・仲間の考えや取組を認める ・場や器械・器具の安全に気を配る	・器械運動に積極的に取り組む ・よい演技を認めようとする ・仲間の学習を援助しようとする ・一人一人の違いに応じた課題や挑戦を認めようとする ・健康・安全に気を配る

出所：文部科学省（2018，184～185ページ）をもとに作成。

運動する」と記載されているのに対して，第5学年～第6学年では「助け合って運動をする」となっており，仲間と共生する態度の育成が重視されている。

3 器械運動系の指導計画と評価

1 単元計画の例

単元計画には授業内容に沿った評価の計画を記載する。評価の規準は表8-4に示すとおりである。また，表8-5に器械運動系の単元計画を例示する。なお，表8-5の評価の計画の部分に記されている①～④の数字は，表8-4に示されている数字と対応している。

これは第4学年のマット運動を対象としている。ここでは回転系のほん転技群と巧技系の平均立ち技群の基本技と発展技に取り組み，自己の能力に適した技ができるようにすることが目指されている。またその学習では自分や友達の課題を見つけ，それを伝え合うことができるようにすることや練習に進んで取り組み，きまりを守って仲よく運動できるようにすることが重視されている。

各時間の導入には感覚づくりの運動を配置する。

初回の授業は第3学年で学んだ技ができているかを確認できるようにする。

2～3回目は両技群の動き方と練習方法を確認し，それぞれの基本技と発展技に取り組む。学習の振り返りでは友達と技を見合ったり，教え合ったりするなかで気づいたことをグループ内で発表できるようにする。

4回目は自分の力に合った技に取り組む。ミニ発表会を設け，身につけた技をグループで発表し合ったり見合ったりして，自己と友達の課題を見つけられ

表8-4 学習活動に即した評価規準

運動への関心・意欲・態度	運動についての思考・判断	運動の技能
①技ができるようになるために，練習に進んで取り組もうとしている。 ②マット運動のきまりを守り，グループで協力して，自分の試技を見てもらったり，友達にアドバイスをしたりしながら練習をしようとしている。 ③グループで役割を決め，友達と協力して，練習の場を作ろうとしたり，用具の準備や片付けをしたりしようとしている。 ④安全に気を付けて，マットや用具などの安全を確かめて練習しようとしている。	①学習カードや資料などを基に，自分の能力に合った技を選び，その技に応じた練習の場や練習方法を選んでいる。 ②自分の能力に合った技の動き方やポイントを知り，自分の能力に合った課題を選んでいる。	①自分の能力に合ったほん転技群の基本技ができる。 ②自分の能力に合った平均立ち技群の基本技ができる。 ③自分の能力に合ったほん転技群の発展技ができる。 ④自分の能力に合った平均立ち技群の発展技ができる。

表8-5 「第4学年のマット運動」の指導と評価の計画

学習の段階	学習の進め方を知る	基本的な技や発展技の行い方を知る			自分の課題に合った課題に沿って活動する			
時数	1	2	3	4	5	6	7	8
0 10 20 30 40 45 （一時間の学習の流れ）	1．学習の流れを確認 ○学習のねらいと場の設定の仕方を説明 2．安全な運動の仕方を確認 3．場の準備 4．感覚づくりの運動の行い方を確認 5．ほん転技群の基本技ができているか確認 6．平均立ち技群の基本技ができているか確認 7．学習の振り返り ○わかったことや感想を発表する ○次時の学習内容を確認する 8．協力して片付け ・安全に気をつけるよう伝える	1．場の準備 2．感覚づくりの運動 3．学習の流れを確認 4．ほん転技群の練習 ほん転技群の動き方や練習方法を確認する 〈基本技〉〈発展技〉 ・動きを実際に見せながら確認し，動き方を伝える ・学習カードを活用し，友達の出来映えを見るようにする 5．平均立ち技群の練習 〈基本技〉〈発展技〉 ・動きを実際に見せながら確認し，動き方を伝える ・児童のつまずきに応じて技のポイントを伝える 6．学習の振り返り ○技の動きかたや練習の仕方の確認 ○技を見合ったり，教え合ったりする中で気づいたことを発表する 7．協力して片付け ・安全に気をつけるよう伝える		3．学習の流れを確認 4．ほん転技群と平均立ち技群の練習 ・自分の力に合った技に取り組むことを伝える 5．身に付けた技を発表 ○グループ内で身につけた技を発表し合う 6．学習の振り返り ○これまでに身につけたことを発表する 7．協力して片付け ・安全に気をつけるよう伝える	3．今日の課題と活動を確認 ・課題に沿って立てためあてに合う練習方法や場を選び，活動するよう伝える 4．課題に沿ったほん転技群の練習 ほん転技群から自分の力に合った課題をもって，練習する ○基本技に十分取り組み，発展技にも挑戦する ○自分や友達の課題を見付け伝え合う 5．課題に沿った平均立ち技群の練習 平均立ち技群から自分の力に合った課題をもって，練習する ○基本技に十分取り組み，発展技にも挑戦する ○練習に進んで取り組み，きまりを守って仲よく運動する 6．課題や技のポイントを確認し，再度練習 ・技の習熟度に合わせて課題やその解決のための活動を修正するよう助言する 7．学習の振り返り ○取り組んだ課題と，できるようになったことを発表する ○めあてや課題の達成状況を考慮して次時のめあてや課題を決める 8．協力して片付け ・安全に気を付けるよう伝える			3．今日の課題と活動を確認 4．課題に沿って練習 ○上の課題から自分に合ったものを選び活動する 5．身につけた技を発表 ○グループ内で身につけた技を発表し合う 6．単元の振り返り ・マット運動の学習で身につけたことを発表する 7．協力して片付け ・安全に気をつけるよう伝える

第Ⅱ部　個別内容領域の授業をつくる

評価基準	態	④ 観察	②③ 観察	① 観察・カード		④ 観察	②③ 観察	① 観察・カード	
	思・判				①② 観察・カード			① 観察・カード	② 観察・カード
	技		①② 観察	③④ 観察				①②③④ 観察	①②③④ 観察

るようにする。

　5～7回目は「知識及び技能」の面で自分の能力に合った課題をもって技に取り組む。また「思考力，判断力，表現力等」の内容として自分や友達の課題を見つけたり，伝え合ったりできるようにする。また学習の振り返りでは取り組んだ課題と，できるようになったことを発表し合ったり，めあてや課題の達成状況を考慮して自分で次の授業のめあてや課題を決めたりできるようにする。

　8回目は自分で今日の課題と活動を確認し，それに沿って課題を選択し練習する。また単元のまとめとして技の発表会を設定し，できるようになった技を発表し合い，友達と見合って，互いのやり方や出来映え，考え方を認め合うことができるようにする。

2　本時案の例

　ここでは先に示した単元計画のうち6回目の授業に関する本時案を提示し，その内容について解説する（表8-6）。

　この授業の「知識及び技能」に関する目標は，ほん転技群と平均立ち技群の基本技と発展技をできるようにすることである。「思考力，判断力，表現力等」の目標は自己の能力に適した課題をもち，技ができるようになるための活動を工夫し，考えたことを友達に伝えることができるようにすることで，「学びに向かう力，人間性等」の目標はマット運動に進んで取り組み，きまりを守って仲よく運動したり，場や用具の安全に気をつけたりすることができるようにすることである。

　最初の場の準備では安全に留意し，仲間と協力して準備できるようにするために，それができているグループをほめるようにする。次の感覚づくりの運動では技の基本となる動き方や感覚がつかめるように，それぞれの動きを正しく行うよう声をかける。その際，感覚づくりの運動が単調な反復にならないようにする。例えばかえるの足打ちであれば最初は手を着いたところから実施し，続いて手を放したところから行うようにしたり，最初は1回だけ足を叩くのを，3回，5回と徐々に増やしたりするなどの工夫をする。

　感覚づくりの運動に続いて，本時の課題や活動を確認し，自己の課題に沿っ

表8-6　本時の展開（6／8）

本時の目標	・ほん転技群と平均立ち技群の基本技と発展技ができるようにする。（知識及び技能）
	・自己の能力に適した課題をもち，技ができるようになるための活動を工夫し，考えたことを友達に伝えることができるようにする。（思考力，判断力，表現力等）
	・マット運動に進んで取り組み，きまりを守り誰とでも仲よく運動したり，場や用具の安全に気をつけたりすることができるようにする。（学びに向かう力，人間性等）

主なねらい・学習活動	教師の働きかけ（○）・評価（◆）
1　集合，整列，挨拶，健康観察，準備運動	○準備運動では，主運動で使う身体部位を意識させて，入念に行うようにさせる。
2　場の準備	○協力して準備をしているグループをほめる。
	○それぞれの動きが正確に行われるように声をかける。
3　感覚づくりの運動	○単調な反復練習にならないよう動きに変化を付けさせる。
	例）かえるの足打ち
	①手を着いたところから→②手を放したところから
	①1回叩く→3回叩く→5回叩く
4　今日の課題と活動の確認	
自己の課題に沿って立てためあてに合う練習方法や場を選び，活動しよう！	
5　課題に沿ったほん転技群の練習	○よい動き方や重要な感覚に気づけるように，正しい動きをしている児童をほめる。
・基本技に十分取り組み，発展技にも挑戦する	
・自分や友達の課題を見つけ伝え合う	○自分や友達の技を見ながら，その課題を見つけたり，伝え合ったりする活動を活性化するよう声をかける。
	◆友達と見合ったり，課題を伝え合ったりできているか。【態】
6　課題に沿った平均立ち技群の練習	○発展技に挑戦している児童をみんなに紹介し，自己の力に応じて発展技にも挑戦するように促す。
・基本技に十分取り組み，発展技にも挑戦する	
・練習に進んで取り組み，きまりを守って友達と仲よく運動する	○練習への自主的な取り組みを助長するために，練習に進んで取り組んでいる児童をほめる。
	◆友達と協力しながら進んで練習できているか。【態】
7　課題や技のポイントを確認し再度練習	○技の習熟度に合わせて課題やその解決のための活動を修正するよう助言する。
	◆自分の能力に合った技を正しくできているか。【技】
8　学習の振り返り	○本時に取り組んだ課題と，できるようになったことを発表できるようにする。
	○めあてや課題の達成状況を考慮して次時のめあてや課題を決められるようにする。
9　協力して片付け	○一緒に片付けながら安全に気をつけるよう注意する。
10　整理運動，挨拶	

　て立てためあてに合った練習方法や場を選んで，技に取り組むようにする。そこでは正しい動き方や大切な感覚に気づかせるために，よい動きができている児童をほめるようにする。また自己の能力に応じて発展技にも挑戦できるようにするために，発展技に挑戦している児童をみんなに紹介する。さらに練習への自主的な取り組みを促すために，進んで練習に取り組んでいる児童をほめるようにする。そこでは同時に友達と協力しながら進んで練習できているかどう

かを観察によって評価する。

　授業の後半は自分や友達の課題や技の技術的なポイントを確認し，再び技に取り組むようにする。そこでは本時に取り組んだ課題やその解決のための活動を見直すように助言しながら，自分の能力に合った技に取り組めているかどうかを観察によって評価する。

　学習の振り返りでは，本時に取り組んだ課題とできるようになったことをグループで発表できるようにする。またそこではめあてや課題の達成状況を考慮して次時のめあてや課題を決められるようにする。また片付けでは一緒に片付けをしながら，安全に注意するよう声をかける。

4　器械運動系の学習指導の工夫

　ここでは器械運動系の学習指導の工夫について解説する。

　まずは学習グループの編成であるが，器械運動は補助倒立や補助倒立ブリッジなど，児童同士が補助し合うことが多い。そのためグループ編成は児童の身長や体重などの体格差を考慮する必要がある。体格差があると，補助者が相手を支えきれずに共倒れになる危険性がある。また補助は身体接触をともなうため，異性を意識し始める小学校第5学年～第6学年では男女間で照れや戸惑いなどから補助が正しく行われない可能性がある。技の練習に大きな危険がともなうため，男女別のグループ編成を検討する必要も出てくる。

　一方，各グループに模範となる児童を配置し，グループ間を等質化することで，その児童を中心に技のポイントを分担して見合ったり，自分や友達の課題を伝え合ったりする活動が活性化する可能性がある。また課題別グループでは課題に合った学習の場で仲間と一緒に練習したり，技のポイントに沿ってアドバイスし合ったりできるため，個に応じた動きを高められる。このように器械運動系の学習グループは児童の発達段階や力量，課題，各授業の目標などを考慮して，その都度適切に編成する必要がある。

　また学習の場は，クラス全員がいくつかのグループに分かれて同じことを一斉にやる場合，ペアに分かれて練習する場合，また課題別に分かれて活動する場合など，さまざまな状況に合わせて設定する必要がある。全体で一斉にうさぎ跳びなどを行う時は，マットを縦長に並べた場を何列か準備することになるし，ペアでかえるの足打ちなどをお互いに見合って練習する場合は，ペアごとに活動できる場を準備することになる。また課題別に分かれて活動する場合は，各課題に合った場を用意する必要がある。例えば，壁上り逆立ちをする場として壁の前にマットを設置する場合は，横や前に倒れた時のことを考慮して十分な広さのマットを敷いておく必要がある。なお壁上り逆立ちの練習では，

○学び方チェック

学び方 \ 月 日	/	/	/	/	/	/	/	/
自分の力に合った技に取り組むことができた								
自分や友達の課題を見つけて伝え合うことができた								
練習の仕方を工夫して，できない技に挑戦することができた								
きまりを守って友達と仲よく運動することができた								
安全に気をつけてマットや用具の安全を確かめて練習することができた								

※でき具合：◎きちんとできた　○ほとんどできた　△うまくできなかった

○めあて・課題チェック

		練習する技に○をつけよう	今日のめあて	でき具合	今日のふり返り
①	基本	補助倒立ブリッジ　側方倒立回転　首はね起き　壁倒立　頭倒立			
②	基本	補助倒立ブリッジ　側方倒立回転　首はね起き　壁倒立　頭倒立			
	発展	倒立ブリッジ　ロンダート　頭はね起き　補助倒立			
③	基本	補助倒立ブリッジ　側方倒立回転　首はね起き　壁倒立　頭倒立			
	発展	倒立ブリッジ　ロンダート　頭はね起き　補助倒立			
④	基本	補助倒立ブリッジ　側方倒立回転　首はね起き　壁倒立　頭倒立			
	発展	倒立ブリッジ　ロンダート　頭はね起き　補助倒立			
⑤	基本	補助倒立ブリッジ　側方倒立回転　首はね起き　壁倒立　頭倒立			
	発展	倒立ブリッジ　ロンダート　頭はね起き　補助倒立			
⑥	基本	補助倒立ブリッジ　側方倒立回転　首はね起き　壁倒立　頭倒立			
	発展	倒立ブリッジ　ロンダート　頭はね起き　補助倒立			
⑦	基本	補助倒立ブリッジ　側方倒立回転　首はね起き　壁倒立　頭倒立			
	発展	倒立ブリッジ　ロンダート　頭はね起き　補助倒立			
⑧	基本	補助倒立ブリッジ　側方倒立回転　首はね起き　壁倒立　頭倒立			
	発展	倒立ブリッジ　ロンダート　頭はね起き　補助倒立			

※でき具合：△もう少しでできそう　○たまにできた　◎いつもできる　☆安定してできる

図8-1　学習カードの例

第Ⅱ部　個別内容領域の授業をつくる

▷1　運動感覚メロディー
私たちが運動をしている時に感じる運動感覚の体験流のことで，運動感覚がちょうど音楽のメロディーのような時間的なまとまりとして意識される。技ができるようになると，その技に特有の運動感覚メロディーが形成される。技の学習では，この運動感覚メロディーの良し悪しを感じ分けることが重要であり，学習の場を工夫することは，望ましい運動感覚メロディーの類似体験を保証し，その形成を助ける有効な手段となる。

▷2　アナロゴン体験
技術的に正しい動き方に類似した運動感覚メロディーを体験すること。これにより正しい動き方がどんな運動感覚なのかを思い描きながら練習することができ，技の学習が促進される。

足が十分に上がらず壁を上れない児童もいる。そうした児童に対しては，跳び箱の上に足を上げて逆さ姿勢を体験できるような場を用意するなど，児童の力に応じて類似の運動感覚を経験できる場を工夫する必要がある。

学習の場には技の行い方の理解を助けるものと，その技術的課題の解決を間接的に補助するものがある。前者は側方倒立回転における手や足の着き方やその位置や順番がわかるように，マットに手形や足形を設置するような場合である。後者は跳び箱の頭などを使って高いところから低いところに向かって首はね起きを行わせるような場合であり，それは落差を利用してはね上げ技術の未熟さを補ってやることで，技全体の運動感覚メロディー[1]（金子，2002）のアナロゴン体験[2]を保証し，正しい動き方の習得を促そうとするものである。

最後に学習カードについてである。学習カードは児童が自分の学び方を振り返り，自己評価できるようにすることが大切である。また自ら授業のめあてを確認して活動に取り組んだり，その日の活動を振り返り自ら次時の課題を立てられるようにする必要がある。

図8-1は，以上のことを考慮して作成した学習カードの例である。これは第3節の単元計画での使用が想定されている。

Exercise

① 主体的・対話的で深い学びを実現するための器械運動系の指導と評価の仕方について具体的な技の学習指導を例として考えてみよう。
② 器械運動系の学習指導におけるグループの編成の仕方や場のつくり方について具体的な授業場面を想定しながらみんなで話し合ってみよう。

📖次への一冊

高橋健夫・長野淳次郎・三木四郎・三上肇『器械運動の授業づくり』大修館書店，1992年。
　器械運動の授業づくりに役立つ知識と具体的な授業展開が例示されており，初学者が器械運動の学習指導を学ぶのに最適な一冊。巻末に掲載された学習カードは授業ですぐに活用できる。
三木四郎『器械運動の動感指導と運動学』明和出版，2015年。
　学習指導が難しいとされる器械運動について，どのような観点をもってどう指導を進めたらよいかを，運動学の理論を踏まえて詳細に解説している。初学者におすすめの一冊である。
文部科学省『学校体育実技指導資料第10集　器械運動指導の手引き（DVD付き）』東洋

館出版社，2015年。
　器械運動系の特性，内容とねらいが，わかりやすくまとめられている。小・中・高等学校の実践例が紹介されていたり，技の指導の要点が解説されていたりするなど，初学者必携の一冊である。

引用・参考文献

金子明友『わざの伝承』明和出版，2002年。
文部科学省『小学校学習指導要領（平成29年告示）解説体育編』東洋館出版社，2018年。

第9章
初等体育科教育の実践③
――陸上運動系――

〈この章のポイント〉
　陸上運動系領域の授業では，「走る」「跳ぶ」に加えて「投げる」運動を取り上げて，課題や記録に挑戦したり競走（争）したりして，その楽しさや喜びを味わうことが目指されている。児童は，自己の能力に適した課題を見つけ，その達成に向けた場や練習方法を選んだり工夫したりする学習活動を，仲間と協力的に行うことを通して，走ったり跳んだりする動きを身につけ，この領域の特性に触れることになる。本章では，陸上運動系領域の目標および内容について解説するとともに，どのような計画や指導の工夫が，児童たちの三つの資質・能力を育むことにつながるのかについて学ぶ。

1　陸上運動系の新学習指導要領における位置づけ

1　陸上運動系の特性

▷1　陸上運動系領域の捉え方
〈「走・跳の運動遊び」及び「走・跳の運動」について〉走る・跳ぶなどについて，友達と競い合う楽しさや，調子よく走ったり跳んだりする心地よさを味わうことができ，また，体を巧みに操作しながら走る，跳ぶなどの様々な動きを身に付けることを含んでいる運動（遊び）である。
〈「陸上運動」について〉走る，跳ぶなどの運動で，体を巧みに操作しながら，合理的で心地よい動きを身に付けるとともに，仲間と速さや高さ，距離を競い合ったり，自己の課題の解決の仕方や記録への挑戦の仕方を工夫したりする楽しさや喜びを味わうことのできる運動である（文部科学省，2018, 28～29ページ）。

　陸上運動系は，学習を通して児童たちが「走る」「跳ぶ」動き，またこれに加えて「投げる」といった基本的な動作を身につけ，より巧みに，合理的に体を動かすことができるようになること，基本的な動作の心地よさを感じることのできる運動領域である。第1学年～第2学年であれば，直線やジグザグ，あるいはリズムを変えながら走ることの心地よさを感じることができる。

　また，動きの学習とともに，自己の課題を適切に把握する（見つける）力や，その課題を解決する方法を考え選択すること，自分たちに合った記録への挑戦方法を選んだり工夫したりすることになる。第3学年～第4学年の幅跳びであれば，リズミカルな助走から強く踏み切ることができるようになるための練習の場を選ぶ活動が想定される。

　そして，仲間と役割を分担して協力的に取り組んだり，仲間の考えや取り組みを認めたりすることも大切な学習の内容になる。第5学年～第6学年のリレーであれば，児童は審判やタイム計測などの役割を分担して競走したり，その勝敗を受け入れたりするといったことを学習することになる。

　表9-1は，各学年で取り扱う内容の一覧である。第1学年～第2学年の「走・跳の運動遊び」は「走の運動遊び」と「跳の運動遊び」，第3学年～第4

学年の「走・跳の運動」は「かけっこ・リレー」「小型ハードル走」「幅跳び」「高跳び」，第5学年〜第6学年の「陸上運動」は「短距離走・リレー」「ハードル走」「走り幅跳び」「走り高跳び」で構成されている。陸上運動系は，第1学年から第6学年までの系統性を見通しやすい領域だと言える。

なお，新学習指導要領では，近年の児童の投能力の低下傾向が深刻であることを踏まえて，各学年で「投の運動（遊び）」を「加えて」指導することができることが新たに「内容の取扱い」の部分に明記されることになった。

▷2 走る・跳ぶ運動の学習はこれまで通り行い，それらに加えて投の運動を指導してもよい，という位置づけになっている。

表9-1　陸上運動系の内容構成

学　年	領　域	内　容
第1学年〜第2学年	走・跳の運動遊び	走の運動遊び／跳の運動遊び
	（内容の取扱い）	投の運動遊び
第3学年〜第4学年	走・跳の運動	かけっこ・リレー／小型ハードル走／幅跳び／高跳び
	（内容の取扱い）	投の運動
第5学年〜第6学年	陸上運動	短距離走・リレー／ハードル走／走り幅跳び／走り高跳び
	（内容の取扱い）	投の運動

出所：文部科学省（2018, 50〜53, 87〜91, 130〜135ページ）をもとに作成。

2　陸上運動系の目標

新学習指導要領では，子どもたちが身につけるべき資質・能力として，「知識及び技能」「思考力，判断力，表現力等」「学びに向かう力，人間性等」が示された。この三つの柱を踏まえて，陸上運動系領域の授業では，「知識及び技能」の側面では「走る」「跳ぶ」といった基本的な動きを身につけることと，その動きの質を高めることが目指される。「思考力，判断力，表現力等」の側面では，自分や仲間の課題に気づいたり，互いの意見を伝え合いながら課題解決の方法を選んだり工夫したりすることができるようになることが求められる。「学びに向かう力，人間性等」の側面では，積極的に取り組む姿や，きまりを守って協力的に準備や片付けなどをする様子，勝敗を受け入れながら，互いのよさを認め合うといった姿を，学習を通して育むことになる。

2　陸上運動系の指導内容

1　「知識及び技能」の指導内容

表9-2は，陸上運動系の「知識及び技能」の指導内容の系統表である。

表9-2 「知識及び技能」の指導内容の系統表

第1学年～第2学年	第3学年～第4学年	第5学年～第6学年	中学校
走・跳の運動遊び	走・跳の運動	陸上運動	陸上競技
走の運動遊び ○30～40m程度のかけっこ ・いろいろな形状の線上等を真っ直ぐに走ったり，蛇行して走ったりする ○折り返しリレー遊び，低い障害物を用いてのリレー遊び ・相手の手の平にタッチをしたり，バトンの受渡しをしたりして走る ・いろいろな間隔に並べられた低い障害物を走り越える	かけっこ・リレー ○30～50m程度のかけっこ ・いろいろな走り出しの姿勢から，素早く走り始める ・真っ直ぐ前を見て，腕を前後に大きく振って走る ○周回リレー ・走りながら，タイミングよくバトンの受渡しをする ・コーナーの内側に体を軽く傾けて走る	短距離走・リレー ○40～60m程度の短距離走 ・スタンディングスタートから，素早く走り始める ・体を軽く前傾させて全力で走る ○いろいろな距離でのリレー（一人が走る距離40～60m程度） ・テークオーバーゾーン内で，減速の少ないバトンの受渡しをする	短距離走・リレー ○50～100m程度の短距離走 ・クラウチングスタートから徐々に上体を起こしていき加速する ・自己に合ったピッチとストライドで速く走る ○リレー（一人50～100m程度） ・バトンを受け渡すタイミングや次走者がスタートするタイミングを合わせる
			長距離走 ○1000～3000m程度の長距離走 ・腕に余分な力を入れないで，リラックスして走る ・自己に合ったピッチとストライドで，上下動の少ない動きで走る ・ペースを一定にして走る
	小型ハードル走 ○いろいろなリズムでの小型ハードル走 ・インターバルの距離や小型ハードルの高さに応じたいろいろなリズムで小型ハードルを走り越える ○30～40m程度の小型ハードル走 ・一定の間隔に並べられた小型ハードルを一定のリズムで走り越える	ハードル走 ○40～50m程度のハードル走 ・第1ハードルを決めた足で踏み切って走り越える ・スタートから最後まで，体のバランスをとりながら真っ直ぐ走る ・インターバルを3歩または5歩で走る	ハードル走 ○50～80m程度のハードル走 ・ハードルを5～8台程度置く ・インターバルを3または5歩でリズミカルに走る ・遠くから踏み切り，勢いよくハードルを走り越す ・抜き脚の膝を折りたたんで前に運ぶなどの動作でハードルを越える
跳の運動遊び ○幅跳び遊び ・助走を付けて片足でしっかり地面を蹴って前方に跳ぶ ○ケンパー跳び遊び ・片足や両足で，いろいろな間隔に並べられた輪等を連続して前方に跳ぶ ○ゴム跳び遊び	幅跳び ○短い助走からの幅跳び ・5～7歩程度の助走から踏切り足を決めて前方に強く踏み切り，遠くへ跳ぶ ・膝を柔らかく曲げて，両足で着地する	走り幅跳び ○リズミカルな助走からの走り幅跳び ・7～9歩程度のリズミカルな助走をする ・幅30～40cm程度の踏切りゾーンで力強く踏み切る ・かがみ跳びから両足で着地する	走り幅跳び ○走り幅跳び ・自己に適した距離，または歩数の助走をする ・踏切り線に足を合わせて踏み切る ・かがみ跳びなどの空中動作からの流れの中で着地する

・助走を付けて片足でしっかり地面を蹴って上方に跳ぶ ・片足や両足で連続して上方に跳ぶ	高跳び	○短い助走からの高跳び ・3～5歩程度の短い助走から踏切り足を決めて上方に強く踏み切り，高く跳ぶ ・膝を柔らかく曲げて，足から着地する	走り高跳び	○リズミカルな助走からの走り高跳び ・5～7歩程度のリズミカルな助走をする ・上体を起こして力強く踏み切る ・はさみ跳びで，足から着地する	走り高跳び	○走り高跳び ・リズミカルな助走から力強い踏切りに移る ・跳躍の頂点とバーの位置が合うように，自己に合った踏切り位置で踏み切る ・脚と腕のタイミングを合わせて踏み切り，大きなはさみ動作で跳ぶ

出所：文部科学省（2018, 176ページ）をもとに作成。

① 短距離走・リレー

かけっこから短距離走の流れを見ると，第1学年～第2学年では真っ直ぐや蛇行など，さまざまなコースを走ることが例示されている。いろいろなコースを思いのままに楽しく走ることがねらいとされていることがわかる。第3学年～第4学年，第5学年～第6学年では，スタートと走り方へと学びが広がっていく。スタートについては「いろいろな走り出しの姿勢」「スタンディングスタート」というさまざまな姿勢から素早く動き出せるようになることに焦点が移る。走り方については，体のバランスをとりながら走ることを目指して「真っ直ぐ前を見て」「腕を前後に大きく振って」（第3学年～第4学年），「体を軽く前傾させて」（第5学年～第6学年）といったポイントが示されている。

リレーについては，新学習指導要領から「バトンの受渡し」が指導内容として明記された。第1学年～第2学年では，手の平にタッチするあるいは棒状以外のものをバトンにするなど，やさしいタッチの仕方でのリレー遊びが例示されている。第3学年～第4学年ではバトンパスの「タイミング」が課題となり，第5学年～第6学年では「減速の少ないバトンパス」が課題となる。

② ハードル走

ハードル走は，第1学年～第2学年はさまざまな間隔に並べられた障害物を上手に走り越える楽しさを感じることが例示されている。第3学年～第4学年では，さまざまな間隔や高さに置かれた小型ハードルを「いろいろなリズム」で走り越すことと，30～40m程度の距離に一定の間隔で置かれた小型ハードルを「一定のリズム」で走り越えることが目指されている。この過程でさまざまなリズムに対応する動きを身につけるとともに，一定のリズムで走り越すことの心地よさを味わうことが示され，第5学年～第6学年では，40～50m程度の距離に4～5台のハードルを並べて，「第1ハードルを決めた足で踏み切ること」，インターバルを「3歩または5歩」で走ること，体のバランスを崩さずに「真っ直ぐ走ること」が例示されている。このことから，学年が進むにつれ

▷3 平成20年改訂では「3～5歩」とされているが，同じ足でリズムよく・バランスよくハードルを走り越す（＝合理的な動きにつながる）ことを意図して「3歩または5歩」となっている。

て、さまざまなリズムのハードル走（遊び）から一定のリズムの安定した走りになっていく様子がイメージできる。

③　走り幅跳び

第1学年〜第2学年では「助走を付けて片足でしっかり」踏み切ること、ケンパー跳び遊びでは、片足や両足でさまざまな場を連続して前方に跳ぶことが例示されている。この時期の児童たちには「走る」＋「跳ぶ」、「跳ぶ」＋「跳ぶ」（連続して跳ぶ）など、簡単な動きの組み合わせをする運動遊びのなかでスムーズな跳躍動作を身につけることが目指されていると言える。

第3学年〜第4学年、第5学年〜第6学年では「助走から踏み切り」と「空中動作から着地」の二つの局面の例が示されている。助走から踏み切りについて、第3学年〜第4学年では5〜7歩程度の助走から強く踏み切って跳ぶこと、第5学年〜第6学年では7〜9歩程度のリズミカルな助走から30〜40cm程度の踏み切りゾーンで力強く踏み切ることへと、動きの質の高まりが求められている。空中動作から着地については、第3学年〜第4学年では「膝を柔らかく曲げて両足で」着地すること、第5学年〜第6学年では「かがみ跳びから両足で」着地することが例示されており、学年の進行にともなって、よりダイナミックな跳躍動作になっていくことが見通されている。

▷4　陸上運動の段階では、リズミカルな助走と力強い踏み切りをつなげることが大切になる。踏み切り板に足を合わせることばかりに意識がいくのではなく、「30〜40cm程度」の幅広い踏み切りゾーンでダイナミックな跳躍ができることが意図されている。

④　走り高跳び

第1学年〜第2学年では、ゴム跳び遊びのなかで「助走を付けて片足でしっかり地面を蹴って上方に跳ぶ」「片足や両足で連続して上方に跳ぶ」ことが例示される。ここでもしっかり地面を蹴るということと、連続した動きを行うことから安定した動作の習得が目指される。これを受けて第3学年〜第4学年では「3〜5歩程度の短い助走から踏切り足を決めて上方に強く」踏み切ること、膝を柔らかく曲げて足からの着地をすることが示され、第5学年〜第6学年では「5〜7歩程度のリズミカルな助走をする」こと、「上体を起こして力強く踏み切る」こと、「はさみ跳びで足から着地する」ことが例示されている。助走の歩数が増えても一定のリズムで助走して、しっかりと地面を蹴って踏み切ることが自己の記録の伸びにつながるという流れを見て取ることができる。

2　「思考力、判断力、表現力等」の指導内容

表9-3は、「思考力、判断力、表現力等」の指導内容の一覧である。ここでは課題を見つけること（課題発見）、課題解決の方法を「選ぶ・工夫する」こと、考えを伝えること、が主な指導内容として例示されている。

第1学年〜第2学年で「（遊び方を）工夫する」ことと「伝える」ことを学び、第3学年以降ではそこから「課題を見つける」「活動や取り組み方を工夫する」ことへと思考・判断する内容が広がっていく。このことから授業場面で

は，児童が工夫したり，気づいたり，伝えたりといった活動ができるような計画と準備が求められることになる。

表9-3 「思考力，判断力，表現力等」の指導内容の系統表

第1学年～第2学年	第3学年～第4学年	第5学年～第6学年	中学校第1学年～第2学年
走・跳の運動遊び	走・跳の運動	陸上運動	陸上競技
走ったり跳んだりする簡単な遊び方を工夫するとともに，考えたことを友達に伝える	自己の能力に適した課題を見付け，動きを身に付けるための活動や競走(争)の仕方を工夫するとともに，考えたことを友達に伝える	自己の能力に適した課題の解決の仕方，競争や記録への挑戦の仕方を工夫するとともに，自己や仲間の考えたことを他者に伝える	動きなどの自己の課題を発見し，合理的な解決に向けて運動の取り組み方を工夫するとともに，自己の考えたことを他者に伝える

出所：文部科学省（2018，182～183ページ）をもとに作成。

3 「学びに向かう力，人間性等」の指導内容

表9-4は「学びに向かう力，人間性等」の指導内容の一覧である。ここでは学ぶ意欲，公正さ，協力的態度，健康・安全に関する内容が示されている。

第1学年～第2学年では「運動遊びに進んで取り組む」（意欲），「きまりを守って仲良く運動」（協力），「勝敗を受け入れる」（公正），「場の安全に気を付ける」（安全）の内容が示され，第3学年～第4学年および第5学年～第6学年になると，「友達の考えを認める」（共生）が加わる。

表9-4 「学びに向かう力，人間性等」の指導内容の系統表

第1学年～第2学年	第3学年～第4学年	第5学年～第6学年	中学校第1学年～第2学年
走・跳の運動遊び	走・跳の運動	陸上運動	陸上競技
・運動遊びに進んで取り組む ・順番やきまりを守り誰とでも仲よく運動をする ・勝敗を受け入れる ・場の安全に気を付ける	・運動に進んで取り組む ・きまりを守り誰とでも仲よく運動をする ・勝敗を受け入れる ・友達の考えを認める ・場や用具の安全に気を付ける	・運動に積極的に取り組む ・約束を守り助け合って運動をする ・勝敗を受け入れる ・仲間の考えや取組を認める ・場や用具の安全に気を配る	・陸上競技に積極的に取り組む ・勝敗などを認め，ルールやマナーを守ろうとする ・分担した役割を果たそうとする ・一人一人の違いに応じた課題や挑戦を認めようとする ・健康・安全に気を配る

出所：文部科学省（2018，184～185ページ）をもとに作成。

3　陸上運動系の指導計画と評価

1 単元計画の例

① 本単元で目指すもの

表9-5は第6学年ハードル走の評価規準，表9-6はその単元計画（6時間扱い）である。「第1ハードルを決めた足で走り越す」「体のバランスをとりな

第Ⅱ部　個別内容領域の授業をつくる

がらリズミカルに走る」「インターバルを3歩または5歩で走り越す」ことができることと，そのためのポイントを知ることを具体的な知識及び技能の指導内容に設定した。ここでは，スタートからゴールまで真っ直ぐに走ること，ハードリングでは体全体を素早く大きくバランスよく動かして走り越すことが重要になる。

表9-5　学習活動に即した評価規準

運動への関心・意欲・態度	運動についての思考・判断	運動の技能
①ハードル走に積極的に取り組もうとしている。 ②約束を守り，助け合って活動しようとしている。 ③計測や記録などで，分担された役割を果たそうとしている。 ④勝敗を受け入れている。 ⑤友達の考えを認めようとしている。 ⑥場や用具の安全に気をつけて準備・片付けをしようとしている。	①自己の能力に適した課題を選んでいる。 ②自己や仲間の課題を解決するための練習の場や段階を選んでいる。 ③自己や仲間の動きの変化や伸びを見つけたり，考えたりしたことを伝えている。	①決めた足で踏み切って第1ハードルを走り越すことができる。 ②スタートから最後まで，体のバランスを崩さずに真っ直ぐ走ることができる。 ③体を大きく素早く動かして，3歩または5歩でリズミカルに走り越すことができる。

表9-6　「第6学年ハードル走」の指導と評価の計画

単元の目標	知識及び技能	・ハードル走のポイントを知り，最後までリズミカルに走り越すことができる。				
	思考力，判断力，表現力等	・自己の能力に適したハードル走の課題解決の仕方，競走や記録への挑戦の仕方を工夫するとともに，自己や仲間の考えたことを他者に伝えることができる。				
	学びに向かう力，人間性等	・ハードル走に積極的に取り組み，約束を守り助け合って運動をしたり，勝敗を受け入れたり，仲間の考えた取組を認めたり，場や用具の安全に気を配ったりすることができる。				
時　数		1	2	3	4	5	6
0		整列・挨拶・健康観察					
		準備運動（心と体が「スイッチオン」するように準備運動を行う）					
10		オリエンテーション：ハードル走の動きと学習の進め方を知ろう	準備（仲間と協力して場づくりを行う）				
			動きづくりの時間 ・ハードル間をリラックスして走る ・ミニハードルをリズミカルに走る				
20		○インストラクション：ハードル走の学習について ・ICT機器を用いてハードル走の動きの説明 ・学習の約束事の確認	○インストラクション：めあての確認 ハードル走の走り方を身につけ，リズミカルにハードルを走り越そう		○インストラクション：めあての確認 自分の課題にあった練習の場を選んで，リズミカルにハードルを走り越そう		○インストラクション：本時の流れの確認 一定のリズムでスムーズに（バランスよく）ハードルを走り越す
			○自分に合ったインターバル	○短めのインターバル（4.0～	○自分の課題に合った練習の場を選んでハードルを最後までリズミカルに		○インストラクション：8秒間

第9章 初等体育科教育の実践③

時間						
		を見つける（スタートから1台目までの流れ，全体の走りの流れをつかむ）	4.5m程度）を使って，3歩または5歩で素早く大きな動きを身につける（楽に走り越すことができるインターバルで，バランスを崩さないように気をつけながら，体を大きく早く動かしてリズミカルにハードルを走り越す）	走り越す（自分の課題に合った練習の場（第2時～第4時に行った練習の場から）を選んで，最後までリズミカルにハードルを走り越す） ＊ICT機器を用いて，自己や仲間の動きを確認し，課題や解決方法を話し合う	ハードル走大会の流れの確認
	場づくり（ハードル走の学習の場を知り，協力して場づくりを行う）	○1歩ハードルで素早く大きな動きを身につける（バランスを崩さないように気をつけながら，体を大きく早く動かしてハードルを走り越す）			○8秒間ハードル走大会（チーム対抗戦形式の8秒間ハードル走大会を行う）
30	試しのハードル走（5年生までの学習を振り返りながら，ハードルを走り越してみる）	インストラクション：動きとポイントの確認	インストラクション：動きとポイントの確認		
		8秒間ハードル走（自分に合ったインターバルを選ぶとともに，自分の記録が向上することを目指して8秒間ハードル走に取り組む）	8秒間ハードル走（8秒間ハードル走の記録をもとにチーム対抗戦を行う）		
40	片付け					
	まとめ ・試しのハードル走の成果確認（うまくできたところとこれからの自己の課題の確認）	まとめ ・本時の成果と次時の課題の確認（リズミカルにハードルを走り越すことができているか，体を大きく素早くバランスよく動かすことができているか，を確認し，課題解決の見通しをもつ）			まとめ ・成果の確認と中学校でのハードル走に向けた課題の投げだし	
45	整列・健康観察・挨拶					
態	⑥	①	⑤		②	③④
思判			①	③	②	
技		①		③		②

② 各時間の流れ

　第1時では，試しのハードル走を行う。自分がどちらの足で踏み切るのかを確認し，ICT機器を用いて自己の走りやハードル走のポイントを学習する。第2時は「体全体を素早く大きくバランスよく」動かして走ることを目指して，スタートから第1ハードルまでのアプローチ競走をしたり，2.0m程度の間隔でハードルを4～5台並べて，そこを1歩（着地＋踏切り）で走り越していく「1歩ハードル走」をしたりする。1歩ハードル走で，バランスを崩さず

に前に進む力を身につけることができる。また短いインターバルを設定することで，児童の「おもしろそうだ」「やってみよう」「できそうだ」という気持ちを引き出し，主体的な学びを促進させることができる。

　第3時は，小刻みの走りとハードルを越す時のダイナミックな動きを組み合わせた短いインターバルのハードル走を行う。ICT機器を用いてお互いの走りを確認することで対話的な学習が生まれ，課題が共有されることを見通した。

　この後，「8秒間ハードル走」を行う。5台程度のハードルを並べたレーンを使って，8秒間で何メートル走ることができるかを記録していく。8秒で走ることのできる距離を伸ばすことが楽しい・嬉しいだけでなく，距離の伸びが自己の技能の伸びとして実感できる優れた教材である。この活動を通して，自己の更なる課題を見つけて，その解決のための練習の場を工夫する。これが発展的な深い学びにつながっていく。このように，個人の成果を確認する時間から個々の伸びを得点化してチーム対抗戦へと発展させることで，個人的達成に加えて集団的な達成経験も味わうことができる陸上運動の授業としたい。また，活動中にお互いの動きを見ながら教え合いを行うことで仲間の考えや取り組みを認めたり，8秒間走の時に各自が役割を分担して活動を進めたりすることを通して，「学びに向かう力，人間性等」の育成が見通される。

2　本時案の例

　表9-7は，第3時の本時案である。この時間は4.0〜4.5m程度の短いインターバルのレーンを用いて，小刻みでリズミカルな走りと体を大きく素早くバランスよく行うハードリングを組み合わせることを主な学習課題とした時間である。

▷5　短いインターバルなので，みんなで「0，1，2，3」の同じリズム（テンポ）で走り越すことが共通課題となる。

　インターバルが短く，みんなが同じ場で学習を進めることができるので，共通課題をもちながら，主体的な学びを促進させることができる。また，仲間同士で動きの様子やポイントを伝え合う対話的な学びを導くこともできる。

表9-7　本時の展開

		学習内容・活動	指導上の留意点	評価
本時の目標	知識及び技能	・短いインターバルで，体全体を大きく素早くバランスよく走ることができる。 ・自分に合ったインターバルでリズミカルにハードルを走り越すことができる。		
	思考力，判断力，表現力等	・自己や仲間の課題を解決する場を選ぶことができる。 ・リズミカルにハードルを走り越すためのポイントを仲間に伝えることができる。		
	学びに向かう力，人間性等	・ハードル走に積極的に取り組むとともに，仲間の考えや取組を認めることができる。 ・場や用具の安全に気をつけながら運動することができる。		
0	はじめ	1．整列・挨拶・健康観察 2．準備運動	・体調の優れない子どもがいないかどうか確認する	

10		3．場づくり（動きづくり，短いインターバル，8秒間ハードル走の場づくりをする）	・心と体が「スイッチオン」するように準備運動を行わせる ・協力して場の準備ができるように声かけをする	【態】安全に気をつけて準備しようとしている。
		4．動きづくり ・ハードル間をリラックスして走る ・ミニハードルをリズミカルに走る	・リラックスした伸びやかな走りができているかどうかを観察し，声かけをする ・リズミカルに足を運ぶことができているかどうかを観察し，声かけをする	【技】リズミカルに走ることができる。
15 25 40	なか	5．インストラクション：めあての確認 めあて 「ハードル走の走り方を身につけ，リズミカルにハードルを走り越そう」		
		・短いインターバルでのハードル走の行い方を知る	・ICT機器を用いて，ハードル走の動きについての説明をする	【態】ハードル走に積極的に取り組もうとしている。
		6．短めのインターバル（4.0～4.5m程度）でのハードル走をする	・小刻みな走りとダイナミックなハードリングがつながるように，リズムを意識した声かけをする	【技】体全体を大きく素早くバランスよく走ることができる。
		7．動きとポイントの確認 ・自分の動きについて仲間と話し合う	・リズミカルな走りと素早いハードリングがつながっているかどうか確認するとともに，仲間同士での確認をさせる。	【思・判】リズミカルにハードルを越すためのポイントを見つけている。
		・次の課題を確認する 8．8秒間ハードル走	・各自の次の課題を確認させる ・役割を確認して，8秒間ハードル走を行わせる	
		・自分に合ったインターバルを選ぶとともに，自分の記録が向上することを目指して8秒間ハードル走に取り組む	・走りのリズムとハードリングのポイントを意識できるように声かけする	【思・判】自己や仲間の課題を解決する場を選んでいる。
		9．片付け	・安全に気を配りながら片付けができるように声かけする	【態】安全に気をつけて片付けようとしている。
45	まとめ	10．まとめ ・本時の成果と次時の課題の確認	・リズミカルにハードルを走り越すことができているか，体を大きく素早くバランスよく動かすことができているかを確認し，課題解決の見通しをもたせる	【思・判】自己の課題を確認している。
		11．整列・健康観察・挨拶	・体調不良やけががないかどうかを確認する	

4 陸上運動系の学習指導の工夫

　新学習指導要領では，どの児童も運動が好きになる体育授業が目指されている。解説では「運動が苦手な児童への配慮の例」「運動に意欲的でない児童への配慮の例」が示された。ここでは，その具体的指導について考える。

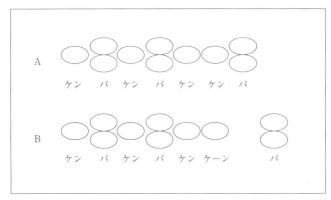

図9-1　ケンパー跳び遊びの場づくり
出所：細越（2017）。

図9-2　ケンパー跳び遊びの工夫の例
出所：細越（2017）。

図9-3　ハードル走に意欲的でない児童への配慮の例
出所：文部科学省（2012）。

横から見た時，「ん」の字に見せる姿勢になる（文部科学省，2012）。

　ケンパー跳び遊びが苦手な児童への配慮として，「ケン」と「パー」がわかりやすい目印を置くことが考えられる（文部科学省，2018，52ページ）。このような場合，図9-1のAのように跳躍のイメージを「見える化」することはとても重要である（細越，2017）。一定のリズムが身についたら，次は，Bのように最後の輪を少し離して置くのもよい。それにより，最後のジャンプは両手・両足を大きく使ったダイナミックなジャンプになり，必然的に動きの質が変わっていくためである。

　さらに最後の大きなジャンプのところにゴムを張ると，児童たちの跳躍動作はさらにダイナミックなものになる（細越，2017）。例えば図9-2の左の図のように，最後のジャンプの踏み切り位置に近いところにゴムを（5 cm程度，もし踏んでもけがをしないようにすることが大切）張ると，踏み切り後，高く上方に跳ぶ動きを見せるようになる。一方，その右の図のように着地位置に近いところにゴムを張ると，幅跳びの着地の時のような，足を前に出すような動き（「ん」の字）が見られるようになる。

　また，ハードルにぶつかることへの恐怖心があるなど，ハードル走に意欲的でない児童への配慮の例としては，図9-3のようにハードルの板をバスマットや新聞紙などに変えることなどの工夫が考えられる（文部科学省，2012）。また振り上げ足や抜き足の動きがイメージできない児童に対しては，ハードルに画用紙や足形を張るなどして，動きの目印をつくるのもよい。

　陸上運動系の学習指導にあたっては，ラインを1本増やしてみたり，オノマトペを用いて動きのリズムを意識化できるようにしたりするなど，練習の仕方の工夫やスモールステップ化によって児童の動きが変わることが多いため，児童の実態に合わせて場や条件を工夫することが大切になる。

Exercise

① 陸上運動系は、どのような楽しさや喜びを味わうことのできる運動領域だろうか。本文をもとにまとめてみよう。
② 走り高跳びの授業で、助走から力強い踏切りまでをスムーズにつなげようとする場合、どのような指導の場や指導言葉が考えられるだろうか。グループで話し合ってみよう。
③ 低・中・高いずれかの学年を取り上げて、陸上運動系の単元計画および本時案（単元計画のうちの1時間分）を作成してみよう。

次への一冊

池田延行・岩田靖・日野克博・細越淳二編著「新しい走・跳・投の運動の授業づくり」『体育科教育別冊』26, 2015年。
　走・跳・投の基本的な動作のポイントや指導の工夫について、多くの指導事例を用いて解説してあり、授業づくりの実践的なヒントが得られる一冊である。

高橋健夫・岡出美則・友添秀則・岩田靖編著『新版体育科教育学入門』大修館書店, 2010年。
　体育科教育学の基礎的知識がまとめられているほかに、各運動領域の授業づくりの考え方と具体例が示されている。授業の理論と実践を学ぶのに最適の一冊である。

引用・参考文献

細越淳二「こんなとき、どうしよう？　体育の教材づくりQ＆A」『こどもと体育』175, 2017年, 26～27ページ。
文部科学省「小学校体育（運動領域）デジタル教材　高学年」2012年。
文部科学省『小学校学習指導要領（平成29年告示）解説体育編』東洋館出版社, 2018年。

第10章
初等体育科教育の実践④
―――水泳運動系―――

〈この章のポイント〉
　水泳運動系の授業は，新学習指導要領で求められる泳法や安全確保につながる運動の習得を保証し，先に広がる多様な水泳・水中運動の楽しさへいざなう架け橋としての機能を担う。その入り口となる小学校段階（とくに第1学年～第4学年）においては，泳法の習得に固執しすぎることなく，水に対する感覚や水中で体を巧みに操作する技能をじっくりと養いたい。本章では水泳運動系領域の特性を踏まえた授業づくりのポイントについて具体例を用いながら解説する。

1　水泳運動系の新学習指導要領における位置づけ

1　水泳運動系の目標

　初等体育科における水泳運動系の「知識及び技能」の指導内容を概観すると，第1学年～第2学年で水遊びや簡単な運動を通して水に慣れ親しみ，第3学年～第4学年で水に浮いて進んだり呼吸したり，さまざまな方法で水にもぐったり浮いたりする楽しさや喜びに触れ，第5学年～第6学年のクロール，平泳ぎ，安全確保につながる運動を習得・習熟させていくという体系が見てとれる。その過程のなかで，自己やグループの能力に応じた課題をもち，児童自身がその解決方法を工夫したり，互いに協力しながら，記録の向上や競争の楽しさや喜びを味わえるよう育成していくことが求められる。
　その一方で，学校体育の出口以降には，タイムの短縮や競争を楽しむ競泳だけでなく，さまざまな水泳・水中運動につながる裾野が開かれていることも念頭に置いておきたい。泳法の習得に多少つまずいたとしても，水に親しみ，安心して呼吸することができたうえで水中における運動そのものの楽しさを見出せていれば，将来その児童の生涯スポーツの選択肢の一つとして水泳・水中運動があがる可能性は十分に残されるはずである。

2　水泳運動系の特性

　水泳運動系は，水のなかという特殊な環境下における非日常的な運動を扱う

▷1　水泳・水中運動
競泳のほか，オープンウォータースイミング，水球，シンクロナイズドスイミング，飛込，フィンスイミング，遊泳，スキンダイビングやスクーバダイビング，水中ウォーキングや水中エクササイズなどが含まれる。

ため、水の物理的特性（浮力、水圧、抗力・揚力、高比熱・高熱伝導率など）やそれらに起因する心理的作用を踏まえた合理的で安全な指導が求められる。例えば、主に第3学年〜第4学年の「浮いて進む運動」や「もぐる・浮く運動」で扱われる背浮き、だるま浮き、変身浮きなどの浮き方を指導する際にはアルキメデスの原理に基づき、胴体だけでなく頭部や手足なども水面下に沈ませるほうが逆に体が浮きやすくなることを実感として味わわせるとよい。また、水中を進んだり泳いだりする際には、進行方向に対する体の面積を小さくし、なるべく大きな面で水を後方に押すほうが進みやすくなることなどにも気づかせられるよう心がけたい。

なお、呼吸が制限されたり、足が床から離れてしまうことなどにより不安感や恐怖感を抱く児童も少なくないため、教師や友達による補助や水深の浅いエリアで学ばせるなどの工夫を図り、すべての児童が安心して運動できる環境を整えることも必要であろう。

さらに、水泳運動系は器械運動系と同様、これまでに経験したことのない新たな動きを形成していく側面もあわせもつため、類似の運動課題（アナロゴン）を準備し、難易度のやさしいものから順に取り組ませながら徐々に技能を向上させていくといったスモールステップ化された指導も大切である。このような指導のなかで得られる「できなかったことができるようになった」という小さな達成感の積み重ねが次の課題に取り組む意欲へとつながっていくはずである。

2 水泳運動系の指導内容

1 「知識及び技能」の指導内容

水泳運動系の領域は、小学校第1学年〜第2学年の「水遊び」、第3学年〜第6学年の「水泳運動」、中学校以降の「水泳」で構成される。小学校の水泳運動系で目指される「知識及び技能」の指導内容は表10-1のように整理される。

第1学年〜第2学年の水遊び領域は、「水の中を移動する運動遊び」および「もぐる・浮く運動遊び」で構成され、水につかって歩いたり走ったり、水にもぐったり浮いたりする楽しさに触れることができる運動を主に扱う。水慣れの遊びで水に対する不安感を取り除きながら水の心地よさを味わわせることから始め、水のなかをいろいろな方法で移動したり、もぐったり浮いたりするさまざまな運動遊びを通し、水中における基本的な動きや息を止めたり吐いたりする感覚を身につけさせたい。

▷2 高比熱・高熱伝導率
水の比熱は空気の約4倍、熱伝導率は空気の約23倍とされる。そのため、低い水温で運動を行う際には急激な体温低下に十分留意する必要がある。

▷3 アルキメデスの原理
水中では体が押しのけた水の質量と等しい浮力がはたらく。

第Ⅱ部　個別内容領域の授業をつくる

表10-1　「知識及び技能」の指導内容の系統表

第1学年～第2学年		第3学年～第4学年		第5学年～第6学年		中学校	
水遊び		水泳運動		水泳運動		水泳	
水の中を移動する運動遊び	○水につかっての水かけっこ、まねっこ遊び ○水につかっての電車ごっこ、リレー遊び、鬼遊び	浮いて進む運動	○け伸び ○初歩的な泳ぎ	姿勢を維持しながらの運動	○25～50m程度を目安にしたクロール ○ゆったりとしたクロール	クロール	○バランスをとり速く泳ぐ
				安全確保につながる運動	○10～20秒程度を目安にした背浮き	背泳ぎ	○バランスをとり泳ぐ
もぐる・浮く運動遊び	○水中でのじゃんけん、にらめっこ、石拾い ○くらげ浮き、伏し浮き、大の字浮き ○バブリングやボビング	もぐる・浮く運動	○プールの底にタッチ、股くぐり、変身もぐり ○背浮き、だるま浮き、変身浮き ○簡単な浮き沈み	浮き沈みをしながらの運動	○3～5回程度を目安にした浮き沈み	バタフライ	○バランスをとり泳ぐ
				平泳ぎ	○25～50m程度を目安にした平泳ぎ ○ゆったりとした平泳ぎ	平泳ぎ	○バランスをとり長く泳ぐ

出所：文部科学省（2018, 177ページ）をもとに作成。

第3学年～第4学年の水泳運動領域は、「浮いて進む運動」および「もぐる・浮く運動」で構成され、水に浮いて進んだり呼吸したり、さまざまな方法で水にもぐったり浮いたりする楽しさや喜びに触れることができる運動を主に扱う。第1学年～第2学年に引き続き、もぐる・浮くなどの基本的な動きを洗練させるとともに、け伸びや初歩的な泳ぎ[4]の行い方の理解とそれらの技能習得を図り、泳法に限定しない初歩的な泳ぎで体を浮かせながら進む経験を積ませたい。

▷4　仰向け姿勢での泳ぎ、補助具を使った泳ぎ、呼吸をともなわない面かぶりの泳ぎなどが含まれる。

第5学年～第6学年の水泳運動領域は、「クロール」「平泳ぎ」および「安全確保につながる運動」で構成され、続けて長く泳いだり、泳ぐ距離や浮いている時間を伸ばしたり、記録を達成したりする楽しさを味わうことのできる運動を主に扱う。クロールや平泳ぎでは、それぞれの手や足の動きに呼吸を合わせて泳ぐ方法を理解するとともに、これらの技能を高めることをねらいとしている。また、安全確保につながる運動では、背浮きや浮き沈みをしながら、タイミングよく呼吸をしたり、手や足の動き、衣服等の浮力を使って、続けて長く浮く方法を理解するとともに、これらの技能を高め、水中における自己保全能力を向上させることをねらいとしている。なお、学校の実態に応じ、上記の指導内容に加えて背泳ぎを指導することも可能である。[5]

▷5　着衣のまま水に落ちた場合の対処の仕方については各学校の実態に応じて積極的に取り扱うこととされている。上着やズボン等の衣服やビニール袋に空気をため込んで浮く方法やペットボトルなどを使って浮く方法などがある。

2 「思考力、判断力、表現力等」の指導内容

水泳運動系の「思考力、判断力、表現力等」の指導内容はほかの運動領域と同様、第1学年～第2学年では簡単な遊び方を工夫することと自分の考えを友

達に伝えること，第3学年〜第6学年では自己の能力に適した課題の発見とその課題の解決に向けた活動を工夫すること，またその考えを伝えることで構成される（表10-2）。

　水泳運動系で「思考力，判断力，表現力等」の育成を図るためには，第5学年〜第6学年を例にあげると，友達同士で動きを観察し，解決に向けた自分や仲間の考えを他者に伝えるなどといった学習機会を単元のなかにバランスよく配置していくことが重要となる。友達同士の観察とそれにともなう即時的なフィードバックをやり取りする学びは「思考力，判断力，表現力等」の育成のみならず技能向上を図るうえでも大きな役割を果たすはずである。

表10-2 「思考力，判断力，表現力等」の指導内容の系統表

第1学年〜第2学年	第3学年〜第4学年	第5学年〜第6学年	中学校第1学年〜第2学年
水遊び	水泳運動	水泳運動	水泳
水の中を移動したり，もぐったり浮いたりする簡単な遊び方を工夫するとともに，考えたことを友達に伝える	自己の能力に適した課題を見付け，水の中での動きを身に付けるための活動を工夫するとともに，考えたことを友達に伝える	自己の能力に適した課題の解決の仕方や記録への挑戦の仕方を工夫するとともに，自己や仲間の考えたことを他者に伝える	泳法などの自己の課題を発見し，合理的な解決に向けて運動の取り組み方を工夫するとともに，自己の考えたことを他者に伝える

出所：文部科学省（2018，182〜183ページ）をもとに作成。

3　「学びに向かう力，人間性等」の指導内容

　水泳運動系の「学びに向かう力，人間性等」の指導内容は，第1学年〜第2学年では運動遊びに進んで取り組むこと，順番やきまりを守り誰とでも仲よく運動すること，水遊びの心得を守って安全に気をつけることの三つが設定されている。第3学年〜第4学年以降ではこれら公正，協力，責任，参画，健康，安全にかかわる資質・能力に加え，友達の考えを認めるという共生の育成も同時に求められるようになる。

　事故防止等の観点から，水泳場の確保が困難であっても水遊びや水泳運動を行う際の心得についての指導が義務づけられている水泳系運動において，安全管理にかかわる指導の重要性はとくに高い。第1学年〜第4学年ではきまりを守って安全に気をつけることの大切さを学ばせ，第5学年〜第6学年においては安全確保につながる運動や保健領域などとも関連させながら水辺における自己保全能力を向上させるとともに，安全に気を配りながら運動に取り組む社会的行動の育成を図りたい（表10-3）。

表10-3 「学びに向かう力，人間性等」の指導内容の系統表

第1学年～第2学年	第3学年～第4学年	第5学年～第6学年	中学校第1学年～第2学年
水遊び	水泳運動	水泳運動	水泳
・運動遊びに進んで取り組む ・順番やきまりを守り誰とでも仲よく運動をする ・水遊びの心得を守って安全に気を付ける	・運動に進んで取り組む ・きまりを守り誰とでも仲よく運動をする ・友達の考えを認める ・水泳運動の心得を守って安全に気を付ける	・運動に積極的に取り組む ・約束を守り助け合って運動をする ・仲間の考えや取組を認める ・水泳運動の心得を守って安全に気を配る	・水泳に積極的に取り組む ・勝敗などを認め，ルールやマナーを守ろうとする ・分担した役割を果たそうとする ・一人一人の違いに応じた課題や挑戦を認めようとする ・水泳の事故防止に関する心得を遵守するなど健康・安全に気を配る

出所：文部科学省（2018, 184～185ページ）をもとに作成。

3 水泳運動系の指導計画と評価

1 単元計画の例

　近年，水泳運動系の授業を民間のスイミングスクールに全面委託するケースが見られるが，泳力すなわち技能の成果だけで水泳運動系の目標をすべて達成できるわけではない。技能は体育授業においても目指されるべき重要な要素であるが，「知識及び技能」「思考力，判断力，表現力等」「学びに向かう力，人間性等」の資質・能力を全面的に向上させようとする学校教育の目標が前提にあることを忘れてはならない。この問題意識を踏まえ，ここでは水泳運動系の授業で主体的・対話的で深い学びを実現するために必要な指導と評価の方法について，単元計画および本時案の具体例をもとに考えてみたい。

　表10-4の評価規準と表10-5の単元計画は第5学年を対象とする水泳運動領域（全10単位時間）を想定し，作成したものである。

　1時間目では既習内容，授業の進め方，水泳運動系の心得等を確認した後，児童の技能レベルを把握するためのレディネスチェックを実施する流れとした。単元序盤に水に対する不安感の軽減と自分の力で浮ける，泳げるという自信をもたせる意図で，2，3時間目ではさまざまな浮き方，呼吸を確保する運動を中心とする安全確保につながる運動や簡単な背泳ぎを扱うこととした。4～9時間目にかけてクロールと平泳ぎの習得に向けた授業を展開していくなかで，適宜，グループワークをベースとした主体的・対話的で深い学びを企図した学習機会を設け，資質・能力の全面的な育成を目指す流れとした。具体的には，タブレット端末で撮影した映像を仲間とともに視聴しながら，自他のフォームの課題を見つけ，その解決方法を皆で考えるといった学習活動を組み入れている。単元最後の授業となる10時間目では技能の伸びの確認とこれまで

の学びを振り返る時間を設けた。

　なお，技能，関心・意欲・態度の評価に関しては観察評価を軸とし，観察評価が難しい思考・判断については授業外の課題として設定する学習カードの記述内容などを評価対象とすることで，バランスのとれた評価が可能となると考えた。

表10－4　学習活動に即した評価規準

運動への関心・意欲・態度	運動についての思考・判断	運動の技能
・続けて長く泳ぐ楽しさや喜びに触れることができるよう，水泳に進んで取り組もうとしている。 ・友達と助け合いながら協力して練習をしようとしている。 ・補助具の準備や片付けなど，分担された役割を果たそうとしている。 ・体の調子を確かめてから泳ぐなど水泳の心得を守り，安全を保持することに気を配ろうとしている。	・課題の解決の仕方を知るとともに，自分の課題に合った練習の方法を選んでいる。 ・ストローク長を伸ばすための方法を知るとともに，自分の力に合った挑戦の仕方を選んでいる。 ・補助具や衣服などの浮力を用いて体を長く浮かすための方法を工夫している。	・手と足の動きに呼吸を合わせながら泳ぐことができる。 ・ストローク長の長いゆったりとした泳ぎで続けて長く泳ぐことができる。 ・補助具や衣服などの浮力を用いて体を長く浮かすことができる。

表10－5　指導と評価の計画

時	1	2	3	4	5	6	7	8	9	10
学習の流れ	〈オリエンテーション〉 ・これまでに学んだことの復習 ・単元の流れ，授業の進め方の確認 ・安全に学ぶための心得・約束事の確認 ・バディシステム ・レディネスチェック	ねらいの確認 肺・浮き具等の浮力を用い呼吸を確保する運動と簡単な背泳ぎを身に付けよう 1．水慣れ ・連続したボビング ・腰かけキック　など 2．浮き沈み ・だるま浮きドリブル ・1人浮き沈み 3．背浮き ・ペットボトルを浮き具にした背浮き	2．浮いて進む運動の復習 ・背浮きばた足 3．簡単な背泳ぎ ・ちょうちょう背泳ぎ ・クリオネ背	ねらいの確認 リズミカルなばた足と大きなストロークを用いたゆったりとしたクロールを身に付けよう 1．浮いて進む運動（クロール系）の復習 ・腰かけキック ・壁キック　・板キック ・け伸び　・け伸びからのばた足 ・立ちプル　・歩きプル ・面かぶりクロール　など 2．クロール ・立ちプル　・歩きプル ・片腕クロール ・ひっくり返りクロール ・キャッチアップ（手合			ねらいの確認 キックとプルと呼吸のタイミングを合わせた簡単な平泳ぎを身に付けよう 1．浮いて進む運動（平泳ぎ系）の復習 ・ペンギン歩き　・ぴょんぴょん跳び ・台上キック　・U字キック ・レーンロープキック ・ラッコ平泳ぎキック ・壁キック ・板キック　・立ちプル　・歩きプル ・リズム平泳ぎ（あおり足でも可） ・面かぶり平泳ぎ　など 2．平泳ぎ ・リズム平泳ぎ（正しいキックで） ・ゆったりとした平泳ぎ ・タブレット端末を使っ			〈伸びのチェック〉 ・クロール系の泳ぎ：最大50m ・平泳ぎ系の泳ぎ：最大50m ・安全確保につながる運動（衣服の浮力を用いた浮き身）：最大2分

第Ⅱ部　個別内容領域の授業をつくる

			・ビニール袋，衣服などを浮き具にした背浮き	泳ぎ ・小さな背泳ぎ ・背泳ぎ	わせ）クロール ・ローリングを用いたクロール ・ゆったりとしたクロール ・タブレット端末を使った教え合い　など	た教え合い ・ストロークゲーム 　　　　　　など			
		授業のまとめ，次時の予告							
評価	態	○			○	○	○		○	○
	思・判		○	○		○		○		
	技			○		○			○	○

2　本時案の例

　表10-6の本時案は上記の単元計画の9時間目の授業を想定した展開例である。平泳ぎを扱うユニットの最終授業にあたる本時では，(1)平泳ぎのストローク長（1ストロークで進む距離）を伸ばす方法を理解し，伸びのある平泳ぎで泳ぐこと（知識及び技能），(2)自己や仲間の課題を見つけ，仲間とともにその解決方法を工夫し，取り組むこと（学びに向かう力，人間性等）の二つを目標に掲げ，主体的・対話的で深い学びの視点を踏まえた教材および学習過程を設定した。

表10-6　本時の展開

実施日：平成　　年　　月　　日　　曜日　第　　時限			場所：プール	授業者：
第　5　学年　　組	30名（男子15名・女子15名）		欠席：	
単元名（領域）：いろいろな泳ぎ方でゆったり泳ごう（水泳運動）			単元配当 10 単位時間	本時配当 9 単位時間目
【本時の目標】○平泳ぎのストローク長を伸ばす方法を理解し，伸びのある平泳ぎで泳ぐ（知識及び技能） 　　　　　　　○自己や仲間の課題を見つけ，仲間とともに解決方法を工夫し，取り組む（学びに向かう力，人間性等）				
【評価】 ○平泳ぎのストローク長を伸ばす方法を理解し，伸びのある平泳ぎで泳ぐことができる（技能）【観察，学習カード】 ○自己や仲間の課題を見つけ，仲間とともに解決方法を工夫し，取り組むことができる（関心・意欲・態度）【観察】				
用具・教具：ビート版（30枚），タブレット端末（5枚），学習カード（30枚），学習ファイル（5個）				
段階	分	学習内容・学習活動	教師の指導内容・指導上の留意点	評価（対象）
導入	10分	1　集合，整列，挨拶，出席と体調の確認，バディシステム 2　本時のねらいの確認 〈本時のねらい〉 ・友達と協力し，伸びのあるゆったりとした平泳ぎを身に付けよう　【掲示物】	・挨拶，返事，バディシステムは大きな声で行わせる ○「伸びのあるゆったりとした平泳ぎを身に付けよう」	
展開	30分	3　陸上での感覚づくり（たけのこにょっき，ペンギン歩き） ※以下，グループ活動 4「4ストロークゲーム1	○たけのこにょっき…平泳ぎで伸びる姿勢を意識させる ○ペンギン歩き…足首を曲げながら，かかとのみで歩く ・仲間同士で互いの動きを評価・フィードバックさせる ※6名×5グループ（技能の高い子，低い子が混在） ○「泳者」「撮影役」「記録役」を2名ずつローテーション	・グループ活動に積極的に取り組んでいる

		回目」(フォーム撮影)	泳ぐ…平泳ぎで4ストローク分泳ぐ	か(【態】:観察)
		5 映像視聴を伴うフォーム確認	撮影…タブレット端末を用い、泳ぐ仲間を横から撮影 記録…4ストロークで進んだ距離を学習カードに記録 ・これまでに学んだ平泳ぎのポイントに沿って、フォームを確認させ、自分や仲間の課題を見つけさせる	
		6 練習方法の選定 7 グループ練習	・課題解決に向け、これまでの授業で学んだ練習方法を参考にグループで取り組むべきものを考えさせる ・仲間同士で動きを見合い、見つけた動きのポイントやアドバイスを伝えるよう促す ・大きくつまずいている児童には教師が直接指導にあたる	・ストローク長を伸ばす方法を理解し、伸びのある泳ぎができているか(【技】:観察、学習カード)
		8「4ストロークゲーム2回目」(フォーム撮影)	○1回目同様に実施 ・1回目の距離と比較させ、ストローク長を伸ばすことができたかを確認させる	
まとめ	5分	9 まとめと次回の予告	・学習カードへの記入を宿題として提示する	

　本時の中心的な教材として,「ストロークゲーム」(浜上,2017)をグループ練習の前後に1回ずつ設定した。ストロークゲームでは,平泳ぎで4ストロークかき終わった時点で進んだ距離を計測し,その伸びからストローク長の伸びを実感させることと,グループメンバーの各記録の合計記録をグループ間で競わせるというルールを設定することにより,グループ内の凝集性を高めることをねらいとした。なお,ストロークゲームの際には,グループ内で泳者,撮影役,記録役をローテーションさせることで,映像と記録を残し,後にフォームを確認したり練習方法を考える際に活用できるようにした。

　このような学習過程を取り入れることで,水泳運動系の授業においても種目特性を生かした主体的・対話的で深い学びが実現できると考えられる。しかし,その一方で映像を視聴しながら自己の課題を発見したり,友達同士で考えを伝え合うといった認知学習時間により運動学習時間が圧迫されることも懸念される。時間的制約のあるなかで水泳運動系の授業の質を保証するためには,単元全体を見通してさまざまな学習機会をバランスよく授業計画に組み込む授業設計力や勢いのある授業を展開する授業実施力が必要不可欠であろう。

4　水泳運動系の学習指導の工夫

1　事故防止と安全管理

　水泳運動系の授業を行ううえで安全管理の徹底は欠かせない。水中で活動している限り,生命にかかわる重大な事故にもつながり得るリスクが潜んでいることは常に意識されるべきである。ここでは,とくにその危険性が問題視され

ている逆飛び込みの取り扱いとスタートの指導方法にかかわる留意点を整理するとともに，溺水のリスクマネジメントおよびその手法の一つであるバディシステムについて概説する。

① 逆飛び込みの取り扱い

小学校および中学校において，スタートの方法は「水中からのスタート」に限定されており，頭部側から飛び込む「逆飛び込み」は指導内容として扱われない。この背景には，これまで水泳運動系の授業を含む学校管理下の水泳指導において逆飛び込みによる重大事故が多発してきた事実がある。小学校および中学校段階では，飛び込み局面を「水中でプールの壁面を力強く蹴る局面」に代替し，ストリームラインを意識した伸びやスムースな浮き上がり動作に焦点を当てた「水中からのスタート」を指導することが求められる。また，勝手に飛び込む児童が出ないよう学習規律を整えるとともに，そのリスクについて児童に注意喚起していくことも大切である。

▷6 ストリームライン
腕を頭上に伸ばし，体をまっすぐにした流線形の姿勢。水の抵抗を最も受けにくい姿勢である。

② 溺水

水泳運動系の授業は水深の浅い環境で実施されることが多いが，足が床に着くほどの水深であっても溺水の事故は起こり得る。水に溺れることでパニック状態に陥り，平衡感覚を失ってしまうからである。また，水に慣れていない児童にとっては，床に対して水平や斜めになった体を立位に戻す動作も容易ではない。波や水流のある状況下でボビングを行わせるなどの指導により一定の自己保全能力は身につくと考えられるが，万が一，児童が溺水した場合でも迅速に発見し，対処できる環境を整えておきたい。水泳運動系では，複数名の教師によるティームティーチングで指導にあたるのが一般的であるが，水中に入り直接的な指導をする教師のほか，プールサイドから全体を監視できる教師を配置し，教師の目の届かないエリアや時間帯が生まれないよう十分に留意すべきである。

③ バディシステム

安全管理を行ううえで，人数の迅速な把握とバディ（ペア）同士の健康状態を相互に確認することを目的としたバディシステムは非常に有効である。2人1組で手をつなぎ，教師の「バディ！」の号令時，「オー！」という大きな掛け声とともにつないだ手を掲げ，その後，順に番号を伝えていきながら手を下ろしていく方法が一般的である。これを入水前後や入水中に行うことで，溺水などによる欠員や体調不良者がいないかを迅速に把握することが可能となる。また，ペア同士の教え合い学習などに活用できることもバディシステムの大きな利点である。

2 グループの編成方法

　個々の技能差がきわめて大きい水泳授業において，いかにしてすべての児童たちに学習成果を保証するか。これは水泳運動系の授業計画を立案する際に教師が直面する典型的な課題であろう。オーソドックスな学習形態として，泳力別でグループ分けし，各々のグループで学習を展開する班別学習があげられるが，この方法は学習者個々の技能レベルに応じた目標を設定できるメリットがある反面，運動が苦手な児童に劣等感を抱かせるリスクをはらむことも理解しておかなければならない。さらに，このような等質集団で授業を進める場合，とくに技能下位のグループにおいては教え合いなどの児童同士のかかわり合いの機会を創出しにくくなる可能性もある。資質・能力を全面的に伸ばしていくためには，泳力別の班別学習に固執せず，学習のねらいに応じたさまざまな学習形態をその都度設定していくことが大切であろう。

図10-1　タブレット端末の活用

　また，自身の感覚と実際の動きの様相にずれが生じやすいのも水泳運動系の一つの特徴である。例えば，平泳ぎで泳いでいる時に足首を曲げてキックの構えをしているつもりでも実際足首が伸びてしまっている場合などは往々にしてある。このような感覚と動きのずれを小さくしていくためには，タブレット端末などで撮影した映像を視聴しながら課題を探る学び（図10-1）や，グループ内で泳者と観察役をローテーションしながら即時的なフィードバックをやり取りする学びなどが有効である（図10-2）。

図10-2　ベルトコンベアチェック（見るポイントを仲間で分担して観察）

3 泳法の指導プログラムづくり

　泳法はキック，プル，呼吸動作等の連動（コンビネーション）によって成り立つ。泳法を指導する際には，それを構成する各動きを別々に高めることをねらいとした教材と全体の連動性を高めることをねらいとした教材を合理的に配列した指導プログラムが必要となる。

　例えば，あおり足[7]の矯正が大きな課題となる平泳ぎの指導においては，正しいキック動作習得のための教材の準備が肝心となるが，それを指導過程のどのタイミングで適用するかを吟味することも効果的な指導プログラムをつくるうえで非常に重要な手続きとなる。平泳ぎの場合，いくらキックの技能を高めても，コンビネーションが未熟な段階ではそれをうまく全体の動きに反映させられないことも多い。泳法という複雑な運動の達成を目標にする際には，"何を""どのような順序で"指導するとよいかを熟考し，教材を配列すべきであろう。

▷7　あおり足
膝を曲げた状態から足の甲で扇を描くように水をけるキック。平泳ぎでは認められない。

　表10-7はこのような視点で作成した平泳ぎの指導プログラムの一例である。最初にワンキックドル平（学校体育研究同志会，2012）のような1回のキッ

▷8 初歩的な平泳ぎの種類は多岐にわたるが、ここではあおり足気味のドルフィンキックと両手で円を描くように水をとらえる簡単なプルを組み合わせた泳ぎなどを想定している。

クと1回のプルを組み合わせた初歩的な平泳ぎでコンビネーションをつかませた後に正しいプルやキック習得のための教材を順次適用していく流れを意識している。

なお、この指導方法が唯一無二の方法ではない。単元時数を踏まえ目の前の児童の実態に応じた適切な教材を選定し配列することが重要である。

表10−7 平泳ぎの指導プログラムの例

順序	ねらい	用いる教材の例
STEP 1	コンビネーションの習得	・初歩的な平泳ぎ…あおり足気味のドルフィンキックと簡単なプル動作を組み合わせた簡単な平泳ぎで、手足の基本的な連動を促す4拍のリズム「キッ・クー・パッ・○」やゆったりとした平泳ぎの実現に向けた8拍のリズム「キッ・クー・のび・るー・ひら・いて・パッ・○」を意識する。
STEP 2	効率のよいプル・呼吸動作の習得	・立ちプル…床に足をつけて立ち、肩が水面下に位置するよう上体を前傾させた姿勢で円を描くように水をかく動きを反復することでプルの習得を図る。かき終わりに合わせて頭を上げ、呼吸する動作を組み合わせることで呼吸動作との連動を図ることもできる。
STEP 3	正しいキックの習得	・ぺんぎん歩き…つま先を上げ、かかとのみで歩くことで、足首を曲げる感覚を身につける。 ・ペアキック…2人組になり、サポート役はキック役の足を持ちながら、正しい動かし方になるよう矯正する。足首が曲がり、つま先が外を向き、足首・膝・おしりを結んだ線がW字になるように構えさせることが重要となる。なお、台の上などから骨盤が出るように構えることで、股関節の屈曲も可能となり、より泳いでいる時の動作に近づけることができる。 ・レーンロープキック…レーンロープを持ってキックすることで、身体が前方に飛び出る感覚、足で重い水を捉える感覚を味わえる。 ・ビート版キック…うつ伏せ状態でビート版を持ち、キックの推進力のみでゆったりと進む。ビート版の持ち方によって得られる浮力の大きさに差が出るため、ねらいや児童の技能レベルに応じて持つ位置を変えるとよい。
STEP 4	平泳ぎの習得	・平泳ぎ、伸びのある平泳ぎ…STEP 1のリズムを意識させながら、効率のよいプル、正しいキック、呼吸動作を連動させる。

Exercise

① 第1学年〜第2学年の水遊びの授業で習得させたい水中での基本的な動きを列挙し、それぞれの動きを身につけるための楽しい遊び（教材）を考えてみよう。

② 上半身に比べて下半身が沈みやすい理由を人体組織の比重の観点から説明しよう。また、浮き身を指導する際、上半身が水面に浮いてこない子どもに対して教師はどのようなアドバイスをすべきか考えてみよう。

③ クロールの呼吸動作の習得をねらいとする指導プログラムを考えよう。また、その際に子どもに意識させたいポイントを列挙してみよう。

📖 次への一冊

文部科学省『学校体育実技指導資料第4集　水泳指導の手引き（三訂版）』アイフィス，2014年。
　　小学校から高等学校までの水泳授業にかかわる理論，実践例，指導の要点，安全管理・指導などについて整理されており，水泳授業のいろはを学ぶうえで必携の一冊である。

浜上洋平「水泳運動系領域」岩田靖ほか編『初等体育授業づくり入門』大修館書店，2018年，118〜125ページ。
　　初等体育科の水泳運動系の教材づくりの視点について実践例とともに紹介されている。水泳運動系の理論と実践的な指導法を結びつけた深い理解を得るために本章とともに学ぶことを推奨したい。

浜上洋平「背泳ぎをはじめに教える学習指導過程」『体育科教育』64(7)，2016年，32〜35ページ。
　　呼吸動作の簡易さとクロールへの技能転移の観点から，小学校段階における背泳ぎの学習可能性についてまとめられたものである。とくに第3学年〜第6学年の水泳運動系の授業づくりの際に参考にされたい。

浜上洋平「水泳だからこそできる『主体的・対話的で深い学び』を求めて」『体育科教育』65(8)，2017年，20〜23ページ。
　　学校体育としての水泳運動系領域のあり方や主体的・対話的で深い学びを水泳運動系の授業に導入する際のグループ編成方法およびその教材例について紹介されている。

引用・参考文献

学校体育研究同志会編『新学校体育叢書　水泳の授業』創文企画，2012年，64〜65ページ。

浜上洋平「水泳だからこそできる『主体的・対話的で深い学び』を求めて」『体育科教育』65(8)，2017年，20〜23ページ。

文部科学省『小学校学習指導要領（平成29年告示）解説体育編』東洋館出版社，2018年。

第11章
初等体育科教育の実践⑤
―― ボール運動系（ゴール型）――

〈この章のポイント〉

　本章では，まず，ゴール型の新学習指導要領上の位置づけについて解説する。また，小学校から中学校にかけての資質・能力に対応した指導内容の系統性を確認する。加えて，ゴール型の授業計画段階では，単元および評価計画のなかで指導内容の明確化と単元の各時間への指導内容や評価規準の配当の工夫が必要であることなどを解説する。さらに，「ボール操作」と「ボールを持たないときの動き」の指導内容を明確にした簡易化されたゲームなどの教材，教具，学習カードなどの工夫の仕方について，第5学年のゴール型サッカーの授業例をもとに解説していく。

1　ゴール型の新学習指導要領における位置づけ

1　ゴール型の目標

　新学習指導要領（以下，要領）および新学習指導要領解説体育編（以下，解説）では，ボール運動系の領域について，種目固有の技能ではなく，攻防の特徴や「型」に共通する動きや技能を中学校以降も見通して系統的に身につけていくという視点から，ゴール型，ネット型，ベースボール型という型ベースで指導内容が構成されている。なお，第1学年～第2学年のゲーム領域については，型ベースでの構成ではなく，「ボールゲーム」と「鬼遊び」から構成されている。

　ゴール型（ゲーム）の「知識及び技能」に関する目標は，要領や解説に示されている指導内容を児童が身につけることにある。したがって，要領および解説を参照すると，第3学年～第4学年では「その行い方を知るとともに，基本的なボール操作とボールを持たないときの動きによって，コート内で攻守入り交じって，ボールを手や足でシュートしたり，空いている場所に素早く動いたりする易しいゲーム及び陣地を取り合って得点ゾーンに走り込むなどの易しいゲーム」（文部科学省，2018，97ページ），第5学年～第6学年では「その行い方を理解するとともに，投げる，受ける，蹴る，止める，運ぶ，手渡すといったボール操作とボール保持者からボールを受けることのできる場所に動くなどの

▷1　第1学年～第2学年のゲーム領域

　第1学年～第2学年のゲーム領域においても，ゴール型に発展するゲームの指導が必要になる。具体的には，「その行い方を知るとともに，簡単なボール操作と簡単な攻めや守りの動きなどのボールを持たないときの動きによって，コート内で攻守入り交じって，的やゴールに向かってボールを投げたり蹴ったりする簡単な規則で行われる易しいゲーム（ゴール型ゲームに発展）」（文部科学省，2018，58ページ）を行うことが求められている。

ボールを持たないときの動きによって，攻撃側にとって易しい状況の中でチームの作戦に基づいた位置取りをするなどの攻守入り交じった簡易化されたゲームや陣地を取り合う簡易化されたゲーム」（文部科学省，2018，141ページ）をそれぞれ行い，その動きをできるようにすることが求められている。

次に，「思考力，判断力，表現力等」については，第3学年～第4学年では「規則を工夫したり，ゲームの型に応じた簡単な作戦を選んだりするとともに，考えたことを友達に伝えること」（文部科学省，2018，99ページ），第5学年～第6学年では「ルールを工夫したり，自己やチームの特徴に応じた作戦を選んだりするとともに，自己や仲間の考えたことを他者に伝えること」（文部科学省，2018，143ページ）をそれぞれできるようにすることが目標となる。

最後に，「学びに向かう力，人間性等」については，第3学年～第4学年では「運動に進んで取り組み，規則を守り誰とでも仲よく運動をしたり，勝敗を受け入れたり，友達の考えを認めたり，場や用具の安全に気を付けたりすること」（文部科学省，2018，100ページ），第5学年～第6学年では「運動に積極的に取り組み，ルールを守り助け合って運動をしたり，勝敗を受け入れたり，仲間の考えや取組を認めたり，場や用具の安全に気を配ったりすること」（文部科学省，2018，144ページ）をそれぞれできるようにすることが目標となる。

2 ゴール型の特性

ゴール型（ゲーム）は，コート内で攻守が入り交じり，ドリブル・パス・キープなどのボール操作と，得点しやすい場所へ移動する，ボール保持者とゴールの間に体を入れて守備をするなどのボールを持たないときの動きによって攻防を展開しながら，相手ゴールにシュートしたり，陣地を取り合って，一定時間内に得点を競い合うという特性がある（文部科学省，2018，31ページ）。したがって，ゴール型（ゲーム）の指導では，上記のような特性を踏まえた教材の工夫等の授業計画が求められることになる。

2　ゴール型の指導内容

1　「知識及び技能」の指導内容

「知識及び技能」における技能に関する指導内容について，解説に例示されている内容を区分した系統を表11-1に示す。小学校第3学年～第4学年から中学校第1学年～第2学年までの技能に関する指導内容は，一貫して「ボール操作」と「ボールを持たないときの動き」から構成されている。

小学校第3学年～第4学年では，「基本的なボール操作とボールを持たない

第Ⅱ部　個別内容領域の授業をつくる

表11-1　「知識及び技能」の指導内容の系統表

	第1学年～第2学年	第3学年～第4学年	第5学年～第6学年	中学校
ボール操作	・ねらったところに緩やかにボールを転がす，投げる，蹴る，的に当てる，得点する ・相手コートに緩やかにボールを投げ入れたり，捕ったりする ・ボールを捕ったり止めたりする	・味方へのボールの手渡し，パス，シュート，ゴールへのボールの持ち込み	・近くにいるフリーの味方へのパス ・相手に取られない位置でのドリブル ・パスを受けてのシュート	・ゴール方向に守備者がいない位置でのシュート ・マークされていない味方へのパス ・得点しやすい空間にいる味方へのパス ・パスやドリブルなどでのボールキープ
ボールを持たないときの動き	・ボールが飛んだり，転がったりしてくるコースへの移動 ・ボールを操作できる位置への移動	・ボール保持時に体をゴールに向ける ・ボール保持者と自分の間に守備者がいないように移動	・ボール保持者と自分の間に守備者が入らない位置への移動 ・得点しやすい場所への移動 ・ボール保持者とゴールの間に体を入れた守備	・ボールとゴールが同時に見える場所での位置取り ・パスを受けるために，ゴール前の空いている場所への移動 ・ボールを持っている相手のマーク

出所：文部科学省（2018, 178ページ）をもとに作成。

　ときの動きによって，易しいゲームをすること」（文部科学省，2018, 96ページ）が求められている。「易しいゲーム」とは，「ゲームを児童の発達の段階を踏まえて，基本的なボール操作で行え，プレイヤーの人数（プレイヤーの人数を少なくしたり，攻める側のプレイヤーの人数が守る側のプレイヤーの人数を上回るようにしたりすること），コートの広さ（奥行きや横幅など），ネットの高さ，塁間の距離，プレイ上の緩和や制限（攻める側のプレイ空間，触球方法の緩和や守る側のプレイ空間，身体接触の回避，触球方法の制限など），ボールその他の運動用具や設備などを修正し，児童が取り組みやすいように工夫したゲーム」（文部科学省，2018, 96～97ページ）のことである。

　他方で，第5学年～第6学年では，「ボール操作とボールを持たないときの動きによって，簡易化されたゲームをすること」（文部科学省，2018, 140ページ）が求められている。「簡易化されたゲーム」とは，「ルールや形式が一般化されたゲームを児童の発達の段階を踏まえ，実態に応じたボール操作で行うことができ，プレイヤーの人数（プレイヤーの人数を少なくしたり，攻撃側のプレイヤーの人数が守備側のプレイヤーの人数を上回るようにしたりすること），コートの広さ（奥行きや横幅など），ネットの高さ，塁間の距離，プレイ上の制限（攻撃や守備のプレイ空間，触球方法など），ボールその他の運動用具や設備など修正し，児童が取り組みやすいように工夫したゲーム」（文部科学省，2018, 140～141ページ）のことである。

　易しいゲームや簡易化されたゲームでは，ボール操作やボールを持たないと

きの動きをいつ，どのように発揮するかを適切に判断することが大切になる（文部科学省，2018，31ページ）。したがって，ボール操作やボールを持たないときの動きについては，ゲームから切り離された形で指導するのではなく，易しいゲームや簡易化されたゲームのなかで解決すべき課題と関連させながら指導していく必要がある。

なお，第3学年〜第4学年では，味方チームと相手チームが入り交じって得点を取り合うゲームおよび陣地を取り合うゲームを取り扱うこととなっている。一方で，第5学年〜第6学年では，バスケットボールおよびサッカーを主として取り扱うものとするが，これらに替えてハンドボール，タグラグビー，フラッグフットボールなどのその他のボール運動を指導することもできることが内容の取り扱いで示されている（文部科学省，2018，158ページ）。

「知識及び技能」に関する知識については，運動の基本的な技能の習得や仲間とのかかわり合いなどをしやすくするという点から，運動の行い方についての指導内容が明記されている（文部科学省，2018，113ページ）。

▷2 高橋（2010，152ページ）は，ボール運動における攻守入り乱れ系について，サッカー，バスケットボール，ハンドボールなどの「ゴール型」と，フラッグフットボール，タグラグビーなどの「陣取り型」に区分している。2017年改訂の要領では，第3学年〜第4学年段階のゴール型において，この両方のタイプのゲームを取り扱うこととなった。

2 「思考力，判断力，表現力等」「学びに向かう力，人間性等」の指導内容

次に，表11-2および表11-3には，「思考力，判断力，表現力等」「学びに向かう力，人間性等」に関する指導内容の系統をそれぞれ示している。この二つの観点については，型に関係なく，ゲームおよびボール運動領域に共通して求められる指導内容が明記されている。

「思考力，判断力，表現力等」では，子どもたちで決める規則や公的な競技のルールの工夫と同時に，攻め方や作戦を選択すること，考えたことを友達や他者に伝えることができるように指導内容が示されている。また，「考えたことを友達に伝える」などといった表現力に関する指導内容が明確に示されている。したがって，「思考力，判断力，表現力等」の育成の点からも，主体的・対話的で深い学びの実現が求められることになる。なお，旧要領の思考・判断の指導内容に示されていた知識の記述は，新学習指導要領において「知識及び技能」の指導内容として引き取られている。

表11-2 「思考力，判断力，表現力等」の指導内容の系統表

第1学年〜第2学年	第3学年〜第4学年	第5学年〜第6学年	中学校第1学年〜第2学年
簡単な規則を工夫したり，攻め方を選んだりするとともに，考えたことを友達に伝える	規則を工夫したり，ゲームの型に応じた簡単な作戦を選んだりするとともに，考えたことを友達に伝える	ルールを工夫したり，自己やチームの特徴に応じた作戦を選んだりするとともに，自己や仲間の考えたことを他者に伝える	攻防などの自己の課題を発見し，合理的な解決に向けて運動の取り組み方を工夫するとともに，自己や仲間の考えたことを他者に伝える

出所：文部科学省（2018，182〜183ページ）をもとに作成。

第Ⅱ部　個別内容領域の授業をつくる

表11-3　「学びに向かう力，人間性等」の指導内容の系統表

第1学年～第2学年	第3学年～第4学年	第5学年～第6学年	中学校第1学年～第2学年
・運動遊びに進んで取り組む ・規則を守り誰とでも仲よく運動をする ・勝敗を受け入れる ・場や用具の安全に気を付ける	・運動に進んで取り組む ・規則を守り誰とでも仲よく運動をする ・勝敗を受け入れる ・友達の考えを認める ・場や用具の安全に気を付ける	・運動に積極的に取り組む ・ルールを守り助け合って運動をする ・勝敗を受け入れる ・仲間の考えや取組を認める ・場や用具の安全に気を配る	・球技に積極的に取り組む ・フェアなプレイを守ろうとする ・作戦などについての話合いに参加しようとする ・一人一人の違いに応じたプレイなどを認めようとする ・仲間の学習を援助しようとする ・健康・安全に気を配る

出所：文部科学省（2018，184～185ページ）をもとに作成。

「学びに向かう力，人間性等」では，公正，協力，責任，参画，共生および健康・安全に関する具体的な指導内容が示されている。なお，「友達の考えを認める」などといった「共生」の視点が新たに明記されている。

▷3　共　生
新学習指導要領では，「豊かなスポーツライフの実現を重視し，スポーツとの多様な関わり方を楽しむことができるようにする観点から，体力や技能の程度，年齢や性別及び障害の有無等にかかわらず，運動やスポーツの多様な楽しみ方や関わり方を共有することができるよう，共生の視点を踏まえて指導内容」（文部科学省，2018，11ページ）が示されている。ここからは，体育科・保健体育科では，共生社会の実現に積極的に貢献しようという意図が見てとれる（文部科学省，2018）。

3　ゴール型の指導計画と評価

1　単元の指導と評価の計画例

以下では，資質・能力の三つの柱をバランスよく確実に保証していく観点から，主体的・対話的で深い学びを実現するためのボール運動系（ゴール型）の指導と評価について，小学校第5学年の児童を想定したゴール型サッカーの単元および評価計画，本時案をもとに解説していく。

まず，単元の目標を以下のように設定した。

> (1)ゴール型サッカーでは，簡易化されたゲームの行い方を理解するとともに，ボール操作とボールを持たないときの動きによって，攻防をすることができるようにする。
> 【知識及び技能】
> (2)ルールを工夫したり，自己やチームの特徴に応じた作戦を選んだりするとともに，自己や仲間の考えたことを他者に伝えることができるようにする。
> 【思考力，判断力，表現力等】
> (3)運動に積極的に取り組み，ルールを守り助け合って運動をしたり，勝敗を受け入れたり，仲間の考えや取組を認めたり，場や用具の安全に気を配ったりすることができるようにする。
> 【学びに向かう力，人間性等】

単元の目標を設定する際には，「知識及び技能」「思考力，判断力，表現力等」「学びに向かう力，人間性等」におけるそれぞれの要領の内容を参考にすると齟齬がなく設定することができる。

表11-4には，学習活動に即した評価規準の例を示している。学習活動に即した評価規準を設定する際には，解説における「知識及び技能」「思考力，判断力，表現力等」「学びに向かう力，人間性等」それぞれの例示を参考にするとよい。ここでは，単元時数を踏まえ，「知識及び技能」において二つ，「思考力，判断力，表現力等」において二つ，「学びに向かう力，人間性等」において二つ，それぞれ学習活動に即した評価規準を設定している。

続いて，表11-5には単元および評価計画の例を示している。ゴール型の単元時数としては，8〜10時間程度を設定した（文部科学省，2014）。

ここでは，8時間で単元を構成し，単元序盤の1，2時間目をオリエンテーションに設定している。オリエンテーションは，1時間で完結するケースもあるが，2時間設定することで，単元の約束事の確認，ゲームの行い方等の学び方について十分に学習することが可能となり，その後の単元進行において，マネジメントやインストラクションの時間が削減され，運動学習に十分な時間を配当することができる。また，単元序盤では簡易化されたゲームを工夫して試しのゲームとして実施するように計画している。ここでは，ゲームのなかで，「ボール保持者と自己の間に守備者が入らないように移動すること」「得点しやすい場所に移動し，パスを受けてシュートなどをすること」という解決すべき課題が明確になるようなコートやルール等の工夫をしている。課題が明確な簡易化されたゲームのなかで，発問を通して児童から課題を導き出し，単元を通して，課題解決に向けてチームで主体的・対話的で深い学びが実現できるようにすることが重要である。

単元中盤以降では，3〜5時間目，6〜8時間目をそれぞれ3時間のまとまりで構成している。また，3〜5時間目では，学習活動に即した評価規準の「技①」，6〜8時間目では，「技②」を主な指導内容として設定した。このように，単元で中核となる技能の指導内容を3時間程度のまとまりのなかで学習できるように単元を構成することで，運動が嫌い・苦手な児童にとっては，無理なく確実に指導内容を習得していくことができる。また，試行錯誤を繰り返し，仲間や教師との対話を通して深い学びにつなげるためにも，指導内容を絞り込み，単元のなかで複数時間のまとまりをもたせて指導にあたることが必要

▷4 解説の指導内容のすべての例示を学習活動に即した評価規準に組み入れることは避けるべきである。その理由は，一つの限られた時間数における単元では，解説に例示されているすべての例示の内容を指導し，評価することは現実的に困難だからである。

▷5 高橋（2003）は，体育授業の場面を「マネジメント」「学習指導（インストラクション）」「運動学習」「認知学習」の四つに区分している。また，高橋は，運動学習が中心になる単元のなかの授業では，運動学習が十分に確保され，マネジメントやインストラクションは少なくなる方が望ましいと指摘している。

表11-4 学習活動に即した評価規準の例

運動への関心・意欲・態度	運動についての思考・判断	運動の技能
①ゲームを行う場の設定や用具の片付けなどで，分担された役割を果たそうとしている。②ゲームや練習の中で互いの動きを見合ったり，話し合ったりする際に，仲間の考えや取組を認めようとしている。	①チームの特徴に応じた作戦を選び，自己の役割を確認している。②課題の解決のために自己や仲間の考えたことを他者に伝えている。	①ボール保持者と自己の間に守備者が入らないように移動することができる。②得点しやすい場所に移動して，パスを受けてシュートをすることができる。

第Ⅱ部　個別内容領域の授業をつくる

表11-5　「第5学年ゴール型サッカー」の指導と評価の計画

	時間	1	2	3	4	5	⑥	7	8
学習過程	0	オリエンテーション 1．チームの決定とチーム内における役割の確認 2．単元における学習の進め方の確認 3．簡易化されたゲーム（4対4中央フリースペースゲーム）の実施と理解 4．ゲームで求められる課題の確認		1．ウォーミングアップ，スキルアップタイム（2人組対面パスゲーム，チームごとによるスルーパスからのシュートゲーム）					
	10			2．主な指導内容の確認「ボール保持者と自己の間に守備者が入らないように移動しよう」			2．主な指導内容の確認「得点しやすい場所に移動して，パスを受けてシュートをしよう」		
	20			3．チームごとによる2対1のパスゲーム			3．簡易化されたゲーム（4対4）における半面のコートを使用したチームごとによる3対2の攻守交替ゲームの実施（3分×3セット）		
	30								
	40			4．簡易化されたゲーム（4対4）の実施『リーグⅠ』（各時間4分×2ゲーム）			4．簡易化されたゲーム（4対4）の実施『リーグⅡ』（各時間4分×2ゲーム）→リーグⅠからのルール変更の可能性もあり		
	45	5．本時のまとめ，次時の課題確認，片付け，整理運動，学習カードの記入，チームごとの反省等							
評価計画	態	① （観察・学習カード）	① （観察・学習カード）		② （観察・学習カード）			② （観察・学習カード）	
	思・判				② （観察・学習カード）		① （観察・学習カード）	② （観察・学習カード）	① （観察・学習カード）
	技			① （観察）		① （観察）	② （観察）		② （観察）

注：丸数字は学習活動に即した評価規準，括弧内は評価方法を示す。

になる。さらに，教師にとっては，指導内容を厳選し，その内容に複数時間をあてることで指導と評価の一体化を確実に実施することができる。

評価計画では，1単位時間内に，あまりにも多くの評価規準を設定することは避けるべきである。また，評価方法については，観察と学習カードを併用することで，評価の信頼性，妥当性を確保していくことも必要になる。

2　本時案の例

以下では，上記の単元および評価計画における8時間中の6時間目の本時案の例を示していく。本時（単元6時間目）の目標として，以下の2点を設定した。

> ・得点しやすい場所に移動して，パスを受けてシュートをすることができるようにする。
> 【知識及び技能】
> ・チームの特徴に応じた作戦を選び，自己の役割を確認できるようにする。
> 【思考力，判断力，表現力等】

上記の本時の目標は，表11-5に示した評価計画における単元6時間目の評価項目である「技②」と「思・判①」の内容である。つまり，目標に準拠した

評価の視点から，本時（6時間目）で評価する内容である「技②」と「思・判①」（表11-4を参照）が本時の目標に設定されることになる。

表11-6に示したように，授業は，チームごとに指定された場所で毎時間実施するウォーミングアップとスキルアップタイムからスタートする。教師の指示で動くのではなく，授業の導入から各チームで学習を主体的に進めることは，その後の運動学習の時間を十分に確保することにつながる。このためには，単元前半のオリエンテーションにおいて，授業導入における学習の約束事を確実に指導し，各チームにおける行動をルーティン化しておく必要がある。なお，「基本的な技能が未熟な段階では，1単位時間のはじめに技能の習得を重視した時間を設定」（文部科学省，2010，15ページ）することが必要であるため，本授業例においても，単元を通して，ドリブルや2人組対面パスなどのボール操作技能にかかわるスキルアップタイムを設定している。

表11-6　本時の展開

段階	時間	学習内容・活動	○教師の指導・支援　◆評価規準および方法
はじめ 13分	10分	1. ウォーミングアップ＆スキルアップタイム ①ドリブル走（校庭1周） ②準備運動（各チーム） ③2人組対面パスゲーム（40秒×2セット） ④チームごとによるパスからシュート（左右走り込んでシュートを2分ずつ）	○各チーム，トレーナー係を中心として，ストレッチやボール慣れを丁寧に且つ，正確に行うよう助言する。 ○練習開始の前に，技術的ポイントの確認をする。 ○用具係を中心に準備，移動等を速やかに行うよう指示する。
	3分	2. 本時のねらいの確認 ①ゴール前ゾーンに移動してシュートをしよう。 ②作戦を工夫して，ゲームに活かそう。	○前時の学習を振り返りながら，発問をして，本時のねらいを引き出していく。学習内容の説明の際，①については，デモンストレーションをし，本時の100点プレーを視覚的に確認する。
なか 25分	12分	3. 3対2アウトナンバーゲーム ・6人1組（チームごと）で行う。 ・メインゲームで使用するコートの半分で，各チーム実施する。	○練習実施の際は，本時の学習内容である得点しやすい場所に移動して，パスを受けてシュートをする動きを意識させる。
	13分	4. 簡易化されたゲーム（4対4，図11-1参照）の実施（4分×2ゲーム） ・試合前にリーダーやアナリストを中心にチームごとによる作戦会議を行い，自己のチームに合った作戦を選ぶ。 ・ゲームに出場していない児童は，得点や審判の役割を担う。 ・1ゲーム目が終了したら，2ゲーム目に向けて再度，リーダーやアナリストを中心にチームごとによる作戦会議を行う。	○いくつかの作戦が記載された資料を各チームに配布し，作戦の選択を促していく。また，作戦ボードを使用して話し合いを進めるよう指示する。その際，対話的な学びが停滞しているチームには，発問を通して，チームの課題が焦点化できるよう支援する。 ○本時のねらいに即して，肯定あるいは矯正且つ具体的な言葉がけを各チームあるいは個別に行っていく。 ○時間を区切って全員が試合に出場できるようにする。 ◆得点しやすい場所に移動して，パスを受けてシュートをすることができる。【技②】（観察）

第Ⅱ部　個別内容領域の授業をつくる

まとめ7分	7分	5．整理運動，学習カード記入，本時のまとめ，次時の課題の確認等 ・本時のゲームでチームが遂行した作戦とそこでの自己の役割について，個々人で学習カードを記入する。	○学習カードを本時の思考力，判断力，表現力等のねらいに即して記入するよう指導する。また，作戦の話し合いのなかで聞いた仲間の言葉も参考に記入するように助言する。 ○数名に学習カードの記述内容を発表してもらい，本時のねらいに即して振り返りを深めていく。 ◆チームの特徴に応じた作戦を選び，自己の役割を確認している。【思・判①】（観察・学習カード）

　図11-1には，授業の後半に実施する簡易化された4対4のゲーム図と概要を示している。ここでは，本授業の「知識及び技能」の目標である「得点しやすい場所に移動して，パスを受けてシュートをする」ことを確実に達成するために，攻撃側にゴール前ゾーンを設定し，ここからシュートをしてゴールすれば2点というルールを設定した。また，このゲームでは，攻撃側半面の中央にディフェンスが入れないフリーゾーンを設定したうえで，各チーム1名配置し，ここから守備者に邪魔されずに，ゴール前にパスを出すことを可能にしている。これは，中央のフリーゾーンにいる広い角度と視野を確保したボール保持者が守備者に邪魔されることなくプレイできることで，ボール非保持者のゴール前へのボールを持たないときの動きの指導内容習得を促すことを意図している。

　本授業では，作戦を選んで自己の役割を確認するという「思考力，判断力，表現力等」の目標も設定されている。しかし，小学校第5学年段階では，作戦を工夫するためのヒントがなければ，作戦に関する対話的な学びがスムーズに展開されない可能性がある。そのため，中央のフリーゾーンを生かした作戦例が記載された資料を各チームに配布し，その資料をもとにした対話的な学びを促すことで，作戦に関する学習を深めていくことができるように計画している。

　授業の最後には，本時の目標に即した振り返りの学習場面が設定されている。ここでは，チーム内での作戦面の振り返り，個々人での学習カードの記入，教師からの本時のプレイや作戦についての価値づけなどを通して，深い学びを実現していく。なお，タブレットなどのICTを活用できるのであれば，撮影されたゲーム映像をもとに視覚的に確認しながら対話的な学びを進めることで，より深い振り返りをすることができる。

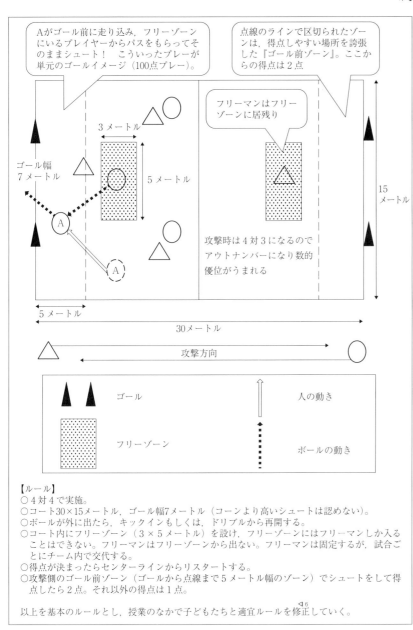

図11-1 ゴール型サッカー授業における簡易化されたゲーム（4対4）の例

▷6 ゴール型では、「思考力、判断力、表現力等」における指導内容の例示として、ルールを工夫することが示されている。ルールを工夫する際は、プレイヤーの人数、コートの広さ、プレイの制限、得点の仕方などについて教師が提示し、児童間の合意のもとに、選択できるようにしていく必要がある。また、児童が仲間同士で規則やルールを工夫する際、ゲームの特性が損なわれるような規則やルールにならないように工夫内容を教師が確認して指導・支援する必要がある（文部科学省, 2010）。

4 ゴール型の学習指導の工夫

第3節に示した授業例に加えて、以下では、ゴール型の学習指導におけるチームの編成方法、教具の工夫例、学習カード例について解説していく。

まず、ゴール型におけるチーム編成では、教師が児童の技能差、体力差を考慮して予め決めておく方法がある。あるいは、児童との信頼関係が築けている

第Ⅱ部　個別内容領域の授業をつくる

▷7　スポーツ教育モデルの特性の一つである「チームへの所属」という視点（シーデントップ，2003）でもあり，単元を通したさまざまな課題解決を繰り返すなかで，成熟したチームを目指し，仲間との豊かなかかわり合いを促すことにつながる。

▷8　きょうだいチーム制の利点は，きょうだいチーム内で課題を共有し，解決していく際のかかわり合いが豊かになるとともに，一つのチームのなかで欠席者が複数人になり人数が足りなくなった際，きょうだいチーム内でメンバーを入れ替えることができる点にある。

▷9　具体的なボールの重さについては，第3学年～第4学年では，3号球の250〜300グラム程度の重さのあるボール，第5学年～第6学年では，350〜400グラム程度のフットサルボールを使用するとよい。重さのあるボールを空気を抜いた状態で活用すれば，さらに浮きにくく，弾みにくくなり，児童にとってボール・コントロールが易しくなる。

　ことを前提として，まず各チームのリーダーを決め，その後，リーダーと教師で話し合ってチームを編成していく方法もある。いずれにせよ，ゴール型では，単元を通して同じメンバーで学習を進めていく必要がある。また，大きいチームのなかに小さいチームを二つ編成する「きょうだいチーム」制も有効である。例えば，1チーム4〜5人の全8チームであれば，2チームずつのきょうだいチームを4チーム編成し，課題練習などは，そのきょうだいチーム内で練習を実施する。さらに，リーグ戦の際は，それぞれの小さいチームごとに試合をし，きょうだいチームで得失点や勝ち点を合計していくという方法である。

　ゴール型では，ボールの工夫がボール操作やボールを持たないときの動きに関する学習成果に大きく影響する。そのため，例えば，前節で示したゴール型サッカータイプのゲームでの教具の工夫としては，重いボールを活用するという工夫がある。軽量のボールに比べて多少の重さのあるボールは，児童の蹴る・止める動きの習得を促す（須甲，2017）。蹴る動作については，重さがあることによって，浮き球になりにくくなる。また，止める動作についても，重いボールは，児童の足元へボールをおさめやすくなるという効果が期待できる。

　最後に，学習カードの工夫について解説していく。図11-2は，前節のゴール型サッカーの授業で使用される学習カードの一部である。授業の導入で実施されるスキルアップタイムの記録を毎時間保持することは，スポーツ教育モデルの特性の一つとして提案されており（シーデントップ，2003），記録の伸びを見える化し，実感できるようにすることで，児童の運動有能感の向上につなげることができる。また，図11-3においても，前節のゴール型サッカー授業における学習カードの一部を示す。先の本時案の例を見ると，単元6時間目における思考・判断の評価規準は，「チームの特徴に応じた作戦を選び，自己の役割を確認する」ことである。したがって，図11-3の学習カード例では，6時間目の評価規準に対応して，学習カードに記述させる内容を焦点化させている。このような学習カード作成上の工夫は，学習カードをもとに教師が児童の学習成果を正確に評価するうえで必要不可欠になる。

　これまで見てきたように，ゴール型の学習指導では，児童の学習成果を保証

スキルアップタイムの記録									
		例	2時間目	3時間目	4時間目	5時間目	6時間目	7時間目	8時間目
2人組対面パスゲーム合計回数		29							
シュートゲームの得点数	右から走り込んでのシュート	6							
	左から走り込んでのシュート	5							

図11-2　ゴール型における学習カードの一部の例①

6時間目
〈チームでどのような作戦を選びましたか。また，その作戦のなかで，あなたはどのような動きをしましたか〉

図11-3　ゴール型における学習カードの一部の例②

するための多様な工夫が必要になる。このような工夫に加えて，教師の具体的かつ肯定的な言葉がけや励まし，発問などといった効果的な指導行動によって，ゴール型の確かな学習成果を生み出すことが可能になる。

Exercise

① 要領および解説を参考に，ゴール型の単元および評価計画，本時案を作成してみよう。
② ボール運動系（ゴール型）における第3学年～第4学年の易しいゲームと第5学年～第6学年の簡易化されたゲームについて，具体的な事例をあげて説明してみよう。
③ ボール運動系（ゴール型）授業において主体的・対話的で深い学びを実現するための手続きについて，具体的な事例をあげて説明してみよう。

📖次への一冊

高橋健夫・立木正・岡出美則・鈴木聡編著「新しいボールゲームの授業づくり」『体育科教育別冊』58(3)，2010年。
　　本書は，ボール運動系についての単元計画例や本時案をもとに解説された授業展開例，学習カード例などによって構成されており，豊富な図を用いながら詳細かつわかりやすく示された文献である。

岩田靖『ボール運動の教材を創る』大修館書店，2016年。
　　本書は，著者のこれまでの実践的な研究成果がわかりやすく，すぐに授業づくりに役立つように示されている。ボール運動系の授業を創造するための教材について理解を深めるうえで貴重な一冊となる。

文部科学省『学校体育実技指導資料第8集　ゲーム及びボール運動』東洋館出版社，2010年。
　　本書は，現行の解説をもとに作成されているが，ボール運動系授業における理論，学年に応じた指導の留意点などについては，新学習指導要領における授業づくりにも十分活用できる内容となっている。

文部科学省『教師用指導資料 小学校体育（運動領域）まるわかりハンドブック（低学

年，中学年，高学年）』アイフィス，2014年。

　本書は，低，中，高学年と三つのシリーズで刊行されている。2年間にわたる時間の配当例，具体的な指導内容，授業づくりの留意点，教材・教具の工夫例，教師の言葉がけの例などが，図や写真を用いながら，わかりやすく示されている。

引用・参考文献

文部科学省『学校体育実技指導資料第8集　ゲーム及びボール運動』東洋館出版社，2010年。

文部科学省『教師用指導資料 小学校体育（運動領域）まるわかりハンドブック 高学年』アイフィス，2014年。

文部科学省『小学校学習指導要領（平成29年告示）解説体育編』東洋館出版社，2018年。

シーデントップ，D.，高橋健夫監訳『新しい体育授業の創造——スポーツ教育の実践モデル』大修館書店，2003年。

須甲理生「『蹴る―止める』動きを低学年で」『体育科教育』65(2)，2017年，34〜37ページ。

高橋健夫『体育授業を観察評価する——授業改善のためのオーセンティック・アセスメント』明和図書，2003年。

高橋健夫「新しいボールゲームの授業づくり——学習内容の確かな習得を保証し，もっと楽しいボールゲームの授業を実現するために」『体育科教育別冊』58(3)，2010年，151〜157ページ。

第12章
初等体育科教育の実践⑥
──ボール運動系（ネット型）──

〈この章のポイント〉
　本章では，ネット型についての基本的な考え方や特性，観点ごとの具体的な指導内容について解説していく。さらに，ネット型の授業設計について，その基本的な考え方や児童の実態に応じた指導と評価の計画の仕方，とくに，優れた先行実践例を知り，授業づくりにおける多様な工夫の仕方について解説する。

1　ネット型の新学習指導要領における位置づけ

1　ネット型の目標

　ネット型とは，ネットで区切られたコートのなかで「ボール操作」と「ボールを持たないときの動き」によって攻防を組み立てたり，相手コートに向かって片手，両手もしくは用具を使ってボールなどを返球したりして，一定の得点に早く達することを競い合うゲームのことである（文部科学省，2018）。したがって，ゲームの行い方を理解させたり，サービス・パス・返球などのボール操作や空間・ボールの落下点などに走りこむなどの攻防のための技能を習得させたりすることが重要である。とくにゲーム中にこれらの技能をいつ，どのように行うか適切に判断できるようにすることが大切になる。
　2017年に公表された新学習指導要領では，第1学年～第2学年については，型による枠組みではなく，ボール運動系全般に対応した目標が示されている（以下ではすべてネット型として表記する）。▷1

　小学校段階におけるネット型の目標は，(1)ゲームの行い方を理解させたり，ゲームができるようにすること（「知識及び技能」），(2)規則やルールを工夫したり，作戦を選んだり，考えたことを他者に伝えること（「思考力，判断力，表現力等」），(3)運動への取り組み，規則・ルールを守ること，協力的に運動すること，勝敗を受け入れること，他者の考えを認めること，安全に気をつけること（「学びに向かう力，人間性等」）で構成される。
　例えば「思考力，判断力，表現力等」における作戦に関する目標が，第1学

▷1　低学年におけるゲーム領域はネット型に対応する枠組みでの指導の内容が示されているわけではない。

年～第2学年では「攻め方を選ぶ」，第3学年～第4学年では「簡単な作戦を選ぶ」，第5学年～第6学年では「自己やチームの特徴に応じた作戦を選ぶ」，と示されているように，授業に臨む際には指導内容の系統を踏まえつつ児童の発達の段階や習熟状況に応じた目標を具体的に設定する必要がある。

2 ネット型の特性

　ネット型とはネットで区切られたコートのなかでボール操作とボールを持たないときの動きによって攻防を組み立てながらチーム間で得点を競い合うゲームのことである。具体的にはバレーボール，卓球，テニス，バドミントンなどがネット型に相当し，限られたコート内を守り，相手に自陣コート内へ返球させないようにする競技と捉えることができる。ただし，バレーボールはチームでボールをつなぎながら相手コートへ送球する一方で，卓球，テニス，バドミントンは単発的にボールを送球し合う特性をもっているため，前者を攻守連携型，後者を攻守一体型と分けることもある。

　攻守連携型であれ，攻守一体型であれネット型は共通してラリーが続いたりスマッシュやアタックなどの強打により得点が決まったりする時に総じて児童は喜ぶことが多い。また相手コートの空いている空間にボールを返球したり，相手が捕りにくいボールをねらって返球したりして得点することができれば児童は大いにゲームの喜びを体験するであろう。

2　ネット型の指導内容

1　「知識及び技能」の指導内容

　表12-1は小学校の新学習指導要領解説体育編に示された「知識及び技能」の具体的な指導内容について，児童の発達段階別に整理したものである。参考のために中学校第1学年～第2学年の指導内容もあわせて示している。表12-1に示すとおり，ネット型における「知識及び技能」の指導内容はゴール型やベースボール型と同様にボール操作とボールを持たないときの動きに大別して示されている。

　ボール操作については，第1学年～第2学年の段階においては，ねらったところへ転がす，投げる，蹴る運動や捕る，止めるなどの運動が，第3学年～第4学年の段階では，はじく，打ちつける運動が，また第5学年～第6学年の段階ではそれまでの段階で習得した運動をベースに，相手コートへのサービス，味方が受けやすいボールのつなぎ，相手コートへの返球が位置づけられている。

　同様に，ボールを持たないときの動きについては，第1学年～第2学年の段

階においてボールのコースへ移動したり，操作できる位置へ移動したりすることが，第3学年～第4学年の段階ではあらかじめボールの方向に体を向け，落下点や操作しやすい位置へ移動することが，第5学年～第6学年の段階になるとそれまでの指導内容を素早く行うことが指導内容として位置づけられている。

表12-1 「知識及び技能」の指導内容の系統表

		第1学年～第2学年	第3学年～第4学年	第5学年～第6学年	中学校
ボールゲーム	ボール操作	◇ねらったところに緩やかにボールを転がす，投げる，蹴る，的に当てる，得点する ◇相手コートに緩やかにボールを投げ入れたり，捕ったりする ◇ボールを捕ったり止めたりする	◇いろいろな高さのボールを片手，両手もしくは用具などではじいたり，打ちつけたりする ◇相手コートから返球されたボールの片手，両手，用具での返球	◇自陣のコート（中央付近）から相手コートへのサービス ◇味方が受けやすいようにボールをつなぐ ◇片手，両手，用具を使っての相手コートへの返球	◇ボールやラケットの中心付近でのサービスのヒット ◇ボールを返す方向にラケット面を向けてのヒット ◇相手側のコートの空いた場所へのボールの返球 ◇味方が操作しやすい位置へのボールのつなぎ ◇テイクバックをとった肩より高い位置でのボールの打ち込み
	ボールを持たないときの動き	◆ボールが飛んだり，転がったりしてくるコースへの移動 ◆ボールを操作できる位置への移動	◆ボールの方向に体を向けること，もしくは，ボールの落下点や操作しやすい位置への移動	◆ボールの方向に体を向けることとボール方向への素早い移動	◆相手の打球に備えた準備姿勢 ◆プレイ開始時の定位置でのポジション取り ◆ボールを打ったり受けたりした後のボールや相手への正対
		ネット型ゲーム		ネット型	

出所：文部科学省（2018，178ページ）をもとに作成。

2 「思考力，判断力，表現力等」の指導内容

表12-2には，新学習指導要領解説体育編に示された「思考力，判断力，表現力等」の具体的な指導内容を整理して示している。表12-2に示すとおりネット型における「思考力，判断力，表現力等」の指導内容は，(1)ゲームにかかわる規則やルールを選ぶこと，(2)工夫した動きやよい動きを友達などに伝えることを軸に構成される。第3学年～第4学年の段階からはゲームを行ううえで作戦を選ぶという指導内容が加えられている。

規則やルールの選択に関しては，第1学年～第2学年の段階で楽しくゲームができる場や得点の方法などが，第3学年～第4学年の段階ではプレイヤーの人数や攻めやすい規則を選ばせることが，第5学年～第6学年の段階では攻守に応じて動くことができる範囲を設けるなどプレイを制限するためのルール選択が指導内容として位置づいている。

第Ⅱ部　個別内容領域の授業をつくる

表12-2　「思考力，判断力，表現力等」の指導内容の系統表

第1学年～第2学年	第3学年～第4学年	第5学年～第6学年	中学校第1学年～第2学年
簡単な規則を工夫したり，攻め方を選んだりするとともに，考えたことを友達に伝える	規則を工夫したり，ゲームの型に応じた簡単な作戦を選んだりするとともに，考えたことを友達に伝える	ルールを工夫したり，自己やチームの特徴に応じた作戦を選んだりするとともに，自己や仲間の考えたことを他者に伝える	攻防などの自己の課題を発見し，合理的な解決に向けて運動の取り組み方を工夫するとともに，自己や仲間の考えたことを他者に伝える

出所：文部科学省（2018, 182～183ページ）をもとに作成。

　　工夫した動きやよい動きの伝達については，第1学年～第2学年の段階で学習した運動における友達のよい動きを動作や言葉で友達に伝えることが，第3学年～第4学年の段階では同様に工夫した点を動作や言葉，絵図などを使って友達に伝えることが，第5学年～第6学年の段階では自己や仲間が行った動き方の工夫を，動作，言葉，絵図に加えICT機器による動画などで伝えることが指導内容として位置づいている。

　　第3学年から指導内容として位置づいている作戦に関しては，第3学年～第4学年の段階でボールを持っている人とボールを持っていない人の役割を踏まえた作戦を選ぶことが，第5学年～第6学年の段階ではチームの特徴に応じた作戦を選ぶことが位置づけられている。

3　「学びに向かう力，人間性等」の指導内容

　　表12-3には，「学びに向かう力，人間性等」として示された指導内容を示している。「学びに向かう力，人間性等」の内容は，従前の態度の指導内容に対応しており，表12-3に示すとおりゲームへの取り組み，協力的態度，公正的態度，安全に留意する態度を軸に構成されている。加えて新学習指導要領では友達や仲間の考えや取り組みを認めるなどの共生的な態度が新たに位置づけられている。

　　また，表12-3に示された指導内容について発達の段階別の違いを見ると，「知識及び技能」や「思考力，判断力，表現力等」の内容が2学年ごとのまとまりで示されているのに対し，準備や片付けを一緒にすることなどが第1学年～第4学年で，また，ゲームの勝敗を受け入れるなどがすべての発達の段階において示されているように，総じて長いスパンで指導内容が位置づけられている。

表12-3 「学びに向かう力,人間性等」の指導内容の系統表

第1学年～第2学年	第3学年～第4学年	第5学年～第6学年	中学校第1学年～第2学年
・運動遊びに進んで取り組む ・規則を守り誰とでも仲よく運動をする ・勝敗を受け入れる ・場や用具の安全に気を付ける	・運動に進んで取り組む ・規則を守り誰とでも仲よく運動をする ・勝敗を受け入れる ・友達の考えを認める ・場や用具の安全に気を付ける	・運動に積極的に取り組む ・ルールを守り助け合って運動をする ・勝敗を受け入れる ・仲間の考えや取組を認める ・場や用具の安全に気を配る	・球技に積極的に取り組む ・フェアなプレイを守ろうとする ・作戦などについての話合いに参加しようとする ・一人一人の違いに応じたプレイなどを認めようとする ・仲間の学習を援助しようとする ・健康・安全に気を配る

出所:文部科学省(2018, 184～185ページ)をもとに作成。

3 ネット型の指導計画と評価

1 単元計画の例

　小学校第5学年のネット型の単元を取り上げ,表12-4にはその単元計画(8単位時間扱い)例を,また表12-5には本時案(単元4時間目)の例を示した。ソフトバレーボールを題材にチーム内でつなぐ際に1回のみキャッチしてもよいことを可とする「ワンキャッチバレーボール」を単元の中心的な教材とする単元計画を示している。

　単元の目標は新学習指導要領を参考に,「知識及び技能」「思考力,判断力,表現力等」「学びに向かう力,人間性等」の三つの資質・能力別に示している。また学習活動に即した評価規準は,解説を参考に,また第5学年ではじめて攻守連携型のゲームを学習させると想定して選択的に示した「知識及び技能」3項目,「思考力,判断力,表現力等」1項目,「学びに向かう力,人間性等」3項目を三つの評価観点に対応させ,量的(安定して,常に)あるいは質的(的確に)な点から水準(評価基準)の違いを踏まえて表現している。

表12-4 「第5学年ネット型」の指導と評価の計画

〈単元名〉「ワンキャッチバレーボール」(ネット型)
〈目標〉
○　チームによる攻撃と守備によって,ソフトバレーボールをもとにした簡易ゲームをすること。
○　ルールを工夫したり,自己やチームの特徴に応じた作戦を選んだりするとともに,自己や仲間の考えたことを他者に伝えること。
○　ゲームに積極的に取り組み,ルールを守り助け合って運動をしたり,勝敗を受け入れたり,仲間の考えや取組を認めたり,場や用具の安全に気を配ったりすること。

第Ⅱ部　個別内容領域の授業をつくる

〈教材観・児童観・指導観〉

　ネット型とはネットを介しボールを送球し合いながらチーム間で得点を競い合うゲームのことである。相手が自陣コートへ返球できないように個人，あるいはチームで連携して攻防するところに面白さがある。多くの児童らは低学年及び中学年における学習を通じて，ボールをはじいて相手コートに送球することができるようになっているが，チームで連携しボールをつなぎながら送球し合うゲームの経験はない。また，クラス内のまとまりにやや欠けるところがある。そのようなことから，本単元ではソフトバレーボールをもとにしたゲームを取り上げ，チーム内で味方が受けやすいボールをつなぎながら相手コートに返球したり，一つひとつのプレーやゲーム内での一体感を十分に味わわせる学習を行わせることにした。

〈学習活動に即した評価規準〉

運動への関心・意欲・態度	運動についての思考・判断	運動の技能
① 常にネット型のゲームに進んで取り組もうとしている。 ② ルールやマナーを守り，常に友達と助け合って練習やゲームをしようとしている。 ③ 場の危険物を取り除いたり場を整備したりするとともに，常に用具の安全に気を配ろうとしている。	① チームの特徴に応じた攻め方を知り，自分のチームの特徴に応じた的確な作戦を立てている。	① 自陣のコート（中央付近）から相手コートに向け安定してサーブを打ち入れることができる。 ② 常にボールの方向に体を向けて，その方向にすばやく移動することができる。 ③ 味方が受けやすいように的確にボールをつなぐことができる。

　備考：下線は十分に満足できる状況。

〈指導と評価の計画〉

過程	時	本時のねらいと活動	評価計画 態	思・判	技
はじめ×3	1	○ゲームの進め方や前衛後衛の役割を理解してゲームをしよう。 1．ネット型（ソフトバレーボール）の特性や単元のねらいを知る。 2．学習の進め方を知り，チームを編成する。			
	2	3．ルールやマナーおよび安全な運動の行い方を確認する。 4．予備的運動（ドリルゲーム），試しのゲーム（セカンドキャッチバレー）を行う。 5．片付け	③		
	3	6．本時の学習内容を振り返る。			①
なか×3	4	○相手からのボールをたくさん拾い，味方が受けやすいボールをつないで相手コートにボールを返そう。 1．本時のねらいを確認する。	②		
	5	2．予備的運動（ドリルゲーム）をする。 3．学習課題（ボールの方向に体を向けてすばやく移動する，味方が受けやすいようにボールをつなぐ）を確認する。 4．リーグ戦Ⅰ（前半戦）を行う。			②
	6	5．学習課題からみて前半をふり返る。 6．リーグ戦Ⅰ（後半戦）を行う。 7．片付け 8．本時をふり返る。	①		
	7	○自分たちのチームに合った作戦を考えてゲームをしよう。 1．本時のねらいを確認する。		①	

| まとめ×2 | 8 | 2. 自分たちで選んだ（工夫した）予備的運動を行う。
3. ゲームを始める前に作戦を考える。
4. リーグ戦Ⅱ（前半戦）を行う。
5. 自分たちで考えた作戦からみて前半をふり返る。
6. リーグ戦Ⅱ（後半戦）を行う。
7. 片付け，整列，健康観察
8. 本時をふり返る。 | | | ③ |

単元を通した指導と評価の計画では，とりわけ児童の主体的・対話的で深い学びを実現するために，適度な難しさをともなうゲームを中心に授業を展開するようにし，課題を明確に伝え，ゲームを通してチームやクラス全体で身につけさせたい指導内容に焦点づけた話し合い活動を各々の授業に位置づけている。また右欄には，原則的に1授業1観点でどの授業でどの観点を評価するかの計画を示した。

2 本時案の例

単元のなかの段階で，「送球されてくるボールを拾い，味方が受けやすいボールをつないで相手コートに返球する」学習を充実させていくうえで，単元4時間目の授業計画を示す本時案では，「ボールの方向に体を向けて，その方向に素早く移動する」動きの学習を中核とした授業を展開する計画を示している。

表12-5　本時の展開（単元4時間目）

〈本時の目標〉
　ボールの方向に体を向けて，その方向に素早く移動することができる（「知識及び技能」）。
〈準備〉
　ボール，ネット，ホワイトボード，タイマー，得点板，学習カード
〈展開〉

	学習内容・学習活動	指導上の留意点	評価
はじめ	1. 本時のねらいを確認する。 　相手からのボールをたくさん拾い，味方が受けやすいボールをつないで相手コートにボールを返そう 2. 予備的運動（肩・膝タッチ，オセロ）ドリルゲーム（3対3で連続3段パス）をする。	・予備的運動を楽しい雰囲気ですすめ，運動意欲を高める。 ・連続3段パスの記録を改善したチームがいた場合は，そのコツをクラス全体で共有する。	
なか	3. 本時の学習課題（ボールの方向に体を向けて素早く移動する）を確認する。 4. リーグ戦Ⅰ（前半戦）を行う。 5. 学習課題を中心に前半のゲームをふり返る。	・たくさんボールを拾うコツは，ボールの方向に体を向けて，その方向に素早く移動することであると確認する。 ・ゲーム中，体の向きがボール方向に向いていない児童には，ボールの移動に合	ゲーム中（前半戦および後半戦），児童個々のパフォーマンスを観察し，体の向きと移動の素早さを評価する。とくに十分満足（A基準）および努力を

	6．リーグ戦Ⅱ（後半戦）を行う。	わせて適宜適切な向きの声掛けを行う。 ・体の向きや移動をうまくできている児童がいるチームの模範をみせ，具体的な体の向きやよりよい動き出しのタイミングを気づかせる。	要する（C基準）児童の記録を残す【技】。
まとめ	7．片付け。 8．本時をふり返る。	・後半戦でうまくなった児童がいるチームの模範をみせ，できるようになったポイントを説明し，称賛する。	

授業のはじめには予備的運動として肩タッチ，膝タッチなど児童の運動意欲を喚起する運動を取り入れ，また本時の学習課題（主運動）につながる運動をゲーム化した連続3段パス（チーム内で3回つなぎながら相手へのパスを連続何回できるか）を行わせるようにしている。

授業のなかでは，ゲーム（ワンキャッチバレーボール）を行わせるうえで，「ボールの方向に体を向けてすばやく移動する」という動きの改善がゲームにおける学習課題であることを焦点づけ，ゲーム中にはその動きの良し悪しについての助言を，ゲーム後にはそのふり返りを繰り返すように計画している。

4 ネット型の学習指導の工夫

1 優れた教材・教具

ネット型の面白さに触れさせられるかどうかはゲームのルール（使用するボールの質，コート条件，プレイヤーの数，制限する行為の質など）によって決まる。ここではいくつかの優れた教材・教具を紹介する。

西村（2015）は，第1学年～第2学年の段階の児童が楽しめるようにボールをゴミ袋と緩衝材によって自作し，投げたボールの滞空時間が長く球速が遅くなるようにした。この教具（ボール）が開発されたことによって，児童らが思い切り投げたり，投げられたボールを捕球できたりする範囲が格段に拡大した。また，岩田（2016）は第3学年～第4学年の段階の児童を対象にワンバウンドさせながら相手コートへ送球し合う「バウンドキャッチゲーム」というゲーム教材を作成している。バウンドされたボールを捕球することは，難しさが増しつつもボール運動系の学習に重要な動きの一つであり，適度な難しさで面白さを味わえる優れた教材である。

2 グループ編成の工夫

ボール運動系の学習指導において，チーム（グループ）編成をどのようにす

るかはきわめて重要である。一般にチーム間の競争が面白くなるようにパフォーマンスレベルを等質に編成したり，チーム内の学習が活性されるように児童の人間関係に留意して編成されたりすることが多い。ただし，新学習指導要領では共生を重要視した内容が強調されていることにも留意すべきである。単に技能改善の視点からのみチームを編成したりせずに，性別や障害の有無に関係なく誰とでも楽しむ態度を育成する視点からのチーム編成が求められる。

3 学習カードの工夫

児童の主体的・対話的で深い学びを実現するためには，学習カードを充実させることもまた重要である。例えばより効果的で実現可能な作戦例をいくつか示しておいたり，実践した作戦や動きを記録にとどめその良し悪しを評価させ，その理由を記述させたりすることは，「思考力，判断力，表現力等」の育成に欠かせない学習活動となろう。

Exercise

① 第3学年～第4学年のネット型ゲームおよび第5学年～第6学年のネット型において「思考力，判断力，表現力等」の観点で位置づけられている作戦の指導内容をそれぞれあげなさい。
② 児童の学習を充実させるために，どのような工夫がなされてきたか例をあげて説明しなさい。

📖次への一冊

岩田靖『体育の教材を創る——運動の面白さに誘い込む授業づくりを求めて』大修館書店，2012年。
　本書では，体育の教材づくりに必要となる基本的な考えがわかりやすく述べられており，またネット型では児童の意欲的な学習を引き出す教材が豊富に紹介されている。

高橋健夫・岡出美則・友添秀則・岩田靖編著『新版体育科教育学入門』大修館書店，2010年。
　本書は体育の授業計画から実践，評価に至るまでの包括的な基本的知識が入門書として示されている。体育の授業づくりを充実させるためには必読の一冊である。

引用・参考文献

岩田靖『ボール運動の教材を創る』大修館書店，2016年。
文部科学省『小学校学習指導要領（平成29年告示）解説体育編』東洋館出版社，2018年。
西村正之「小学校低学年で取り組むボンバーゲーム」『体育科教育』63(10)，2015年。

第13章
初等体育科教育の実践⑦
── ボール運動系（ベースボール型）──

〈この章のポイント〉
　本章では，小学校のゲームおよびボール運動領域における「ベースボール型」の授業づくりについて学ぶ。具体的には，小学校学習指導要領解説に示されたベースボール型の目標ならびに内容を説明し，高学年を対象とした「ティーボールを基にした簡易化されたゲーム」の単元計画ならびに本時案を示しながら，主体的・対話的で深い学びの実現に向けた「ベースボール型」の授業づくり（教材・教具の工夫や安全面の配慮などを含む）のポイントについて解説する。

1　ベースボール型の新学習指導要領における位置づけ

1　ベースボール型の目標

　ボール運動系の領域は，第1学年～第4学年の「ゲーム」，第5学年～第6学年の「ボール運動」で構成されている。さらにゲーム領域は，第1学年～第2学年が「ボールゲーム」および「鬼遊び」で，第3学年～第4学年が「ゴール型ゲーム」「ネット型ゲーム」および「ベースボール型ゲーム」で構成されている。また，ボール運動領域は，「ゴール型」「ネット型」および「ベースボール型」で構成されている。

　第1学年～第2学年の「ボールゲーム」では，児童がゲームの楽しさに触れ，その行い方を知るとともに，攻めと守りを交代しながら，簡単なボール操作と攻めや守りの動きによって易しいゲームをしたり，一定の区域で鬼遊びをしたりすることができるようにすることが目標としてあげられる。なかでも，攻めと守りを交代しながら，ボールを手などで打ったり，蹴ったりする易しいゲームは，第3学年～第4学年のベースボール型ゲームへと発展していくとされる。また，ゲームを楽しく行うために，簡単な遊び方を工夫するとともに，規則を守り誰とでも仲よく運動遊びをしたり，場の安全に気をつけたりすることなどをできるようにすることも大切である（文部科学省，2018，57～59ページ）。

　第3学年～第4学年の「ベースボール型ゲーム」では，ゲームの楽しさや喜びに触れ，その行い方を知るとともに，ボールを蹴ったり打ったりする攻めや

第Ⅱ部　個別内容領域の授業をつくる

捕ったり投げたりする守りなどの基本的なボール操作と，ボールの飛球方向に移動したり，全力で走塁したりするなどのボールを持たないときの動きによって，攻守を交代する易しいゲームをすることができるようにすることが目標としてあげられる。また，運動を楽しく行うために，自己の課題を見つけ，その解決のための活動を工夫するとともに，規則を守り誰とでも仲よく運動をしたり，友達の考えを認めたり，場や用具の安全に気をつけたりすることなどをできるようにすることも大切である（文部科学省，2018，96〜99ページ）。

　第5学年〜第6学年の「ベースボール型」では，集団対集団の攻防によって競争する楽しさや喜びを味わい，その行い方を理解するとともに，静止したボールやゆっくりとした速さで投げられたボールを打つ攻撃や，捕球したり送球したりする守備などのボール操作と，チームとして守備の隊形をとったり走塁をしたりするボールを持たないときの動きによって，攻守交代を繰り返し行える簡易化されたゲームをすることができるようにすることが目標としてあげられる。また，運動を楽しく行うために，自己やチームの課題を見つけ，その解決のための活動を工夫するとともに，ルールを守り助け合って運動をしたり，仲間の考えや取り組みを認めたり，場や用具の安全に気を配ったりすることなどをできるようにすることも大切である（文部科学省，2018，140〜143ページ）。

2　ベースボール型の特性

　第3学年〜第4学年のゲーム領域と第5学年〜第6学年のボール運動領域では，「ゴール型」「ネット型」および「ベースボール型」の三つの型で内容が構成されている。なかでも，「ベースボール型」は，攻守を規則的に交代し合い，ボール操作とボールを持たないときの動きによって一定の回数内で得点を競い合うゲームである。ベースボール型の代表的な種目として，野球やソフトボール，ティーボール，キックベースボールなどがあげられる。いずれのゲームにおいても，攻撃側のバッティング[1]による走塁と，進塁を防ぐための守備側の連携したフィールディング（打球の処理）が中心的な課題となる。また，攻守を交代しながらゲームを進めることから，攻撃と守備が明確なゲームという点も「ベースボール型」の特性としてあげられる。

▷1　キックベースボールの場合はキック。

2　ベースボール型の指導内容

1　「知識及び技能」の指導内容

　表13-1は，新学習指導要領の解説に示されたボール運動系（ベースボール型）の「知識及び技能」に関する指導内容を整理したものである。

第13章　初等体育科教育の実践⑦

　第1学年〜第2学年では，第3学年〜第4学年の「ベースボール型ゲーム」に発展する，攻めと守りを交代しながら，ボールを手などで打ったり，蹴ったりする簡単な規則で行われる易しいゲームが位置づけられ，「ねらったところに緩やかにボールを転がしたり，投げたり，蹴ったりして，的に当てたり得点したりすること」や「ボールを捕ったり止めたりすること」などがボール操作の例示としてあげられている。また，「ボールが飛んだり，転がったりしてくるコースに入ること」がボールを持たないときの動きとして例示されている。

　また，第3学年〜第4学年では，「攻める側がボールを蹴って行う易しいゲーム」と「手や用具などを使って打ったり，静止したボールを打ったりして行う易しいゲーム」が位置づけられ，「ボールをフェアグラウンド内に蹴ったり打ったりすること」や「投げる手と反対の足を一歩前に踏み出してボールを投げること」がボール操作として，「向かってくるボールの正面に移動すること」や「ベースに向かって全力で走り，かけ抜けること」がボールを持たないときの動きとして例示されている。

　さらに，第5学年〜第6学年では，「ソフトボールを基にした簡易化されたゲーム」と「ティーボールを基にした簡易化されたゲーム」が位置づけられ，「止まったボールや易しく投げられたボールをバットでフェアグラウンド内に打つこと」や「打球方向に移動し，捕球すること」「捕球する相手に向かって，投げること」がボール操作として，「塁間を全力で走塁すること」や「守備の隊形をとって得点を与えないようにすること」がボールを持たないときの動きとして例示されている。

表13-1　「知識及び技能」の指導内容の系統表

	第1学年〜第2学年	第3学年〜第4学年	第5学年〜第6学年	中学校
〈ボール操作〉	・ねらったところに緩やかにボールを転がす，投げる，蹴る，的に当てる，得点する ・ボールを捕ったり止めたりする	・ボールをフェアグラウンド内に蹴ったり打ったりする ・投げる手と反対の足を一歩前に踏み出してボールを投げる	・止まったボール，易しいボールをフェアグラウンド内に打つ ・打球の捕球 ・捕球する相手に向かっての投球	〈バット操作〉 ・投球の方向と平行立ちでの肩越しのバットの構え ・地面と水平状態でのバットの振り抜き 〈ボール操作〉 ・ボールの正面に回り込んだゆるい打球の捕球 ・投げる腕を後方に引きながら足を踏み出した大きな動作でのねらった方向への投球 ・守備位置から塁上へ移動した味方からの送球の捕球

第Ⅱ部　個別内容領域の授業をつくる

〈ボールを持たないときの動き〉	・ボールが飛んだり，転がったりしてくるコースへの移動	・向かってくるボールの正面への移動 ・ベースに向かって全力で走り，かけ抜けること	・打球方向への移動 ・簡易化されたゲームにおける塁間の全力での走塁 ・守備の隊形をとって得点を与えないようにする	〈走塁〉 ・全力疾走で，タイミングを合わせた塁の駆け抜け ・打球や守備の状況によって塁を進んだり戻ったりする 〈連携した守備〉 ・捕球しやすい守備位置に繰り返し立った準備姿勢の確保 ・ポジションの役割に応じたベースカバーやバックアップの基本的な動き

出所：文部科学省（2018，178ページ）をもとに作成。

2　「思考力，判断力，表現力等」の指導内容

　表13-2は，新学習指導要領の解説に示されたボール運動系（ベースボール型）の「思考力，判断力，表現力等」に関する指導内容を整理したものである。
　第1学年〜第2学年では，「ボールゲームの簡単な遊び方を選ぶこと」や「友達のよい動きを見付けたり，考えたりしたことを友達に伝えること」などが指導内容としてあげられる。具体的には，「ゲームの場や規則の中から，楽しくゲームができる場や得点の方法など，自己に適した場や規則を選ぶこと」や「易しいボールゲームで，ボールが飛んだり，転がったりしてくるコースに入ることについて，友達のよい動きを動作や言葉で友達に伝えること」などが例示としてあげられている。
　また，第3学年〜第4学年では，「規則を工夫すること」や「ゲームの型に応じた簡単な作戦を選ぶこと」「課題の解決のために考えたことを友達に伝えること」が指導内容としてあげられる。具体的には，規則の工夫については，「攻めと守りの局面でプレイヤーの人数に違いを設け，攻めを行いやすいようにするなどの規則を選ぶこと」が，考えたことを友達に伝えるについては，「易しいベースボール型ゲームで，友達の正面に移動する動きのよさを，動作や言葉，絵図などを使って，友達に伝えること」などが例示としてあげられている。
　そして，第5学年〜第6学年では，「ルールを工夫すること」や「自己やチームの特徴に応じた作戦を選ぶこと」「課題の解決のために自己や仲間の考えたことを他者に伝えること」が指導内容としてあげられる。ルールの工夫については，誰もが楽しくゲームに参加できるように，「攻守に応じて動くことができる範囲を設けてプレイの制限をするなどのルールを選ぶこと」が例示されている。また，自己や仲間の考えたことを他者に伝えるについては，「簡易

▷2　なお，ボール運動領域で使用する「ルール」とは，ボール運動種目の一般化された公式ルールをもとにしたもので，第5学年〜第6学年の発達の段階を踏まえて簡易化されたゲームにおける修正されたルールを意味している。また，「規則」はそれよりも易しく，第3学年〜第4学年の発達の段階を踏まえてみんなが楽しめるように児童が工夫した易しいゲームの行い方をさすものである（文部科学省，2010，11ページ）。

化されたベースボール型のゲームで，自チームや相手チームの守備位置のよさについて，動作や言葉，絵図，ICT機器を用いて記録した動画などを使って，他者に伝えること」が守備の隊形について工夫したことを他者に伝える例として示されている。

表13-2 「思考力，判断力，表現力等」の指導内容の系統表

第1学年～第2学年	第3学年～第4学年	第5学年～第6学年	中学校第1学年～第2学年
簡単な規則を工夫したり，攻め方を選んだりするとともに，考えたことを友達に伝える	規則を工夫したり，ゲームの型に応じた簡単な作戦を選んだりするとともに，考えたことを友達に伝える	ルールを工夫したり，自己やチームの特徴に応じた作戦を選んだりするとともに，自己や仲間の考えたことを他者に伝える	攻防などの自己の課題を発見し，合理的な解決に向けて運動の取り組み方を工夫するとともに，自己や仲間の考えたことを他者に伝える

出所：文部科学省（2018, 182～183ページ）をもとに作成。

3 「学びに向かう力，人間性等」の指導内容

表13-3は，新学習指導要領の解説に示されたボール運動系（ベースボール型）の「学びに向かう力，人間性等」に関する指導内容を整理したものである。

第1学年～第2学年では，「ボールゲームに進んで取り組むこと」や「ボールゲームをする際に，順番や規則を守り，誰とでも仲よくすること」「ボールゲームの勝敗を受け入れること」「ボールゲームで使用する用具などの準備や片付けを，友達と一緒にすること」「ボールゲームを行う際に，危険物が無いか，安全にゲームができるかなどの場の安全に気を付けること」などが指導内容としてあげられる。

また，第3学年～第4学年では，「易しいベースボール型ゲームに進んで取り組むこと」や「ゲームの規則を守り，誰とでも仲よくすること」「ゲームで使用する用具などの準備や片付けを，友達と一緒にすること」「ゲームの勝敗を受け入れること」「ゲームやそれらの練習の中で互いに動きを見合ったり，話し合ったりして見付けた動きのよさや課題を伝え合う際に，友達の考えを認めること」「ゲームやそれらの練習の際に，使用する用具などを片付けて場の危険物を取り除くなど，周囲を見て場や用具の安全を確かめること」などが指導内容としてあげられる。

そして，第5学年～第6学年では，「ベースボール型の簡易化されたゲームや練習に積極的に取り組むこと」や「ルールやマナーを守り，仲間を助け合うこと」「ゲームを行う場の設定や用具の片付けなどで，分担された役割を果たすこと」「ゲームの勝敗を受け入れること」「ゲームや練習の中で互いの動きを見合ったり，話し合ったりする際に，仲間の考えや取組を認めること」「ゲームや練習の際に，使用する用具などを片付けたり場の整備をしたりするとともに，用具の安全に気を配ること」などが指導内容としてあげられる。

表13-3　「学びに向かう力，人間性等」の指導内容の系統表

第1学年～第2学年	第3学年～第4学年	第5学年～第6学年	中学校第1学年～第2学年
・運動遊びに進んで取り組む ・規則を守り誰とでも仲よく運動をする ・勝敗を受け入れる ・場や用具の安全に気を付ける	・運動に進んで取り組む ・規則を守り誰とでも仲よく運動をする ・勝敗を受け入れる ・友達の考えを認める ・場や用具の安全に気を付ける	・運動に積極的に取り組む ・ルールを守り助け合って運動をする ・勝敗を受け入れる ・仲間の考えや取組を認める ・場や用具の安全に気を配る	・球技に積極的に取り組む ・フェアなプレイを守ろうとする ・作戦などについての話合いに参加しようとする ・一人一人の違いに応じたプレイなどを認めようとする ・仲間の学習を援助しようとする ・健康・安全に気を配る

出所：文部科学省（2018, 184〜185ページ）をもとに作成。

3　ベースボール型の指導計画と評価

1　単元計画の例

▷3　ティーボール
『広辞苑』によると「投手がいない代りに，本塁そばの台に置かれたボールを打ってプレイする野球。少年少女向けに，1980年頃，オーストラリアやニュージーランドで始まった」。

　表13-4，13-5は，第5学年～第6学年を対象とした「ティーボールを基にした簡易化されたゲーム」の評価規準と単元計画の例を示したものである。単元の前半には，打撃（ボールを打つ）動作を中心に基本的な技能を身につけ，ゲームを楽しむことを，単元の後半には，チームの特徴に応じた作戦を選び，ゲームを楽しむことを学習のねらいとして位置づけている。

　体育科の目標にも示されているように，生涯にわたって運動やスポーツを豊かに実践していくためには，その基礎となる各種の運動の基本的な動きや技能を確実に身につけることが重要である。そのため，ゲームの楽しさや喜びに触れるためには，ベースボール型の基本的なボール操作の一つであるボールを「打つ」技能を身につけさせる必要がある。そのような意図から，単元の前半に，打撃動作を中心としたベースボール型の基本的な技能を身につけるための学習を位置づけている。

　また，「見方・考え方」を働かせることができるような学習過程を工夫することによって，体育科で育成を目指す資質・能力がより豊かなものになっていくとされている。そのためには，児童が自己やチームの課題を見つけ，その解決に向けて取り組むような学習過程を組み込まなければならない。そこで，(1)学習の進め方を理解しゲームに慣れる段階（オリエンテーション）から，(2)ゲームで解決すべき戦術的課題と関連づけながら，ゲームに必要な基本的な技能を身につけ練習やゲームに取り組む段階（単元前半）へ，そして，(3)自己やチー

表13-4 学習活動に即した評価規準

運動への関心・意欲・態度	運動についての思考・判断	運動の技能
・集団対集団で競い合う楽しさや喜びに触れることができるよう，ボール運動に積極的に取り組もうとしている。 ・ルールやマナーを守り，仲間と助け合おうとしている。 ・ゲームを行う場の設定や用具の片付けなどで，分担された役割を果たそうとしている。 ・ゲームの勝敗を受け入れようとしている。 ・ゲームや練習の中で互いの動きを見合ったり，話し合ったりする際に，仲間の考えや取組を認めようとしている。 ・ゲームや練習の際に，使用する用具などを片付けたり場の整備をしたりするとともに，用具の安全に気を配ろうとしている。	・簡易化されたゲームを行うためのルールを選んでいる。 ・自己やチームの特徴に応じた作戦を選んでいる。	・ボールを打つ攻撃と隊形をとった守備によって，簡易化されたゲームをすることができる。

ムの課題を見つけ，その解決に向けて練習やゲームに取り組む段階（単元後半）へと，児童の学びがより深い学びに発展していくように単元を構成している。

その他，ボール運動系の単元では「作戦づくり」という観点も重要であることから，複数のリーグ戦を組み込むことによって，児童がチームの特徴を適切に理解することができるようにも配慮している。

表13-5 「ティーボールを基にした簡易化されたゲーム」の指導と評価の計画

時間	1	2	3	4	5	6	7	8
	学習Ⅰ（オリエンテーション） 単元のねらいや学習の進め方を知る	学習Ⅱ 「打つ」動作を中心に基本的な技能を身につけ，ゲームを楽しむ			学習Ⅲ チームの特徴に応じた作戦に基づいて技能を発揮し，ゲームを楽しむ			ティーボール大会
0分	（始めの）あいさつ，健康観察，本時の「学習の流れ」の確認							
	・単元のねらい ・学習の進め方 ・チーム分け ・準備運動 ・キャッチボール ・ゲームのルールの説明 ・試しのゲーム 　（1イニング制）	チームで準備運動（ボール慣れの運動を含む） ・（2人組で）キャッチボール ・一列キャッチボール（チーム対抗）						
		本時の「学習課題」の確認						
		課題練習 ホームラン競争 ・どこまでボールを飛ばせるかをチーム内で競い合いながら，「打つ」動作を身につける。			作戦タイム＆チーム練習 ・チームの特徴に応じた作戦を選ぶ。 ・作戦を実行するための練習を行う。 （ex. キャッチボールやホームラン競争など）			
		ゲーム ティーボール（リーグ戦①） ・5対4，2イニング制，打者一巡交代制			ゲーム ティーボール（リーグ戦②） ・5対4，3イニング制，打者一巡交代制			
		チームで整理運動，学習カードの記入，チームでの話し合い（成果と課題の確認）						
45分	学習のまとめ（成果の発表，次時の課題についての確認），（終わりの）あいさつ							
	態	○	○			○	○	
	思・判	○		○			○	
	技		○			○		○

第Ⅱ部　個別内容領域の授業をつくる

2　本時案の例

以下は，表13-6の「ティーボールを基にした簡易化されたゲーム」単元の本時案（2／8時間）の例を示したものである。

表13-6　本時の展開

時間	学習活動	指導上の留意点・評価（☆）
導入 10分	1　本時の学習の流れを確認する 2　チームで準備運動を行う 3　ボール慣れの運動を行う ・（2～3人組で）キャッチボール ・一列キャッチボール（チーム対抗） 4　用具や場を準備する ・チーム内で分担しながら，ゲームで使用する用具を準備したり，コートを作ったりする。	・前時の学習を振り返り，本時の学習の流れやめあてを確認する。 ・運動に必要な部位をしっかりとほぐすように言葉かけを行う。 ・捕球する相手の胸に向かって投げるように言葉かけを行う。 ・チーム内で分担して，ゲームで使用する用具を準備したり，場を作ったりする。
展開 25分	5　本時の学習課題を確認する 　　ボールの打ち方（どうしたらボールがうまく打てるか） ・「構えの時の立つ位置は，どちらが適切でしょうか？」 6　課題練習（ホームラン競争）を行う ・チームごと（6箇所）に分かれて行う。 ・1人3球ずつ打ち，最も遠くまでボールが飛んだところの得点を記録する。 （時間的に余裕がある場合には1人4～5球ずつでも可） 7　ゲーム（5対4のティーボール）を行う ・コートは3面設置し，ホームの角度は90度とする。 ・打者はフェアグランド内にボールを打ったら塁ベースを回り，守備のアウトがコールされるまでに進塁できた塁ベースの数が得点となる（例えば，2塁まで進塁できた場合には「2点」となる）。 ・守備側は，走者よりも先回りした塁のサークル内に2人のプレイヤーが集まり，打球をキャッチした守備プレイヤーからの送球を（サークル内に入った2人のうちのいずれかが）キャッチし，アウトをコールする。	・発問を使いながら，ボールの打ち方（バットの持ち方や打つときの構えなど）について理解させる。 ・打ち方が上手い児童にお手本として打ってもらい，良い打ち方のポイントについて気づかせる。 ・打者は力強くバットを振り，できるだけ遠くにボールを飛ばすようにする。 ・打者と次打者の間は十分な距離（4～5m）をとり，打者が振ったバットが次打者に当たらないように留意する。 ・次の打者は，学習資料（バッティング動作のポイント）を活用しながら友達にアドバイスを行う。 ・打者はボールを打った後に，バットを投げないように（コーンの中にバットを入れるように）声をかける。 ・打者がフェアグラウンド内にボールを打ったら，塁間を全力で走るように声をかける ☆止まったボールをバットでフェアグラウンド内に打つことができる。（運動の技能）【行動の観察】 〈想定されるルールの工夫〉 ・打者が本塁まで戻ってきた場合，2周目も認めるか？ ・フライを直接捕球した場合，アウトにするか？

		・攻撃側のすべてのプレイヤーが打ったら，攻守を交代する。 ・2イニング制で行う。 （時間的に余裕がある場合には3～4イニングでも可）	・得点が入りにくいので，塁間の距離を狭くするか？
まとめ 10分	8	用具の片付けを行う ・チーム内で分担しながら，ゲームで使用した用具を片付ける。	☆ゲームで使用した用具を決められた場所に片付けている。（運動への関心・意欲・態度）【行動の観察】
	9	チームで整理運動を行う	・使った部位をしっかりとほぐすように言葉かけを行う。
	10	学習カードを記入する	・本時の学習を振り返りながら，自己の成果と課題を記入させる。
	11	チームで話し合いを行う ・ゲームにおける成果と課題について話し合う。	・自分の考えたことを仲間に伝えたり，仲間の考えを認めたりするように言葉かけを行う。
	12	学習のまとめを行う ・成果を発表したり，次時の課題を確認したりする。	・止まったボールを打つことについて考えたことや，仲間が行っていたよい動きなどを発表させる。

主体的・対話的で深い学びの実現に向けた授業づくりのポイントの一つに，「いかにして児童に学びへの動機づけをもたせるか」があげられる。ここでは，ゲームで解決すべき戦術的課題と関連づけながら，児童の好奇心を揺さぶるような発問を投げかけたり，児童にとって魅力的な教材を提供したりすることが重要になる。上に示した本時案においても，前時（1／8時間）の学習で，「得点をとるためには，ボールを遠くへ飛ばす必要がある」ということを学んだことを前提に，「構えの時の立つ位置は，どちらが適切でしょうか？」という発問を設定している。そこでは，2種類の写真を見せながら発問を行うことで，児童は提示された情報を比較分析しながら，より適切な課題の解決方法を見出そうとする。そして，そのあとに続く練習（ホームラン競争）やゲーム（5対4のティーボール）でその解決方法を適用し，その適否を確かめるように学習を進めていく。◁4

4 ベースボール型の学習指導の工夫

1 教材・教具の工夫について

学習指導要領で示された指導内容の確実な定着を図るためには，児童の発達の段階に応じた教材の工夫が求められる。第3学年～第4学年のゲーム領域では「易しいゲーム」が，第5学年～第6学年のボール運動領域では「簡易化されたゲーム」がそれぞれ位置づけられている。◁5

ベースボール型の学習において，投げられたボールを守備者のいない場所へ打つことは決して容易なことではない。この問題を解消するためには，児童の

▷4 このように課題を見つけ，その解決に向けて取り組む過程においては，仲間とともに思考を深め，よりよく課題を解決し，次の学びにつなげることができるようにすることも大切である。そのため，練習の場面では，次打者が学習資料やタブレット端末などのICT機器を活用しながら友達のボールを打つ動作を観察し，アドバイスを与えるような場を設定することで，児童にとって必要感のある対話が生まれる。

▷5 簡易化されたゲーム　ルールや形式が一般化されたゲームを児童の発達の段階を踏まえて，実態に応じたボール操作で行うことができ，プレイヤーの人数（プレイヤーの人数を少なくしたり，攻撃側のプレイヤーの人数が守備側のプレイヤーの人数を上回るようにしたりすること），コートの広さ（奥行きや横幅など），ネットの高さ，塁間の距離，プレイ上の緩和や制限（攻撃や守備のプレイ空間，触球方法など），ボールその他の運動用具や

157

第Ⅱ部　個別内容領域の授業をつくる

設備などを修正し，児童が取り組みやすいように工夫したゲーム（文部科学省，2018，140〜141ページ）。

実態や発達の段階に応じた教材や教具の工夫が求められる。例えば，児童の多くがバット操作にかかわる技能が未熟な場合には，投手によって投げられたボールを打つのではなく，ティー台の上に置かれたボールを打つようにすることで，児童一人ひとりにベースボール型の楽しさや喜びを触れさせることができる。とくに，ベースボール型の経験が少ない児童にとって，投手が投げたボールをバットで捉えてフェアグラウンド内に打ち返すことはとても難しい技能である。このような技能的な難しさが障壁となり，児童がベースボール型の醍醐味を味わえないまま単元が終わってしまうケースも少なくない。しかし，止まっているボールを打つといったように条件を易しくすることで，打つことが苦手な児童であっても，ボールを打ったり得点をとったりする喜びを十分に味わうことができるはずである。

　図13-1は，第5学年〜第6学年の「ティーボールを基にした簡易化されたゲーム」の一例を示したものである。

　ベースボール型では，「打つ」「捕る」「投げる」などの基本的な技能の習得に加えて，攻撃側にとっては「どこまで進塁するのか」，守備側にとっては「どこでアウトにするのか」を判断することが難しいとされる。そのため，ゲームで必要とされる技能を緩和しながら（例えば，ピッチャーが投げるボールではなく，ティー台に載せられたボールを打つなど），攻撃側の走塁はバッターランナーのみに限定して，アウトになるまで進塁できたところを得点としたり（例えば，2塁まで進塁して3塁でアウトになれば2点など），守備側は走者よりも先回りした塁の守備用サークルに守備側のプレイヤーが集まり，アウトをコールしたりするなどのルールの工夫があげられる。また，ゲームの人数を1チーム5

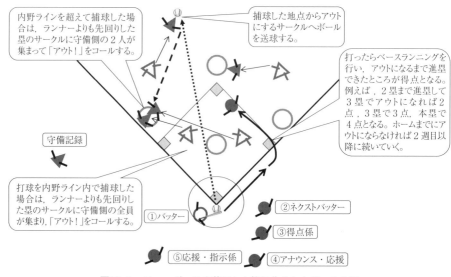

図13-1　ティーボールを基にした簡易化されたゲームの例
出所：文部科学省（2010，80ページ）をもとに一部修正。

人（攻撃側5人，守備側4人→内野2人・外野2人）としたり，攻撃側のメンバーは，打者や次の打者，得点係，アナウンス係，応援・指示係などの役割をローテーションしながら学習できるように工夫したりすることで，チームのメンバー全員がゲームに参加できるようになる（文部科学省，2010，79ページ）。

▷6　守備側のプレイ機会を十分に保証するために，塁間を短くしたりフェア地域の角度（通常は90度）を狭くしたりするなどのコートの工夫によって，同時に複数のコートで練習やゲームを行うことができるようにもなる。

2　安全面の配慮について

　ベースボール型の授業で起こりやすい事故として，打者がボールを打った後にバットを放り投げ，それが後方にいる他の児童に当たってしまうことがあげられる。過去には，投げられたバットが，次打者として待機していた児童の顔付近に直撃するという重大事故も発生している。このような事故を回避するためには，第5学年～第6学年の「学びに向かう力，人間性等」にも例示されているように，児童が用具の安全に気を配りながらゲームや練習に取り組めるような工夫が求められる。例えば，打者がボールを打った後にバットを放り投げないように，「バットを決められた場所に入れる（置く）」というルールなどを設定することがあげられる（図13-2）。打者はボールを打った後に，必ずコーンのなかにバットを入れなければ走塁できないというルールを設定することで，児童は決められた場所にしっかりとバットを入れてから走塁を行うようになる。また，チーム内でコール係を決め，打者がボールを打った直後に「バットー！」と声をかけさせたりすることも効果的である（吉永，2017，97ページ）。

図13-2　打者がボールを打った後にバットを入れるためのコーン

Exercise

① 児童にベースボール型の楽しさや喜びを味わわせるためには，どのような工夫が必要か。考えてみよう。
② ベースボール型が苦手な児童には，どのような配慮が求められるか。考えてみよう。

📖次への一冊

文部科学省『学校体育実技指導資料第8集　ゲーム及びボール運動』東洋館出版社，2010年。
　　小学校のゲームおよびボール運動領域の指導の基本的な考え方が示され，「ベースボール型」だけでなく，「ゴール型」「ネット型」の具体的な実践例も紹介されている。
吉村正『ティーボールのすべて』ベースボール・マガジン社，2016年。
　　ティーボールの成り立ちから公式ルール，用具などまで，ティーボールに関連する

事項が紹介されている。また，小学校の体育授業用の学習指導案も掲載されている。

グリフィン，L. L. ほか，高橋健夫・岡出美則監訳『ボール運動の指導プログラム――楽しい戦術学習の進め方』大修館書店，1999年。

　米国の体育研究者であるグリフィンらによって提案された「戦術アプローチの指導理論」が解説され，ベースボール型の「ソフトボール」の学習指導例も紹介されている。

引用・参考文献

国立教育政策研究所『評価規準の作成，評価方法等の工夫改善のための参考資料　小学校体育』教育出版，2011年。

文部科学省『学校体育実技指導資料第 8 集　ゲーム及びボール運動』東洋館出版社，2010年。

文部科学省『小学校学習指導要領（平成29年告示）解説体育編』東洋館出版社，2018年。

吉永武史「新学習指導要領におけるボール運動の指導(3)――ベースボール型の授業づくり」『小学校体育ジャーナル』63，2010年，1～5ページ。

吉永武史「体育授業におけるティーボールの学習指導」丸山克俊・吉村正編『ティーボール・ティーチャー指導教本』体育教育出版会，2017年，89～105ページ。

第14章
初等体育科教育の実践⑧
―― 表現運動系 ――

〈この章のポイント〉
　本章では，表現運動系を構成する表現遊び・表現・創作ダンスとフォークダンス，リズム遊び・リズムダンス・現代的なリズムのダンスの目標やそれぞれの指導内容の位置づけや特性を紹介していく。さらに，各指導内容に対して苦手意識をもっていたり意欲的ではなかったりする児童に対して講じる工夫点や，児童の豊かな表現性を引き出す授業の手立てについて学ぶ。

1　表現運動系の新学習指導要領における位置づけ

1　表現運動系の目標

　表現運動（表現リズム遊び）は，総じてリズミカルな運動の連続による模倣・変身欲求の充足が楽しい運動であり（村田，1998），児童一人ひとりが踊りの楽しさや喜びに十分に触れていくことが大きなねらいとなる。以下に，学年の相違点や学年進行に従って発展していく目標を観点別に述べていく（表14-1）。
　まず，「知識及び技能」に関する目標は，小学校第1学年～第2学年では，運動遊びの行い方を知り，題材になりきることやリズムに乗ることを通して楽しく踊ることとされるが，第3学年～第4学年では，楽しさや喜びに触れること，さらには自分が表したい感じを表現できるように発展していく。第5学年～第6学年になると，楽しさや喜びを味わい，行い方を理解し，表したい感じを踊りで交流することと，他者との交流の視点が盛り込まれてくる。中学校になると，感じを込めて踊ったりみんなで踊ったりする楽しさや喜びを味わい，ダンスの特性・由来・名称・用語，高まる体力や運動観察の方法などの知識を習得すること，踊りを通した交流や発表をすることが目指される。
　次に，「思考力，判断力，表現力等」に関する目標は，小学校第1学年～第2学年では身近な題材の特徴を捉えて踊ることとされるが，第3学年～第4学年になると自己の能力に適した課題を見つけ，題材やリズムの特徴を捉えた踊りや交流ができるようになることが目指される。第5学年～第6学年になると視野が広がり，自己やグループの課題解決に向けた取り組みが求められ，練習

表14-1　表現運動系の目標

	第1学年～第2学年	第3学年～第4学年	第5学年～第6学年	中学校第1学年～第2学年
知識及び技能	表現遊びやリズム遊びの楽しさに触れ，その行い方を知るとともに，題材になりきったりリズムに乗ったりして踊る	表現やリズムダンスの楽しさや喜びに触れ，その行い方を知るとともに，表したい感じを表現したりリズムに乗ったりして踊る	表現やフォークダンスの楽しさや喜びを味わい，その行い方を理解するとともに，表したい感じを表現したり踊りで交流したりする	創作ダンス・フォークダンス・現代的なリズムのダンスについて，感じを込めて踊ったりみんなで踊ったりする楽しさや喜びを味わい，ダンスの特性や由来，表現の仕方，その運動に関連して高まる体力などを理解するとともに，イメージを捉えた表現や踊りを通した交流をする
思考力，判断力，表現力等	身近な題材の特徴を捉えて踊ったり，軽快なリズムに乗って踊ったりする簡単な踊り方を工夫するとともに，考えたことを友達に伝える	自己の能力に適した課題を見付け，題材やリズムの特徴を捉えた踊り方や交流の仕方を工夫するとともに，考えたことを友達に伝える	自己やグループの課題の解決に向けて，表したい内容や踊りの特徴を捉えた練習や発表・交流の仕方を工夫するとともに，自己や仲間の考えたことを他者に伝える	表現などの自己の課題を発見し，合理的な解決に向けて運動の取り組み方を工夫するとともに，自己や仲間の考えたことを他者に伝える
学びに向かう力，人間性等	・運動遊びに進んで取り組む ・誰とでも仲よく踊る ・場の安全に気を付ける	・運動に進んで取り組む ・誰とでも仲良く踊る ・友達の動きや考えを認める ・場の安全に気を付ける	・運動に積極的に取り組む ・互いのよさを認め合い助け合って踊る ・場の安全に気を配る	・ダンスに積極的に取り組む ・仲間の学習を援助しようとする ・交流などの話合いに参加しようとする ・一人一人の違いに応じた表現や役割を認めようとする ・健康・安全に気を配る

出所：文部科学省（2018）をもとに作成。

や発表・交流の仕方を工夫することが目指される。中学校になると，自己や仲間の課題を発見し，合理的な解決に向けての運動の取り組みと考えたことを他者へ伝えることが求められる。

最後に，「学びに向かう力，人間性等」に関する目標は，小学校第1学年～第2学年の運動遊びに進んで取り組み，誰とでも仲良く踊ったり，場の安全に気をつけたりすることから，第3学年～第4学年になると友達の動きや考えを認めるというように発展する。第5学年～第6学年になると，運動に積極的に取り組むことや互いのよさを認め合い助け合うことが目指される。中学校になると，ダンスに積極的かつ自主的に取り組むこと，仲間の学習を援助したり助け合ったり教え合ったりすること，一人ひとりの違いに応じた表現や役割を認めたり大切にしようとすること，健康・安全に気を配り確保することが目指される。

2 表現運動系の特性

　表現運動系は，自己の心身を解き放して，イメージやリズムの世界に没入してなりきって踊ったり，互いのよさを生かし合って仲間と交流して踊ったりする楽しさや喜びを味わうことのできる運動である（文部科学省，2018）。

　第1学年〜第2学年の表現リズム遊びにおける表現遊びは，身近な動物や乗り物などの題材の特徴を捉え，そのものになりきって全身の動きで表現でき，リズム遊びは軽快なリズムの音楽に乗って踊ったりする楽しさに触れることのできる運動遊びである。これらはまた，友達といろいろな動きを見つけて踊ったり，皆で調子を合わせて踊ったりする楽しさに触れることのできる運動遊びである。第3学年〜第4学年および第5学年〜第6学年の表現は身近な生活などから題材を選んで表したいイメージや思いを表現するのが楽しい運動であり，リズムダンスは軽快なロックやサンバなどのリズムに乗って友達とかかわって踊ることが楽しい運動である。また，第5学年〜第6学年のフォークダンスは，日本各地域の民踊と外国の踊りで構成され，日本の地域や世界の国々で親しまれてきた踊りを身につけてみんなで一緒に踊ることが楽しい運動であり，特定の踊り方を再現して踊る学習で進められるところに特性がある（文部科学省，2018）。

　表現遊びおよび表現，リズム遊びおよびリズムダンスは創造型と言える。これらはともに，"自由で即興的な動き"で楽しむ"創造的な活動"であり，人間の身体でないものを人間の身体で表現することを意図している（岩田，1999）。この"即興的・創造的"とは，表現遊びおよび表現では，個々が思い描くイメージで変身やなりきり，ひと流れを創出していくことを示す。またリズム遊びおよびリズムダンスでは，変化のあるリズムやビートに身体を重ね，仲間とさまざまに交流しながら自由な動きを融合・創出させていくことを示す（岩田，2016）。これらを通して心が解放し，言葉を介しない他者との豊かな交流が可能になる点も共通している。一方で，両者は以下の点に関して異なる特性もあわせもつ。表現遊びおよび表現では，題材のイメージに内在する流れを，自分や友達と息を合わせてゼロから新たに創造していくが，リズム遊びおよびリズムダンスは，既存の音楽のリズムやビートに合わせて身体を動かしていく。

　次に，フォークダンスは再現型と言える。外国やわが国の人々により踊り継がれた様式を尊重し，その姿を変えることなく習得し再現する。そのため，フォークダンスの学習では，既存の形式を改変しオリジナルのステップを創作するような学習は展開しない。フォークダンスは，定型の学習とも言えようが，一斉指導でステップのみを学習させるのでなく，(1)各国・各地域に特有な音楽（リズム）に特定の動き（ステップなど）を合わせその違いを感じる，(2)年

齢・性別問わず豊かな交流を行う，(3)文化や歴史を理解し継承していく，の3点を学習していくことで，学習の質が保障される。

2 表現運動系の指導内容

1 「知識及び技能」の指導内容

小学校の表現運動系の内容は，表現遊びと表現，フォークダンス，リズム遊びとリズムダンスで構成され，中学校のダンスは創作ダンス，フォークダンス，現代的なリズムのダンスで構成されている（表14-2）。小学校第1学年～第2学年のリズム遊びでは，第3学年～第4学年のリズムダンスと第5学年～第6学年のフォークダンスへのつながりを考慮して，簡単なフォークダンスを軽快なリズムに乗って踊る内容を含めた指導が可能である。また，第3学年～第4学年では，第5学年～第6学年との接続を考慮してフォークダンスを，第5学年～第6学年ではリズムダンスを加えて指導することが可能である。さらに中学校では，小学校段階との接続および高等学校への見通しを重視し，表現・フォークダンス・リズムダンスの学習内容の系統性を踏まえた指導内容を構成している。

表14-2 「知識及び技能」の指導内容の系統表

		第1学年～第2学年	第3学年～第4学年	第5学年～第6学年	中学校
表現系	題材の例	・特徴が捉えやすく多様な感じを多く含む題材 ・特徴が捉えやすく速さに変化のある動きを多く含む題材	・身近な生活からの題材 ・空想の世界からの題材	・激しい感じの題材 ・群（集団）が生きる題材 ・多様な題材	・身近な生活や日常動作 ・対極の動きの連続 ・多様な感じ ・群（集団）の動き ・もの（小道具）を使う
	ひと流れの動きで即興的に表現	・いろいろな題材の特徴や様子を捉え，高低の差や速さの変化のある全身の動きで即興的に踊る ・どこかに「大変だ！〇〇だ！」などの急変する場面を入れて簡単な話にして続けて踊る	・題材の主な特徴を捉え，動きに差を付けて誇張したり，表したい感じを2人組で対応する動きや対立する動きで変化を付けたりして，メリハリ（緩急・強弱）のあるひと流れの動きで即興的に踊る	・題材の特徴を捉えて，表したい感じやイメージを，動きに変化を付けたり繰り返したりして，メリハリ（緩急・強弱）のあるひと流れの動きにして即興的に踊る	・多様なテーマからイメージを捉える ・イメージを即興的に表現する ・変化を付けたひと流れの動きで表現する ・動きを誇張したり繰り返したりして表現する
	簡単なひとまとまりの動きで表現			・表したい感じやイメージを「はじめ－なか－おわり」の構成や群の動きを工夫して簡単なひとまとまりの動きで表現する	・変化と起伏のある「はじめ－なか－おわり」のひとまとまりの動きで表現する
	発表の様子	・続けて踊る	・感じを込めて踊る	・感じを込めて通して踊る	・動きを見せ合って発表する

第14章　初等体育科教育の実践⑧

リズム系	リズムの例	・弾んで踊れるようなロックやサンバなどの軽快なリズム	・軽快なテンポやビートの強いロックのリズム ・陽気で小刻みなビートのサンバのリズム	（加えて指導可）	・シンプルなビートのロックのリズム ・一拍ごとにアクセントのあるヒップホップのリズム
	リズムに乗って全身で即興的に踊る	・へそ（体幹部）を中心に軽快なリズムの音楽に乗って即興的に踊る ・友達と関わって踊る	・ロックやサンバなどのリズムの特徴を捉えて踊る ・へそ（体幹部）を中心にリズムに乗って全身で即興的に踊る ・動きに変化を付けて踊る ・友達と関わり合って踊る		・ロックやヒップホップなどのリズムの特徴を捉えて踊る ・リズムに乗って全身で自由に弾んで踊る ・簡単な繰り返しのリズムで踊る
	発表や交流	・友達と一緒に踊る	・踊りで交流する		・動きを見せ合って交流する
フォークダンス	踊りと特徴	（含めて指導可） ・軽快なリズムと易しいステップの繰り返しで構成される簡単なフォークダンス	（加えて指導可）	・日本の民踊：軽快なリズムの踊り，力強い踊り ・外国のフォークダンス：シングルサークルで踊る力強い踊り，パートナーチェンジのある軽快な踊り，特徴的な隊形と構成の踊り	・日本の民踊：小道具を操作する踊り，童歌の踊り，躍動的な動作が多い踊り ・外国のフォークダンス：パートナーチェンジのある踊り，隊形が変化する踊り，隊形を組む踊り
	発表や交流	・友達と一緒に踊る		・踊りで交流する	・仲間と楽しく踊って交流する

出所：文部科学省（2018, 179ページ）をもとに作成。

① 表現遊び・表現・創作ダンス

　小学校第1学年～第2学年の表現遊びは，乗り物や動物といった児童の身近で関心が高く具象的な題材の特徴を捉え，変化のある全身の動きで即興的に踊ることが求められる。第3学年～第4学年になると身近な生活や空想の世界からの題材を捉え動きに差をつけて誇張したり，二人組で対応・対立したりといった変化をつけるように発展していく。さらに第5学年～第6学年になると自然・スポーツ・生活のように題材に広がりをもたせ，それらの主な特徴を捉えて，ひと流れや簡単なひとまとまりの動きにすることを求めていく。中学校第1学年～第2学年になると，多様なテーマのなかから表したいイメージを捉えて動きに変化をつけたり，ひとまとまりの表現にして踊ったりすること，第3学年になると個や群，緩急強弱のある動きや空間の使い方といった構成の要素が加わり，簡単な作品にまとめていくことが求められる。

② フォークダンス

　フォークダンスは，小学校では主に第5学年～第6学年の指導内容として配置され，日本の民踊や外国の踊りから，それらの踊りの特徴を捉え，音楽に合わせて簡単なステップや動きで踊ることが求められる。ただ先述したように，第1学年～第2学年のリズムダンスのなかに含めて指導可であり，第3学年～

▷1 「ひと流れ」とは，ひと息で踊れるような"まとまり感"をもった動きの連続であり，表現的性格を出現させる最小単位である。即興的に表現する場合には「ひと流れの動き」の用語を使用し，作品を意図している場合には「はじめ・なか・おわり」の構成をともなう「ひとまとまりの動き」の用語を使用して区別している（村田，2009）。少し長めのひと流れ（「起承転結」）を創り，途中に「大変だ！」の転換点を入れる場合もある。

165

第Ⅱ部　個別内容領域の授業をつくる

▷2　第5学年〜第6学年で扱う徳島県の「阿波踊り（あわおどり）」は、秋田県の「西馬音内（にしもない）の盆踊り」、岐阜県の「郡上踊り（ぐじょうおどり）」と並ぶ日本三大盆踊りの一つである。これらは、夏のお盆の時期に日本人のみならず世界から多くの観光客が訪れる日本を代表する盆踊りである。

▷3　ナンバとは、右手と右足、左手と左足を出す手足の運び方のことである。相撲のしこや鍬をふるう動きもナンバであり、盆踊りにも垣間見られる。日本の労働などの動作と舞踊が密接につながっていることを感じることができる。

▷4　ソーラン節（北海道）やエイサー（沖縄県）などの力強い踊りにも、労働の動作にある低く踏みしめるような足取りや腰の動きが存在する。

▷5　マイムマイムは、流浪の民が砂漠のなかで水を見つけた時の喜びを表現した踊りとされ、コロブチカはロシアの大地を旅から旅へ行商した民族たちを称えたものとされる。

▷6　小学校ではロックやサンバなどのリズムを取り扱い、中学校・高等学校ではロックに加えてヒップホップのリズムを扱う。小学校で「ロックダンス」や「サンバダンス」を踊るのではないのと同様に、中学校・高等学校で「ヒップホップダンス」を踊るのではない。あくまでも自由な動きをもとにサンバやロック、ヒップホップの特徴的なリズムに合わせて、全身でリズムに乗っていく面白さを体感することを目標としている。

▷7　"リズムに乗る"とは、「音楽のリズムと動き

第4学年では加えて指導可とされている。第1学年〜第2学年が含めて指導する場合は、軽快なリズムと易しいステップの繰り返しで構成されるジェンカやキンダーポルカなどのフォークダンスを学習することができる。中学校では、日本の民踊や外国の踊りからそれらの踊り方の特徴を捉え、音楽に合わせて特徴的なステップや動きと組み方で踊れるように指導していく。踊り方の特徴を捉えるために、生活・宗教・労働などをもとにした国や地域特有の動きを取り上げ音楽に合わせて踊っていく。例えば阿波踊り（徳島県）▷2は、老若男女が集い、音楽のリズムに乗って軽快な足さばきや手振りで足並みをそろえて踊る。農耕の労働の動作である「ナンバ」▷3が、阿波踊りをはじめとしたわが国の多くの踊りに残っていることも興味深い指導内容となる▷4。外国のフォークダンスであるマイムマイム（イスラエル）やコロブチカ（ロシア）▷5にも、各国の歴史や文化が垣間見られる。なぜそのステップが生まれたのか、その踊りが生まれたのはどのような地域なのかなどをグループで調べた後、地図やイラストなどを用いて発表し合ったり、グループ同士でステップを教え合ったりすると、知識や技能が高まるとともに思考が深まり踊りのさらなる楽しみが実感できる。

③　リズム遊び・リズムダンス・現代的なリズムのダンス

小学校第1学年〜第2学年のリズム遊びでは、ロックやサンバなどの軽快なリズムに乗って弾んで楽しく踊ることが示され▷6、第3学年〜第4学年のリズムダンスでは、それらのリズムに乗って全身で踊ることが加わる。中学校第1学年〜第2学年の現代的なリズムのダンスになると、アップテンポのリズムが繰り返されるロックやビートの強いヒップホップといったリズムの特徴を捉えて、変化のある動きを組み合わせること、リズムに乗って全身で踊ることへと発展していく。第3学年になると、変化とまとまりをつけることが指導内容として加わる。ここからリズムの変化に気づき、それをさまざまに組み合わせる過程へ、さらにそれを一定の長さのあるまとまりへと創り上げていく学習の流れが読み取れる。

リズム遊び・リズムダンスは、「音楽を手掛かりとした感じのある動きの探究」（小林ほか、2014、56ページ）であり、児童が自ら動きを創り出していく活動である。そのため、既存ステップや作品の動きを覚えて踊る学習とは大きく異なる。指導者は、自由な動きで踊ることに慣れ親しんでいない児童は、この自由さに最も不自由さを感じることを認識し、リズムへの乗り方や動きの材料も提供していく必要があるだろう（宮本、2011）。この時指導者は、小手先の細かい既存の動き（ステップ）ではなく、上下の体の沈み込みやその場ジャンプなどシンプルな動きを土台に示範し、児童たちに体全体（体幹）でリズムの弾みを体感させていく。そして、躍動的なリズムのなかでかかわり合いをもたせて豊かな交流をもたせていく。

2 「思考力,判断力,表現力等」の指導内容

　小学校第1学年〜第2学年では,身近な題材の特徴を捉えて踊ったり軽快なリズムに乗って簡単な踊り方を工夫したりして,よい動きを見つけたり考えたりしたことを友達に伝えることができるようにする。第3学年〜第4学年では,自分が何をしたいのか,何ができるのかといった自己の能力に適した課題を見つけ,題材やリズムの特徴を捉えた踊り方や交流の仕方を工夫し,言葉だけでなく身体表現を使って互いに伝え合えるように指導する。第5学年〜第6学年では,自己やグループのように自分以外の他者がどのように考えているのかを判断し,練習や発表・交流の仕方を工夫するなどの計画性を求めていく。そして,自己や他者の考えたことを伝えるといったより質の高い「思考力,判断力,表現力等」を求めていく。中学校では,それに加え,自己や仲間の課題を発見し,合理的な解決に向けた運動の取り組み方を工夫できるように指導していく。

3 「学びに向かう力,人間性等」の指導内容

　小学校第1学年〜第2学年では,自ら進んで取り組むことや誰とでも仲良く踊ること,場の設定や使った用具の片付けを,友達と一緒に安全に行うことができるようにする。第3学年〜第4学年では,友達の動きや考えを認めたり,場の安全に気をつけたりできるように指導し,第5学年〜第6学年では積極的に取り組む姿勢を求めていく。そして,第1学年〜第4学年にかけて継続的に培った誰とでも仲良く踊れる土壌のうえで,互いの良さを認め合い助け合って踊ることができるように指導する。中学校では,一人ひとりの違いに応じた表現や役割を認め,広がりゆく個性への対応ができるように指導し,参加から貢献へと集団に対する自身の働きかけの質を高め,個性を尊重する姿勢へと発展させていく。なお,小学校における場の安全に気をつけることは,中学校で健康・安全に気を配ることへ,そこからさらに確保することと展開させていき,運動の合理的な実践に合わせて自身の健康・安全管理に向けた視点がもてるように発展させていくことも重要である。

のリズムが複雑に絡み合って一体化し,ひとつのまとまりとして見ることができる現象」(宮本,2011,71ページ)とされる。これは,音やリズムに合わせてカウントを取って踊ったり動きを組み合わせたりするのではなく,音楽の律動的なリズムと自らの内的リズムとが相まって思わずリズミカルな動的エネルギーが表出してしまう現象とも言える。

3　表現運動系の指導計画と評価

1 単元計画の例

　本節では,小学校第1学年〜第2学年の「動物ランド」の単元計画と本時案を論じていく。第1学年〜第2学年の児童は,いろいろなものになりきりやすく,律動的な活動を好む特性がある。よって,1時間のなかに表現遊びとリズ

第Ⅱ部　個別内容領域の授業をつくる

表14-3　学習活動に即した評価規準

運動への関心・意欲・態度	運動についての思考・判断	運動の技能
・進んで取り組もうとしている。 ・誰とでも仲良くしようとしている。 ・友達と一緒に片付けようとしている。	・表現遊びやリズム遊びの基本的な動き方を知っている。 ・楽しく踊るための動きを選んでいる。 ・友達のよい動きを見付けたりしている。 ・題材やリズムの特徴に合った動きを選んでいる。	・表現遊びでは，なりたい動物の特徴を捉えてひと流れの動きで全身で即興的に表現することができる。 ・リズム遊びでは，軽快なリズムに乗って踊ることができる。

表14-4　単元の指導と評価の計画

		1	2	③	4	5	6	7	8
		オリエンテーション ・学習のねらい ・すすめ方の確認 動物イメージ集め	リズムダンス（動物なりきりダンス） ○○さんがころんだ（陸の動物編①） 一人で「陸の動物に変身」 二人組で「陸の動物に変身」	リズムダンス（動物なりきりダンス） ○○さんがころんだ（陸の動物編②） 一人で「陸の動物に変身」 二人組で「陸の動物に変身」	リズムダンス（動物なりきりダンス） 変身遊び（海の動物編①） 一人で「海の動物に変身」 二人組で「海の動物に変身」	リズムダンス（二人組で好きな動物に変身） 変身遊び（海の動物編②） 一人で「海の動物に変身」 二人組で「海の動物に変身」	リズムダンス（二人組で好きな動物に変身） 自分が表現したい動物に変身しよう 選んだ題材のひと流れ	リズムダンス（二人組で好きな動物に変身） 自分が表現したい動物に変身しよう 選んだ題材のひと流れ	表現作品発表会「1年○組動物ランド」
			学習の振り返り（個人・グループの成果の共有），次時の動機づけ，整理運動，あいさつ						単元のまとめ
評価計画	態	・表現リズム遊びに進んで取り組もうとしている	・決まりを守り，励まし合って誰とでも仲良く練習や交流をしようとする ・場の安全に気を付けようとしている				・決まりを守り，励まし合って誰とでも仲良く練習や発表，交流をしようとする ・場の安全に気を付けようとしている		
	思・判	・学習のねらいや進め方を知る	・リズムや陸の動物の特徴を知り，それに合った動きを選んだり見付けたりできる		・リズムや海の動物の特徴を知り，それに合った動きを選んだり見付けたりできる		・リズムや動物の表現で友達のよい動きを見付けたり，簡単な踊り方を工夫したりできる		・リズムや動物の表現で友達のよい動きを見付けることができる ・学習のまとめができる
	技	―	・軽快なリズムに乗って踊ることができる ・陸の動物の様子や特徴を捉えてまねたりなりきったりして，全身で踊ることができる		・軽快なリズムに乗って踊ることができる ・海の動物の様子や特徴を捉えてまねたりなりきったりして，全身で踊ることができる	・軽快なリズムに乗って踊ることができる ・自分が選んだ題材のひと流れを，友達と一緒に全身で踊ることができる	・軽快なリズムに乗って踊ることができる ・自分が選んだ題材のひと流れにはじめとおわりをつけて，友達と一緒に全身で踊ることができる	・軽快なリズムに乗って踊ることができる ・自分が選んだ題材のはじめ・なか・おわりを友達と一緒に全身で踊ることができる	

ム遊びの二つを組み合わせたり関連をもたせたりする構成とした（表14-3，14-4）。

2　本時案の例

　主体的・対話的で深い学びを実現するためには，児童たち一人ひとりに自分が何をどのように表現したいのかを明確にイメージさせることが重要である。そのためには，題材の写真や動画などの具体的な資料を用いて，具体的なイ

メージを抱かせたい（表14-5）。ここが曖昧だと，身体表現も曖昧になってしまうので留意したいところである。また，より豊かな対話を実現するためには，同じ題材の友達同士で互いの表現を見せ合ったり真似し合ったりして多様な表現に触れさせることや，兄弟チームと見せ合って特徴について発表し合ったりする活動を積極的に盛り込みたい[8]。

▷8 この学年の児童たちには"夢中になってなりきる"ことの楽しさ，つまり"変身ごっこの陶酔感"を体感させることがより肝要である（本時案の＊部分）。

評価については，本時案に示したように現行の評価の観点に則して，第1学年～第2学年の児童の運動や健康・安全への関心・意欲・態度，運動や健康・安全についての思考・判断，運動の技能，健康・安全についての知識・理解を授業中の取り組みから見取る。

表14-5 「動物ランド」第3時間の本時案

	学習内容	指導・評価（◆評価）	教具
導入	1. 集合・整列・挨拶・健康観察 2. めあて「自分のなりたい動物に変身しよう」。本時のめあてと学習の流れを学び，学習カードに記入する。 3. 心と体を弾ませてリズムダンス「動物なりきりダンス」を踊る。	1. 元気のよい態度で臨めるように指導する。 2. 本時のめあてを伝え，個人のねらい（どんな動物に変身したいか）を明確にさせる。学習の見通しをもたせる。 3. 展開に関連するように「ゾウ・サル・クマ」などの動物の様子を表現したリズムダンスに取り組ませ，イメージを膨らませる。	学習カード・音源「動物園へ行こうよ」
展開	4.「○○さんが転んだ（陸の動物編②）」を行う。 ①キリン ②ゾウ ③サル ④ライオン 5. 全員で「陸の動物に変身」する（一人）。 ①お腹を空かしたサル（個々人で表現→よい表現を共有） ②獲物をねらうライオン（個々人で表現→よい表現を共有） ③水浴びをするゾウ（個々人で表現→よい表現を共有） 6.「陸の動物に変身」する（二人組）。 二人の内一人が表現，もう一人が真似る（交代）。 ①お腹を空かしたサル2匹 ②獲物をねらうライオン2匹 ③水浴びをするゾウ2匹 (7. 見せ合いを行う（＊）)	4.「○○さんが転んだ」最初に教師が鬼役を行う。その際，児童がさまざまな表現に挑戦できるように個性的な表現が生まれたら誉め，取り上げていく。可能であれば，児童にも鬼役をやらせる。 ①キリン，②ゾウ，③サル，④ライオン 5.「陸の動物に変身」（一人）ここでは，その動物の状態をより具体的にイメージできるようにするため「○○している動物」等の設定にする。どの動物でも，ほとんどの児童が四つ足で歩き始めることが予測される。そのため，膝を付けずに表現している児童や片脚でバランスを取っている児童など，個性豊かな表現を拾い上げ共有していく。「あ！人変だ！」の学習につなげるために，途中で「雨が降ってきた逃げろ」「獲物が逃げちゃった！」など急変する感じを入れる。 6.「陸の動物に変身」（二人組）二人の内一人の表現を，もう一人が真似して交代する。その後は，二人で協力してその動物に変身する。低学年の児童は，距離感を取るのが苦手で接触することがよくあるため，二人で距離をしっかりと取って表現するように注意を促す。 (7. 時間があったら，近くの二人組と合流し，それぞれの表現を見せ合う。しかし，低学年児童はなりきりの楽しさに没入させたいため，6の活動により多くの時間を費やす)	音源「動物の鳴き声などの効果音」リズムタイコ 動物のイラストor写真

		◆きまりを守り，励まし合って誰とでも仲良く練習や交流をしようとする／場の安全に気を付けようとしている【態】 ◆リズムや陸の動物の特徴を知り，それに合った動きを選んだり見つけたりできる【思・判】 ◆軽快なリズムに乗って踊ることができる／陸の動物の様子や特徴を捉えてまねたりなりきったりして，全身で踊ることができる【技】	
まとめ	8．本時のまとめを行う。 9．次時の予告を聞く。 10．怪我の有無を申告する・整理運動を行う。 11．整列・挨拶	8．本時の学習のねらいと個人のめあての振り返りとまとめをさせる。 9．次時は「海の動物」に変身することを伝え，どんな動物になりたいかイメージを膨らませてくるように伝える。 10．怪我の有無を確認する・使った筋肉をほぐすように整理運動を行わせる。 11．元気よく挨拶ができると気持ちがよいことを伝え，挨拶ができたら誉める。	学習カード

4　表現運動系の学習指導の工夫

1　一時間の構成

　表現リズム遊びの学習指導では，表現遊びとリズム遊びの両方を豊かに体験するなかで，第3学年～第4学年からの学習につながる即興的な身体表現能力やリズムに乗って踊る能力，コミュニケーション能力などを培っていく。そのため，児童にとって身近で関心が高く，具体的で特徴のある動きを多く含む題材や軽快なリズムの音楽を取り上げる。この過程では，児童が今もっている力やその違い（個性）を生かせるような題材や音楽，多様な活動や場を工夫する必要がある。第5学年～第6学年で恥ずかしさが芽生え，集団が固定されがちな場合は，導入でリズムダンスに費やす時間を多めに取り，心身を解放させ人間関係を崩してから，表現へと展開すると効果的である。また，運動が苦手だったり意欲的でない児童がいたりした場合は，教師や友達の真似から始めてよいことを伝え徐々に自身の表現に挑戦させていきたい。

2　音源の工夫

　表現遊び・表現では，音源はあくまでも BGM となる。児童がそれぞれの題材の特徴に合ったひと流れやひとまとまりを仲間同士で紡いでいく時，その雰囲気に近い音源を用いると体育館がまるでそこにいるかのような空間になる。
　一方，リズム遊びおよびリズムダンスにおいては，音源の存在感をもたせその音楽の軽快なリズムやビートに身を委ねていく。ただ，リズムに乗れない児童がいた場合は，音楽を用いる前に教師とともに手拍子でリズムを取ってい

▷9　自然についての題材では風や雨の効果音を用いたり，動物の題材では動物の鳴き声を用いたりする。映画音楽や歌詞のあるものなど音源の特徴が強すぎるものでは，表現が音楽に引き寄せられ，児童のひと流れを阻害するため気をつけたい。もし，児童がオノマトペを言いながら表現できる場合は音源すらいらない。オノマトペとは擬音語と擬態語を包括的に示した言葉である。物事の声や音・様子・動作・感情などを「ぴょんぴょん」「ザーザー」などと同じ形態素で簡略的に表すことが多く，情景をより感情的に表現することのできる手段として用いられる。

く。手拍子に慣れたら首や肩，おしりなど，リズムを取る体の部位を変えていく。すると少しずつ全身でリズムに乗る感覚が芽生えてくる。全身でリズムに乗れるようになってから音楽を用いると，ビートを感じられるようになる。この時，音楽のテンポも重要である。なお，音楽の効果を最大限に生かすために，音源は大音量にしてそこに自由な動きをぴたりと乗せたりずらしたりして，音楽のリズムに合わせて弾む身体の躍動感を感じ取らせたい。フォークダンスもこれに類似している。定められた音源のリズムに易しいステップを乗せ，仲間と手をつないだり回ったりしながら交流を楽しんでいきたい。

▷10 速すぎても遅すぎても全身でリズムに乗れない。そのため，児童の様子を観察し，全身で弾めるテンポの音楽を用いるか音楽のテンポを調整して臨みたい。

3　学習形態・グループの編成の工夫

　全学年で共通して，授業の導入から展開にかけて一斉指導で個の表現を教師が拾い上げ，良い表現があったら全体へ共有化していく。題材のイメージがわかない児童にとって，この拾い上げと共有化はとても重要になる。表現を真似ることを土台にして，自身の表現へと発展できるからである。ここで教師が何を拾い上げるかが，その後の活動に影響を及ぼす。この段階で児童が多様なイメージを抱くことができ，それを自分の身体で豊かに表現できていれば，その後二人組へと学習形態を変えても活動の質は落ちない。しかし掘り下げが甘いと，二人組にした途端に表現が小さくなり羞恥心が生まれてしまう。

　人数は，第3学年～第4学年の日常生活や空想の題材で3～4人，第5学年～第6学年の自然などの題材では5～6人が表現しやすいと考える。第5学年～第6学年では，中学校への接続も考え，群の表現を用いて構成への意識を芽生えさせたいためである。

4　場・小道具の工夫

　題材によって，体育館全体を表現の舞台にしてもよい。忍者なら壁に隠れてもよいし，肋木やステージから跳び降りてもよい。ビニールシートや段ボールを用いれば，池を泳いだり物陰に隠れたりすることもできる。特別な支援を要する児童の場合はとくに，こういった具体的な物体が大変重要であり，学習意欲やなりきりに大きく影響を与える。また，小道具では，黒いはちまきも忍者の表現に効果的であり，クッキングであれば三角巾も良い。身近な材料を小道具として用いると負担も少なく，児童でも用意できる。

Exercise

① 「表現・創作ダンス」と「フォークダンス」「リズムダンス・現代的なリズムのダンス」それぞれの特性と学習のねらいを考えてみよう。

② 「リズムに乗る」とはどういうことか考えてみよう。また，児童がリズムに乗れるようにするために指導者はどのように学習を展開すればよいか考えてみよう。
③ 「表現・創作ダンス」において，恥ずかしさを払拭するために，指導者はどのような手立てを講じる必要があるか考えてみよう。

📖次への一冊

小林真理子・岩田靖・佐々木優「小学校体育における『リズム遊び』の授業づくり──『感じのある動きの探求』の視点から」『信州大学教育学部附属教育実践総合センター紀要　教育実践研究』15, 2014年, 55～64ページ。
　　小学校第1学年対象の「リズムダンス」の授業報告。単元「音楽をからだでものまねしよう」で，特徴的な音楽のリズムを自分の体で再現する「感じのある動きの探求」を行った挑戦的な論文。

宮本香織「ダンスにおける『リズムにのる』ことについての一考察」『スポーツ運動学研究』24, 2011年, 65～73ページ。
　　「リズムに乗る」ことを教えていないと問題提起し，「リズムに乗る」とは音楽と動きのリズムの調和であると理論を整理。「リズムに乗れる」ようになっていく過程を順序立てて解説。

文部科学省『学校体育実技指導資料第9集　表現運動系及びダンス指導の手引』東洋館出版社, 2013年。
　　文部科学省から出版されている表現運動の教材資料。ダイナミックなイラストと端的な説明があり，授業の具体的なイメージをもつことができる。指導要領の改訂後も，十分参考にできる資料。

引用・参考文献

岩田靖「体育嫌いの対処法──教材づくり・教諭づくりを中心に」『体育科教育』47(13), 1999年, 23～25ページ。
岩田靖「武道とダンスの今日的課題を探る」『体育科教育』64(3), 2016年, 10～14ページ。
小林真理子・岩田靖・佐々木優「小学校体育における『リズム遊び』の授業づくり──『感じのある動きの探究』の視点から」『信州大学教育学部附属教育実践総合センター紀要　教育実践研究』15, 2014年, 55～64ページ。
宮本香織「ダンスにおける『リズムにのる』ことについての一考察」『スポーツ運動学研究』24, 2011年, 65～73ページ。
文部科学省『小学校学習指導要領（平成29年告示）解説体育編』東洋館出版社, 2018年。
村田芳子「理論編 これからの表現運動・ダンスの授業」『最新楽しい表現運動・ダンス』小学館, 1998年, 6～7ページ。
村田芳子「表現運動・ダンスの特性とその指導」『女子体育』7-8月号, 2009年, 8ページ。

第15章
初等体育科教育の実践⑨
——保健——

〈この章のポイント〉

　保健領域においても，社会の変化にともなう現代的な健康問題や課題に積極的に立ち向かっていく資質や能力の形成が求められている。そのためには，保健に関する見方・考え方に基づいた「知識及び技能」の習得と主体的・対話的で深い学びによる「思考力，判断力，表現力等」の育成により「学びに向かう力，人間性等」の形成が目標とされている。本章では，保健領域の基本的な考え方と，その実践例について解説する。

1　保健の新学習指導要領における位置づけ

1　保健の目標

　社会が急速に変化し，予測困難な社会を迎えようとしている。学校教育では，子どもたちがかかる変化に対して積極的に向き合い，他者と協力しながら課題を解決していく資質や能力が求められている。

　保健領域においても，社会の変化にともなう現代的な健康問題や課題に積極的に立ち向かっていく資質や能力の形成が求められている。そのためには，情報化社会にあってさまざまな健康情報が行き交うなかで，正しい健康情報を取捨選択し，健康に関する課題を適切に解決する資質や能力の育成が必要となる。保健の指導においては，保健に関する原則や概念（「見方・考え方」）を根拠として活用し，疾病等のリスクの軽減や生活の質の向上，さらには環境を支える環境づくりを目指して，課題の解決に積極的に取り組むことが目標とされている。

　新学習指導要領では，以下のとおり教科の目標が設定されている。

> 　体育や保健の見方・考え方を働かせ，課題を見付け，その解決に向けた学習過程を通して，心と体を一体として捉え，生涯にわたって心身の健康を保持増進し豊かなスポーツライフを実現するための資質・能力を次のとおり育成することを目指す。
> 　(1)　その特性に応じた各種の運動の行い方及び身近な生活における健康・安全について理解するとともに，基本的な動きや技能を身に付けるようにする。

第Ⅱ部　個別内容領域の授業をつくる

> (2) 運動や健康についての自己の課題を見付け，その解決に向けて思考し判断するとともに，他者に伝える力を養う。
> (3) 運動に親しむとともに健康の保持増進と体力の向上を目指し，楽しく明るい生活を営む態度を養う。

　ここで示された「保健の見方・考え方」とは，「疾病や傷害を防止するとともに，生活の質や生きがいを重視した健康に関する観点を踏まえ，『個人及び社会生活における課題や情報を，健康や安全に関する原則や概念に着目して捉え，疾病等のリスクの軽減や生活の質の向上，健康を支える環境づくりと関連付けること』」（文部科学省，2018，18ページ）とされている。とくに小学校では，身近な生活における健康課題や健康情報を，保健にかかわる原則や概念をもとに理解・活用して，疾病等のリスクの軽減や生活の質の向上，さらには健康を支える環境づくり（主に高等学校）を目指して，情報選択や課題解決に主体的に取り組むことができるようにすることが意図されている。

▷1　原則や概念をどのようにおさえるのか，検討が必要である。例えば病気や傷害・事故などを分析するための疫学理論（主体・環境・病因の三要因）は重要な原則・概念となる。また，事故原因を分析する潜在危険論やハインリッヒの法則（事故の連鎖）なども原則・概念と捉えることができる。

　次に「課題を見付け，その解決に向けた学習過程」とは，基礎的・基本的な内容を単に記憶としてとどめるだけでなく実践的に理解することである（文部科学省，2018，19ページ）。健康について興味や関心を高め，自分なりの課題を設定してその解決に向けて取り組むことが必要となる。またそのための学習は，他者との対話を通して課題の妥当性を検討し，よりよい解決策を見出していく主体的・対話的で深い学びの実現に向けた授業改善が求められている。

　そして「生涯にわたって心身の健康を保持増進し」とは，主体的・対話的な深い学びを通して，現在および将来の生活において，健康課題に対して保健の「知識及び技能」を活用して，的確に思考し判断するとともに，それらを表現することができる資質・能力の育成が目指されている（文部科学省，2018，20ページ）。

2　保健の位置づけ

① 体育科・保健体育科における保健の位置づけと指導計画の作成

　保健は，小学校では体育科の保健領域として，第3学年から第6学年までの4年間教えられる。

▷2　中学校では，保健体育科の保健分野として3年間教えられている。高等学校では，保健体育科の科目「保健」として週1コマの授業が原則として入学年次およびその次の年次の2年間にわたり履修させることになっている。

　小学校の保健領域の配当時間は，第3学年～第4学年の2年間で8単位時間程度の配当となっている。また，第5学年～第6学年の2年間で16単位時間程度配当されることになっている。

② 学校教育活動全体との関連

　教育基本法第2条第1号は，教育の目的として「健やかな身体を養う」ことを規定しており，それを受けて新学習指導要領の総則第1の2の(3)において体

174

育・健康に関する指導について，児童の発達段階を考慮して，学校全体として取り組むことが示されている。具体的には，体育科，家庭科および特別活動，各教科，道徳科，外国語活動および総合的な学習の時間などにおいてもそれぞれの特質に応じて適切に行うことと関連性をもたせることが求められている。

　道徳科では，健康・安全についての理解は，生活習慣の大切さを知り，自己の生活を見直すことと関連づけることが求められている。また学校における食育の推進とかかわっては，家庭科における食生活に関する指導や特別活動における給食の時間を中心とした指導と関連させることが示されている。とくに栄養摂取の偏りや朝食欠食といった食習慣の乱れなどに起因する肥満や生活習慣病，食物アレルギー等の健康課題や，食品の安全性の確保等の食にかかわる課題が顕在化しており，生涯にわたって健やかな心身と豊かな人間性を育むための基礎を培うためにも総合的な取り組みが必要とされている。

　安全に関する指導では，さまざまな自然災害の発生や，情報化やグローバル化等児童を取り巻く安全に関する環境も変化している。そのため身の回りの生活の安全，交通安全，防災に関する安全等，情報を正しく判断し，適切な行動がとれることとかかわって指導することが必要となっている。

▷3　災害時には，「自分には危険が及ばない」と考える「正常性バイアス」やパニックなどの心理的状態が起こる場合があり，情報を正しく判断するための準備が必要となる。

　さらに，心身の健康の保持増進に関する指導においては，情報化社会の進展により，さまざまな健康情報や性・薬物等に関する情報の入手が容易になり，児童が適切に行動できるようにする指導がいっそう重視され，教科との適切な関連性が求められている。

　このように体育・健康に関する指導は，体育科の時間だけでなく学校の教育活動全体を通じて行うことによって，いっそうの充実を図ることができる。

2　保健の指導内容

1　「知識及び技能」の指導内容

① 保健のカリキュラム編成と「見方・考え方」

　保健のカリキュラムは，図15-1に示したように小学校第3学年から高等学校まで配列され，sequence（領域）と scope（配列，順序）が設定されている。保健で扱われる指導内容は小学校段階で示された内容が学年進行とともに幅広い文脈のなかで深い理解が求められるようになる。具体的には，小学校では基礎的・基本的内容を実践的に理解するために「身近な生活における内容」が扱われ，中学校では科学的認識の形成を重視し「個人生活における内容」に焦点が当てられている。さらに高等学校では社会科学も含めた科学的認識の形成が目指され「個人及び社会生活における内容」が扱われ，総合的な観点からの理

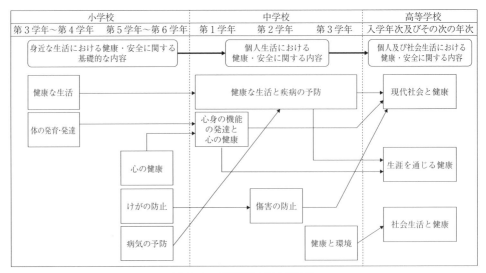

図15-1 保健指導内容の系統性
出所：文部科学省（2015, 8ページ）。

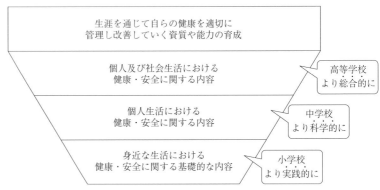

図15-2 保健指導内容の体系イメージ
出所：文部科学省（2015, 9ページ）。

解が促されている（図15-2）。

このようなカリキュラム編成と保健の「見方・考え方」を関連づけて考えると次のようになる。

保健の「見方・考え方」では，健康や安全に関する原則や概念に着目して健康問題を捉えることが求められている。そしてこの原則や概念が学年進行とともに，そこで示される原則や概念のより高度な理解が求められるようになる。例えば感染症の予防では，三要因による疫学的解釈（主体，環境，病因）が原則の一つとして位置づけられる。そのため，小学校では身近な感染症としてかぜなどが取り上げられ，三要因により因果関係が簡単に説明されている。中学校では各要因に対するより深い科学的理解が求められ，対策として社会環境整備の必要性にも言及されている。高等学校ではさらに，現代の感染症を理解するための新興感染症や再興感染症が扱われ，三要因による感染症理解が深められ

▷4 HIV（エイズ）や病原性大腸菌O157，海外ではエボラ出血熱など，新しい病原体による感染症を「新興感染症」という。
再興感染症は，病原体や環境の変化のために，ふたたび流行しはじめること。代表的なものは結核。

ている。このように三要因という原則は変わらないが，より深い理解が求められるようになり，現代社会の健康問題に対するヘルスリテラシー（保健的教養）が形成されることが期待されている。

② 小学校の指導内容の特徴

新学習指導要領の内容構成の改善では，保健領域については，「『保健の見方・考え方』を働かせて，資質・能力の三つの柱を育成する観点から，健康に関する『知識・技能』，健康課題の発見・解決のための『思考力・判断力・表現力等』，主体的に健康の保持増進や回復に取り組む態度等の『学びに向かう力・人間性等』に対応した目標，内容に改善する」ことが求められている（文部科学省，2018，9ページ）。

しかし保健では，「小学校，中学校，高等学校を通じて系統性のある指導ができるように示す必要がある」とのことより，「知識及び技能」「思考力，判断力，表現力等」の内容構成となっている（文部科学省，2018，9～10ページ）。

なお，「『学びに向かう力，人間性等』については，目標において全体としてまとめて示し，指導事項のまとまりごとに内容を示さない」こととされている（文部科学省，2018，10ページ）。

指導内容の取り上げ方については，身近な生活における健康について理解することが求められている。これは各領域での健康問題を扱う際に，児童の身近な生活における健康問題を取り上げ，その基礎的・基本的な内容を実践的に理解することが目指されていることを意味している。実践的に理解するとは，学んだ知識が単に記憶としてとどめられるだけでなく，身近な生活における学習課題を見つけ，それを解決する過程を通して生きて働く学力として概念化されていくことが期待されていることを意味している。

各領域の構成を見ると，「健康な生活」では，健康に良い生活を主体的に過ごすために，健康の大切さを認識できるようにするとともに，毎日の生活に関心をもち，健康に良い生活の仕方について理解することが目標とされている。そのため健康の成立要因，健康を保持増進するための生活の仕方，身の回りの環境整備という三つの柱で指導内容が構成されている。

「体の発育・発達」では，発育・発達の仕組みと思春期の体の変化について理解するとともに，よりよい成長のためには生活の仕方が大きくかかわっていることを理解することが目標とされている。そのため体の発育・発達の仕組み，思春期の体の変化，よりよく発育・発達させるための生活の仕方の三つの柱で指導内容が構成されている。

「心の健康」では，心も体と同様に発達すること，また心と体の密接な関連について理解すること，および思春期を前にして不安や悩みへの対処方法について理解することが目標とされている。そのため心の発達の仕組み，心と体の

表15-1 「知識及び技能」の指導内容の系統表

第3学年	第4学年	第5学年	第6学年
ア 健康な生活について理解すること。 (ｱ) 健康の状態は主体の要因や周囲の環境の要因が関わっていること (ｲ) 運動, 食事, 休養及び睡眠の調和のとれた生活と体の清潔 (ｳ) 明るさの調節, 換気などの生活環境	ア 体の発育・発達について理解すること。 (ｱ) 年齢に伴う体の変化と個人差 (ｲ) 思春期の体の変化 ・体つきの変化 ・初経, 精通など ・異性への関心の芽生え (ｳ) 体をよりよく発育・発達させるための生活	ア 心の発達及び不安や悩みへの対処について理解するとともに, 簡単な対処をすること。 (ｱ) 心の発達 (ｲ) 心と体との密接な関係 (ｳ) 不安や悩みへの対処の知識及び技能 ア けがの防止に関する次の事項を理解するとともに, けがなどの簡単な手当てをすること。 (ｱ) 交通事故や身の回りの生活の危険が原因となって起こるけがの防止 ・周囲の危険に気付くこと ・的確な判断の下に安全に行動すること ・環境を安全に整えること (ｲ) けがなどの簡単な手当の知識及び技能	ア 病気の予防について理解すること。 (ｱ) 病気の起こり方 (ｲ) 病原体が主な要因となって起こる病気の予防 ・病原体が体に入るのを防ぐこと ・病原体に対する体の抵抗力を高めること (ｳ) 生活習慣病など生活行動が主な要因となって起こる病気の予防 ・適切な運動, 栄養の偏りのない食事をとること ・口腔の衛生を保つこと (ｴ) 喫煙, 飲酒, 薬物乱用と健康 ・健康を損なう原因 (ｵ) 地域の保健に関わる様々な活動

出所：文部科学省（2018, 180ページ）をもとに作成。

密接な関係, 不安やなやみの対処の三つの柱で指導内容が構成されている。

「けがの防止」では, けがの発生要因や防止方法について理解すること, およびけがが発生した時の対応や手当について理解し, けがの手当の技能についても身につけることが目標とされている。そのため交通事故や身の回りの生活の危険など, けがの起こり方とその防止, およびけが発生時の対応としての手当の知識, 手当の技能の二つの柱で指導内容が構成されている。

「病気の予防」では, 病気の発生要因や予防について理解すること, および喫煙, 飲酒, 薬物乱用が健康に与える影響について理解することが目標とされている。そのため病気の起こり方, 病原体が主な要因となって起こる病気の予防, 生活行動が主な要因となって起こる病気の予防, 喫煙・飲酒・薬物乱用と健康, 地域のさまざまな保健活動の取り組みの五つの柱で指導内容が構成されている（表15-1）。

2 「思考力, 判断力, 表現力等」の指導内容

新学習指導要領では,「知識及び技能」「思考力, 判断力, 表現力等」「学びに向かう力, 人間性等」の育成が重視されている。この三つの目標を関連づけて育成するために,「課題を見付け, その解決に向けた学習過程」をつくりだすこと求められている（文部科学省, 2018, 9ページ）。

具体的には, 健康の意義に気づき, 健康についての興味や関心を高めて課題を見つけ, その解決に向けて意欲的に取り組み, また学習過程を振り返るなか

で課題を修正したり，新たな課題を設定したりするなど，主体的な学びを促すことが求められている。課題解決にあたっては，仲間や書物などとの対話を通じて自己の思考を広げたり深めたりしてよりよく課題解決に向けた学習過程が準備されることが求められている。これらの学習過程を通して，健康についての課題を見つけ，解決に向けて試行錯誤が繰り返され，その過程のなかで「思考力，判断力，表現力等」が形成されることが期待されている（表15-2）。

さらに，「知識及び技能」と「思考力，判断力，表現力等」の形成について言及するならば，「知識及び技能」は，「個別の事実的な知識のみを指すものではなく，それらが相互に関連付けられ，更に社会の中で生きて働く知識となるものを含む」とされている（文部科学省，2018，20ページ）。つまり，保健領域の各単元を学ぶなかで基礎的・基本的な内容を主体的・対話的で深い学びを通して実践的に理解することにより生きて働く知識が形成される。また，その学習過程では，新たな情報と既知の知識を活用しながら課題解決が行われたり，自己の考えが形成されたり，新たな価値を創造するために必要な情報が選択され，さらに思考されることになる。また，伝える相手や状況に応じて表現方法等を工夫することにより表現力を培うことにもつながる。このような学習過程のなかで「思考力，判断力，表現力等」が形成されることになる。

表15-2 「思考力，判断力，表現力等」の指導内容の系統表

第3学年	第4学年	第5学年	第6学年
イ 健康な生活について課題を見付け，その解決に向けて考え，それを表現する。	イ 体がよりよく発育・発達するために，課題を見付け，その解決に向けて考え，それを表現する。	イ 心の健康について，課題を見付け，その解決に向けて思考し判断するとともに，それらを表現する。	イ 病気を予防するために，課題を見付け，その解決に向けて思考し判断するとともに，それらを表現する。
		イ けがを防止するために，危険の予測や回避の方法を考え，それらを表現する。	

出所：文部科学省（2018，186ページ）をもとにして作成。

3 保健の指導計画と評価

1 主体的・対話的で深い学びを実現するための授業案

小学校では，主体的・対話的で深い学びを実現させるためには，より身近な素材を教材化することが必要である。児童は自分がかかわった教材に接する時に，自分が投影され，学習が主体化される。次にその教材を分析する視点を学び，集団での対話を通して教材の分析が行われ，課題が整理されたり解決されたりする。この過程において深い学びが成立する。

「体をよりよく発育・発達させよう！」（第4学年）では，体育領域との関連も考えて授業を構想した。その際，素材となるのは新体力テストの記録である。新体力テストの記録は，まさに自分の記録であり，主体的に自身の生活を振り返る切り口となる。

「『ヒヤリハット体験』を活かした交通事故防止」（第5学年）では，授業の前に事前に1週間かけて登下校時の危険箇所を探し，その現場を見てみるという課題を設定した。これにより学習の素材が自分たちの登下校時の危険箇所となり，この素材が教材化されることにより主体的な学びとなる。そして危険箇所を仲間と話し合いながら分析することにより，深い学びが形成されている。

2 単元「体の発育・発達」

① 単元計画の例

体の発育・発達単元として第4学年の「体をよりよく発育・発達させよう！」の単元計画と指導案を紹介する（表15-3）。ここでは，体の発育・発達の一般的な現象や思春期の体の変化などについて理解するとともに，体をよりよく発育・発達させるための生活の仕方について理解できるようにする必要がある。さらに，体の発育・発達について課題を見つけ，その解決に向けて考え，表現できるようにすることが必要である。

そこで本単元では，体が加齢にともなって変化すること，体の発育・発達には個人差があること，思春期になると体に変化が起こり，異性への関心も芽生えること，体の発育・発達には適切な運動，食事，休養および睡眠が必要であることなどの知識と課題を解決するための「思考力，判断力，表現力等」の育成が目標とされている。

② 本時案の例

本時（第3時）は，体をよりよく発育・発達させるための生活として適切な運動，食事，休養及び睡眠について理解するとともに，運動領域の「A体つ

表15-3　第4学年の指導と評価の計画

	第1時	第2時	第3時（本時）
学習過程	(ｱ)体の発育・発達 ・年齢に伴う体の変化 ・体の変化の個人差	(ｲ)思春期の体の変化 ・男女の特徴 ・初経，精通など ・異性への関心	(ｳ)体をよりよく発達させるための生活 ・発育・発達させる適切な運動，食事，休養及び睡眠
関心・意欲・態度	○ （観察・ワークシート）		
思考・判断		○ （観察）	○ （観察）
知識・理解	○ （ワークシート）	○ （ワークシート）	○ （ワークシート）

くり運動」の「跳ぶ，はねるなどの動きで構成される運動」を通じて行うなど，運動と健康との関連について具体的な考えをもてるようにした（表15-4）。

ねらいは次の4点である。(1)体をよりよく発育・発達させるために適切な運動について考える，(2)バランスの良い食事について考える，(3)十分な休養・睡眠について考える，(4)課題を見つけ，課題解決について考え，それを表現する。

表15-4　本時の展開

学習内容	学習活動	指導上の留意点，評価
体の発育・発達にかかわる要因	1．本時の導入と課題 体をよりよく育てるためには，どのようなことが大切か，考えてみよう。 ・班で思いつくものをあげさせ，まとめる。 ・班ごとに発表させる。 ○運動，食事，休養及び睡眠に関することを分類して整理する。	・生活上の体験を振り返らせる。 ・生徒の意見を板書しながら分類する。
運動の効果	2．運動と体の発育・発達 体力テストの結果で記録が伸びている種目はあるでしょうか。 ・身長や体重，胸囲等の増加を確認させる。 ・運動種目について成長を確認する。 ○自然に成長するが，運動によりさらに発育・発達することを押さえる。 ○運動によって，骨が太くなることや心臓や肺などの働きが高まることにも触れる。 ○体育の時間でとくに体をよく動かした運動について振り返る。	＊体育授業との関連 ・体力テストの記録を活用 ・記録のグラフ化作業 ・運動領域の「体つくり運動」などで跳んだりはねたりする運動が骨や筋肉の形成に効果があることについて触れる。
・普段の生活と運動	○普段の生活と運動の関わり 普段の生活でどのような運動をしていますか。話し合ってみよう。 ○駅のエレベーターやエスカレーターは使わない。 ○休み時間は外へ出て友達と外遊びをよくする。 ○放課後友達と遊ぶときも外遊びをしている。	・普段の生活と運動との関連について振り返る。 ・運動の必要性と生活に運動を取り入れる方法を理解している。
バランスのとれた食事	今週の給食の献立はどのようになっていたか，班で調べましょう。 ○主食，主菜，副菜ごとに食品を書かせる。 ○栄養のバランスが良くなるように，いろんな食品を食べることが大切であり，とくにたん白質，カルシウム，ビタミン摂取の必要性について触れる。 ○3食を適切に食べることについても触れる。	・班で曜日を決めて調べる。 ・とくに朝食は1日のエネルギー源になり，学校生活を支えていることを押さえる。 ・バランスの良い食事，栄養の必要性とその取り方について理解している。
睡眠と休養	○休養・睡眠の仕方 「すっきり目覚め」しているかな。普段の寝起きの様子について調べてみよう。 ○「すっきり目覚め」の朝は，前日どのような生活だったか振り返る。 （よく運動した，早く寝た，電子機器は見なかった，お風呂にゆっくり入って疲れをとったなど）	・休養の必要性についても説明し，心の疲れをとることも大切であることを押さえる。 ・成長ホルモンについて説明する。 ・睡眠と休養の必要性とその方法について理解している。

第Ⅱ部　個別内容領域の授業をつくる

まとめ	○睡眠は疲れをとるだけでなく，体の成長にも関係していることを説明する。 ○本時のまとめ 体がよりよく発育・発達するために，どういうことが実行できそうか考えてみよう。 ○運動，食事，睡眠の観点から考えさせる。 ○自分の生活を振り返り，取り組める項目について課題を設定し，実行するための方法について考えさせる。	・学習したことを踏まえて，自分の生活について振り返り，具体的に取り組む方法について考える。

2　単元「けがの防止」

① 単元計画と本時案の例

次に「けがの防止」の例として第5学年の「『ヒヤリハット』体験を生かした交通事故防止」を紹介する（表15-5，15-6）。ここでは，第1時でけがの原因を理解することを重点として授業を展開し，けがにつながる危険の予測に対する意識を高めた。また，第2時では，学校や地域に視野を広げることで第1時に学習したことを生かせるようにした（高野, 2017, 117～121ページ）。

そして第3・4時では，事前（1週間程度）に日頃自分たちの学区で体験した「ヒヤリ」としたことや「ハッ」としたこと，いわゆる「ヒヤリハット体験」を意識させ，実際にその場所での体験を再認識させるとともに，授業時での説明用に写真に撮らせた。児童の現実である「ヒヤリハット体験」を，授業で培った危険予測の知識で分析することにより，知識の活用を図った。また，児童自身の身近な問題を学習課題とすることにより，主体的で意欲的な学習が展開されると考えた。

表15-5　第5学年の指導と評価の計画

	1時間目	2時間目	1週間の調査活動	3・4時間目
学習過程	事故が起こる原因を考える 《キーワード》 ・人の行動 ・気持ち ・環境 ・起こりそうなけが（事故）	学校や地域で起こるけがは，どうすれば防止できるか考える 《キーワード》 前時と同様	・学区のなかで，子どもたちが「ヒヤリハット体験」をした場所の写真を集める。 ・前時までに考えてきた「キーワード」が，自分の選んだ場所ではどのようなものか考える。	写真を見ながら，学区の危険箇所について分析を行い，対策についてみんなで考える。
関心・意欲・態度		○ （観察・ワークシート）	○ （観察）	
思考・判断	○ （観察・ワークシート）	○ （観察・ワークシート）		○ （観察）
知識・理解	○ （ワークシート）			○ （ワークシート）

第15章　初等体育科教育の実践⑨

表15-6　本時の展開

主な学習内容・学習活動	指導上の留意点
導入 ・学区内で経験した「ヒヤリハット体験」を出し合う。 ・学区の危険な場所について考える。 　①どのような原因があるか 　②どのようなことをすれば事故を防ぐことができるか。	・子どもたちが撮った「ヒヤリハット」体験場所の写真を掲示 ・その時の危険な体験も発表する。（体験について具体的に説明）
展開 ・本時の流れを確認する。 　①事故原因を調べる方法について説明。 　②グループに分かれて場所の分析、まとめ。 　③自分たちの考えたことを次の時間に発表。 分析方法 《ひそんでいる危険》 　・環境　・行動　・どんな事故？ 《防ぐための対策》 　・危険予測　・判断材料　・行動	・準備物 　□「ヒヤリハット体験」場所写真 　□模造紙 　□マジック 　□「ヒヤリハット体験」分析シート ・写真を見ながら、「環境」「人の行動」「気持ち」等に整理して書くとわかりやすいことをつたえる。
まとめ ・全体で、分析方法を確認する。 ・グループに分かれて分析し、模造紙にまとめる。 ・グループごとに発表をする。 ・交通事故を防ぐための今後の行動についてまとめる。	□写真をもとに、事故分析を行う。 □事故の要因を、「ヒヤリハット体験」分析シートに記入し、分析方法と記入の仕方を説明する。 □各班で、自分の「ヒヤリハット体験」と事故分析を説明させ、それをみんなで検討する。 □交通事故の原因を環境と行動から考えるとともに、対策について自分なりに考えることができる。【思・判】 □交通事故は環境と人の行動に原因があることや、交通事故を防止するためには危険の予測、的確な判断、安全な行動が必要であることがわかる。【知・理】

図15-3　グループ学習の時間　　　図15-4　生徒が分析した危険なY字路

④　主体的・対話的で深い学びについて

　この授業の大きなポイントは、本時の授業を展開する前に学習課題を児童に知らせ、1週間登下校時の危険地帯に目を向けさせたことである。自分たちでヒヤリハット体験の場所を探すことで、交通事故にあうかもしれないという危機感が身近なものとなる。また、自分たちの知っている場所を教材として使うことで、問題意識が身近なものとなり主体的な学びができると考えた。実践のなかで実際に写真を見ながら児童が対話をしていくと、経験に基づいた意見が

183

多く交わされ，対話的な学習となった。さらに自分たちのヒヤリハット体験を仲間と話し合い，主体・環境要因で分析することにより深い学びにつながったと考えている（図15-3，15-4）。

4 保健の学習指導の工夫

1 体力テストによる体の発育・発達

図15-5のような体力テストフローチャートを作成してみよう。体の発育・発達の様子は，体力テストの数値の増加によっても確かめることができる。

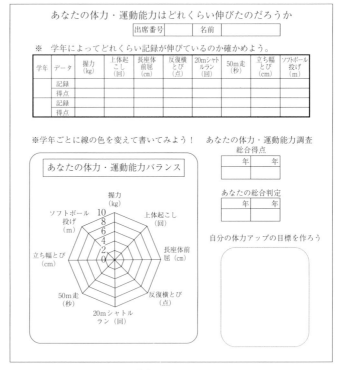

図15-5 体力テストフローチャート

2 「いきいき生活してるかな」

図15-6のような棒反応測定では，落下する棒を見て，握るまでの時間を測る。これは棒をキャッチするまでの時間から，神経系の反応の速さを調べるものである。早く握れた場合は反応速度が速いことを示し，脳がしっかり活動していると考えられる。疲れていたり，いきいきとした生活をしていない時は反応速度が遅くなる。自分の体調を理解し，生活を振り返ることにより健康管理に役立てることができるだろう。

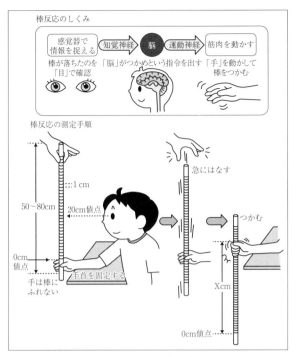

図15-6 棒反応測定

表15-7 棒反応測定における覚醒の基準値 (cm)

	いきいきゾーン	ふつうゾーン	心配ゾーン
小1	～27	28～38	39～
小2	～24	25～35	36～
小3	～23	24～34	35～
小4	～22	23～33	34～
小5～中3	～17	18～24	25～

注：第5学年頃からは記録が安定するため，小学校第5学年～中学校第3学年は同じ基準にした。
出所：東京都東久留米市教科研保健部作成の資料（2003）より。

Exercise

① 保健の「見方・考え方」とは何か，説明してみよう。
② 学習内容を一つ取り上げ，カリキュラム・マネジメントの観点から他教科からの取り組みについて調べてみよう。
③ 保健における「知識及び技能」と「思考力，判断力，表現力等」の育成の関連性について説明してみよう。

📖次への一冊

日本保健科教育学会編『保健科教育法入門』大修館書店，2017年。

第Ⅱ部　個別内容領域の授業をつくる

　　　　主に保健体育を専攻する学生にとって保健科教育法の全般を簡単に理解できるように解説したテキスト。小・中・高校での「保健」の名称や位置づけ，担当者など基本的な内容から扱われている。
森昭三・和唐正勝編『保健授業づくり入門』大修館書店，2002年。
　　　　保健学習の目的論・目標論・学力論から内容論・教材論・評価論など，保健授業づくりについての基本的な内容が解説されている。「楽しい保健授業づくり」に最適なテキストである。

引用・参考文献

文部科学省「『生きる力』を育む高等学校保健教育の手引き」2015年。
文部科学省『小学校学習指導要領（平成29年告示）解説体育編』東洋館出版社，2018年。
野井真吾監修，子どものからだと心・連絡会議編「棒反応」『子どものからだと心　調査ハンドブック』旬報社，2018年，22～27ページ。
高野法子・岡﨑勝博「交通事故の防止」『保健科教育法入門』大修館書店，2017年，117～121ページ。

終　章
初等体育科教育の課題と今後の展望

〈この章のポイント〉

2017年に告示された新学習指導要領は，2018年から移行期間に入り，2020年に完全実施に入る。そこで本章では，現在，小学校で実施されている体育の授業の可能性と課題について，ユネスコ等による体育の質保証をめぐる国際的な提案ならびに日本の新学習指導要領を踏まえて検討していく。また，課題解決に向けたアイデアについて，(1)体育の授業を規定する制度的条件，(2)良質の体育の実施に向けて教師に求められる資質・能力，(3)教師として身につけるべき知識と技能，(4)養成段階で取り組める省察能力の改善方法から解説する。

1　初等体育科の可能性と質保証に向けた諸提案

1990年代末より，体育の授業の質保証に向けた積極的な提案が国際的に数多く見られるようになった。その背景には，体育の授業時数の削減現象への危機感が見られた。

そのためICSSPE▷1は，第1回世界学校体育サミット（1999）を開催し，ベルリンアジェンダを採択するとともに，その提案を第3回体育・スポーツ担当大臣等国際会議（MINEPS▷2）に提案した。その後，ミレニアム開発目標（国連総合広報センター，2000）や持続可能な開発目標（国連総合広報センター，2015），体育の質保証に向けた提案（UNESCO, 2015a）や体育・身体活動・スポーツに関する国際憲章（UNESCO, 2015b）が，継続的に提案され続けてきた。これらの一連の動きのなかでは，運動することの意義が(1)財政的資本，(2)身体的資本，(3)情緒的資本，(4)個人的資本，(5)社会的資本，ならびに(6)知的資本という六つの観点に整理して示されるようになっている（ICSSPE, 2012, p. 11）。

この提案では，動かない子どもへの危機感が見られる。実際，すでに9歳で性差が見られるようになっていることや，動かない大人がそのパターンを子どもに伝えているといった指摘，脳機能の発達や動きの学習の適時性という観点から，10歳以下の子どもたちへの働きかけの重要性が強調されている（ICSSPE, 2012, pp. 1-13）。

このような動きに対応し，他教科の提案する諸リテラシーと同様に，1993年

▷1　ICSSPE
国際スポーツ科学体育学会連合会（International Council of Sport Science and Physical Education）。多様なスポーツ種目，スポーツ科学ならびに体育に関する包括的視点を維持し，それらの間の持続可能な協働を促進することを意図して，1950年代に設立された。現在，スポーツ，スポーツ科学ならびに体育に関する組織と機関をつなぐ世界最大のネットワークを構成している。URLは，https://www.icsspe.org/（2018年9月7日閲覧）。

▷2　MINEPS
体育・スポーツ担当大臣等国際会議（International Conference of Ministers and Senior Officials Responsible for Physical Education and Sport）。体育，スポーツに関連した知識や技術に関する交流を意図して，1976年に設置。体育，スポーツに関する一貫した国際戦略の推進を意図して

にホワイトヘッド（M. Whitehead）が提案したフィジカルリテラシー（Physical Literacy）が国際社会で広く支持されるようになっている。また，今日では，ユネスコにより良質の体育（Quality Physical Education）が提案されるようになっている。

これらの諸提案では，体育が運動の技能のみではなく，認知能力，社会的スキルから情緒的スキルに至るまで，幅広い指導内容の指導を求められる点で他教科以上に指導が難しい教科であることが明示されている。同時に，そこからは，体育の教科内容としての知識や技術は，意図的，計画的に学習していく必要性があるという認識が読み取れる。これに対応し，国際的には，今日，多様で，柔軟な授業の方法論が提案されている（Tannehill et al., 2015）。

2　新学習指導要領の求める初等体育科の目標

このような国際社会の動きのなか，日本では2017年に学習指導要領が改訂された。この改訂は，教育課程全体を通して育成を目指す資質・能力を，(1)「知識及び技能」，(2)「思考力，判断力，表現力等」，ならびに(3)「学びに向かう力，人間性等」の三つの柱に整理するとともに，各教科の目標や内容についてもこれら三つの柱に基づき再整理をはかることが試みられた（文部科学省，2017，3ページ）。また，学習指導の改善に関わり，カリキュラム・マネジメントの実現ならびに主体的・対話的で深い学びの実現に向けた授業改善が求められた（文部科学省，2018，14〜15ページ）。

この指摘を受け，体育の目標として「生涯にわたって心身の健康を保持増進し豊かなスポーツライフを実現するための資質・能力」（文部科学省，2018，18ページ）の育成が目指されることになった。また，「知識及び技能」「思考力，判断力，表現力等」「学びに向かう力，人間性等」にかかわる目標とそれに対応する指導内容が明示された。

生涯にわたって心身の健康を保持増進し豊かなスポーツライフを実現するための資質・能力は，単に体力の高さにとどまるものではない。スポーツとの多様なかかわり方と関連づけながら，これら三つの目標に対応した指導内容を発達の段階に即して，意図的，計画的に指導していくことが求められることになる。

3　初等体育科の質保証に向けたアイデア

1　体育の授業を規定する制度的条件

しかし，このような可能性は体育の授業を実施すれば自動的に保証されるわ

いる。URLは，http://www.unesco.org/new/en/social-and-human-sciences/themes/physical-education-and-sport/mineps/（2018年9月7日閲覧）。

▷3　フィジカルリテラシーは，現在，次のように定義されている。「フィジカルリテラシーは，生活のための身体活動を営むことに価値を見いだし，それに責任を持って取り組めるようにするために，動機，自信，身体的能力，知識並びに理解を備えていることと定義できる」（IPLA, 2017）。

▷4　ユネスコ（UNESCO：United Nations Educational, Scientific and Cultural Organization）は，国際連合の専門機関であり，諸国民の教育，科学，文化の協力と交流を通して，国際平和と人類の福祉の促進を目的としている。1945年に憲章が採択され，1946年に設立された。本部は，パリ。2014年時点で，世界55か所に事務所を構えている。URLは，http://unesco.or.jp/（2018年9月7日閲覧）。

▷5　良質の体育は，次のように定義されている。「良質の体育は，幼児期，初等教育並びに中等教育のカリキュラムの一部を構成する計画的，進歩的でインクルーシブな学習経験である。この観点からみた場合，良質の体育は生涯にわたり身体活動やスポーツに従事していく基礎を培うものである。体育の授業で子どもや青少年に提供される学習経験は，彼らが積極的に身体を動かす生活を営むために必要な，精神運動的技能，知的理解，社会的スキルや情緒的スキルの習得を支援できるように，発達段階に適したものでなけれ

けではない。そのため，カリキュラム上の時間配当と教師が重要になる (ICSSPE, 1999)。また。インクルーシブな良質の体育実現に向けて整備すべき条件や視点が，国際的に提案されている（図 終-1）。

ばならない」(UNESCO, 2015a, p. 9)。

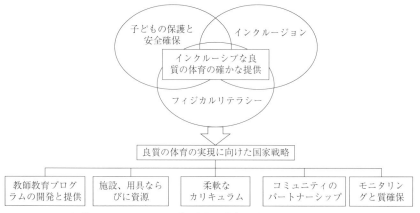

図 終-1　インクルーシブな良質の体育提供に必要な中核的視点
出所：UNESCO（2015a, p. 23）をもとに作成。

2　良質の体育の実施に向けて教師に求められる資質・能力

　ベルリンアジェンダ (ICSSPE, 1999) は，教師教育，とくに初等教育のそれに関する財政的支援を求めていた。ここでは，計画されたカリキュラムと実施されたカリキュラムの溝の埋め方が問題にされたと言える。このような状況は，わが国にも見られる。小学校においても教科書検定の導入や専科の体育教員導入を求める提言（日本学術会議健康・生活科学委員会健康・スポーツ科学分科会，2017，iiiページ）がなされることは，その例である。

　実際，今日では小学校段階でも専科教員を導入する学校が増えてきている（表 終-1）。そのため，小学校の教師はすべての教科を担当する教師であるという一般的なイメージは，徐々に変容しはじめている。

　しかし，現在，日本の免許法上では小学校の体育専科の教員資格は存在しない。他方で，教師は，自分が受けてきた体育の授業を再生産しやすい。それだけに，小学校で期待される体育の授業の質を保証し得る授業ができる教師をいかに育てるのかが問われることになる。

　アメリカで示されている学部卒業段階ならびに修士修了段階で習得が期待されている資質・能力の一覧（表 終-2，表 終-3）は，この点で参考になる。類似の提案は，わが国の教職課程コアカリキュラム（文部科学省，2017，7ページ）にも見出せる。

▷6　ベルリンアジェンダは，ICSSPE が開催した1999年の第1回世界体育サミットで採択された体育・スポーツ担当大臣等への行動の要請であり，同年の MINEPS に提案された。そこでは，体育の重要性やその質保証に向けた手続きが提案された (ICSSPE, 1999)。

表 終-1　体育科専科教員を配置している学校数の比率（%）の変化

	2009年	2011年	2013年	2015年
第1学年	3.0	3.4	3.4	6.0
第2学年	3.6	4.1	4.4	7.0
第3学年	4.7	5.0	5.0	7.9
第4学年	5.2	5.7	5.8	8.7
第5学年	7.0	7.7	8.1	11.1
第6学年	8.1	8.1	8.6	12.2

出所：文部科学省（2012, 2014, 2016）をもとに作成。

表 終-2　アメリカで示された学部学生が習得を期待される資質・能力

スタンダード1	科学的，理論的知識の習得	体育教師の候補者は，身体的教養を備えた人物を育成していくうえで不可欠な，専門科学固有の科学的，理論的概念を知り，それを応用できる。
スタンダード2	技能と体力	体育教師の候補者は，NASPEのナショナルスタンダードで示されている運動の技能や健康を増進する体力を身につけていることを示す知識や技能を身につけた，身体的教養を身につけた人物である。
スタンダード3	計画の立案と実行	体育教師の候補者は，多様な生徒の要求に応えるために，地域，州ならびに国のスタンダードに即し，発達段階に適した学習経験を提供する計画を立案し，それを実行する。
スタンダード4	効果的な授業運営とマネジメント	体育教師の候補者は，生徒の学習従事率を高め，学習成果をあげていくために効果的なコミュニケーションスキル，教育学的スキルならびに教育学的方略を用いる。
スタンダード5	生徒の学習に影響を与える	体育教師の候補者は，生徒の学習を促進し，学習指導に関する判断能力を向上させるために評価と省察を行う。
スタンダード6	プロ意識	体育教師の候補者は，効果的な専門職となるために不可欠な気質を示す。

出所：NASPE（2009, pp. 5-8）をもとに作成。

表 終-3　大学院修了レベルの体育教師希望者に求められる資質・能力

スタンダード1	専門職として身につける知識	上級の体育教師の候補は，専門科学に裏づけられた指導内容に関する知識を体育の授業に応用するための知識ならびに体育の授業と学習指導を実施するための基礎となる設問の立て方について理解している。
スタンダード2	専門職としての実践	上級の体育教師の候補者は，学習者を促進し，その成長を促す適切な学習経験を計画，提供するために，指導内容に関する知識と生徒の実態に合わせて授業を構想するための知識（PCK）を用いている。
スタンダード3	専門職としてのリーダーシップ	上級の体育教師の候補者は，自分自身の成長ならびに専門職の成長を促進するために継続的，協働的に学習していく存在であるとともに専門職の発展に向けて自らの能力を用いている。

出所：NASPE（2009, pp. 31-44）をもとに作成。

3　教師として身につけるべき知識と技能としてのPCKg

これらの資質，能力を確実に獲得していくためには，養成カリキュラムで提供する知識，技能やその習得度が問題になる。この点で，児童生徒に合わせて授業を構成するための知識を身につけている状態（PCKg: pedagogical content knowing）という概念（図 終-2，本書の第3章参照）は，示唆的である。

ここで示されている教育学的な知識は，個々の教科に特殊化された知識というよりは，教科を超えて共有されやすい知識と言える。実際，国語であれ算数であれ，一斉指導を用いる場合は考えられる。逆に言えば，異なる教科で同じ

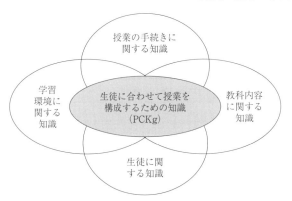

図 終-2　生徒に合わせて授業を構成するための知識
出所：Cochran（1993, p. 268）.

指導法がどのように用いられているのかを見たり，実際に自分でそれらを適用する機会は，クラス担任であるからこそ可能になると言える。

他方で，自身の経験に裏づけされた知識や技能を，教師は身につけている。それらのなかには，体育の授業の質保証に向けては修正すべき知識や技能が混在している。

例えば，体育の授業では児童の技能を高めれば，児童は授業に満足するというイメージが現在も見られる。確かに，情意的な態度を高めるためにはある程度の技能向上は不可欠と考えられる。しかし，技能を高めれば運動や体育授業への愛好的な態度を向上させることができるという考え方は否定されなければならないこと，さらには愛好的態度の向上には技能的な成果に加え，教師によって生み出される授業の雰囲気が重要な役割を果たすことが，すでに1990年代初頭に指摘されている（中井ほか，1994，13ページ）。

また，子どもの遊びとして行われる身体活動の減少が，対人関係や対社会関係をうまく構築できないなど，子どもの心の発達に重大な影響を及ぼしている一方で，早期の専門的なスポーツ実施にともなう弊害や過度な運動による障害，不適切指導の問題が指摘されてきた。例えば，勝ち負けや上手下手を強調しすぎる指導者のもとでの失敗経験が，否定的な自己概念を形成し，劣等感，情緒不安定，運動嫌いなどを生み出すといった指摘である（日本学術会議，2017，ii，iv，9ページ）。

これらの指摘は，当然ながら，スポーツに親しむ資質や能力の育成という観点から見て体育の授業での教材の工夫の仕方や教師行動の再考を求めることになる。

4　養成段階で取り組める省察能力の改善方法

体育の授業を提供するための専門職としての資質・能力は，教員養成の期間のみで完成するわけではない。また，良質の体育教師の養成プログラムは，生徒を理解し，カリキュラムやクラス運営に精通し，分析的，批判的な省察が可能であるとともに，新たなアイデアに対してオープンな姿勢を常に持ち続ける人を育てることを意図しているという（UNESCO, 2015a, p. 78）。その意味では，単に講義等で提供される知識や技能をひたすら受け入れる存在ではなく，自らの実践のなかで直面する課題を解決していける存在やともにカリキュラムを作成していける存在（O'Sulivan, 2003, pp. 276-278）に成長したいものである。

実際，学校での観察実習や教育実習を通して，みなさんは体育の授業に関してさまざまな疑問を抱くことがあるだろう。そのような疑問を解決していくには，教育実習の指導教員や同期の実習生，大学のスタッフ等との情報交換が欠かせない。他方で，ただ，情報交換を進めているだけでは，適切な解にたどり

着くことは難しい。ここで注目すべきは，サイクル性のある省察（reflective cycle）である。

この方法は，トサンガリドゥーら（Tsangaridou & O'Sullivan, 1994, p. 24）が提案した方法であり，事実の確認—原因の検討—修正案の提案を一連のセットで検討する方法である。同時に，このような省察に際しては，多様なデータ収集を進めることや特定の指導方略の長所，短所について自問して代案を考えることが必要になる。

また，この過程では教師として授業中に直面する課題を整理することも必要になる。通常，体育の授業を効果的に展開するには，(1)マネジメントにかかわる課題システム，(2)学習指導にかかわる課題システム，ならびに(3)生徒の人間関係にかかわる課題システムの三つに対応することが必要になる（Tannehill et al., 2015, p. 71）。みなさんも授業改善に向けてはこれらの観点に即したサイクル性のある省察を進めることが効果的であろう。

これらの指摘は，大学生の間に体育の授業を計画し，実施するために必要な知識をできる限り多く身につけなさいという指摘を意図したものではない。むしろ，自らが下す選択の根拠とその選択原理を自問するようになれること（Shulman, 1987, p. 13）が求められると言える。その意味では生涯にわたる専門職としての教師の成長（Continuing Professional Development：CPD）という考え方が重要になるのである。

Exercise

① ユネスコの提案する良質体育の授業で期待する成果と，日本の新学習指導要領が求めている体育の授業で期待する成果の類似点と相違点について説明してみよう。
② 体育の授業を行うために身につけるべき資質，能力を，アメリカの体育教師教育のスタンダードに即して説明してみよう。
③ 授業改善に向けたサイクル性のある省察が重要になる理由を説明してみよう。

次への一冊

岩田靖『体育の教材を創る』大修館書店，2012年。
　　本来，教材は教科の指導内容の学習を促す媒体であり，生徒の実態に応じて創り上げられる必要がある。本書は，その意義と手続きに加えて，豊富な実例が紹介され

ている。
ICSSPE 編『世界学校体育サミット』杏林書院，2002年。
　世界的な体育の授業時数削減現象に対して，体育関係者は，どのように反論したのか。本書では，この危機に対して第1回世界体育サミットの提案内容が収録されている。
シーデントップ，D., 高橋健夫ほか訳『体育の教授技術』大修館書店，1988年。
　期待している成果をすべての児童に保証していくためには，教師は多様な教授技能を習得することが必要になる。本書は，研究成果を踏まえ，その具体例が豊かに示されている。
高橋健夫編著『体育授業を観察評価する』明和出版，2003年。
　体育授業の改善は，データに基づき進められる必要がある。本書では，このデータ収集の具体的な方法とその改善方法が具体的，かつ多様に紹介されている。
岡出美則ほか編『新版体育科教育学の現在』創文書店，2015年。
　本書では，体育科教育学の研究成果が，(1)カリキュラム論，(2)教授・学習指導論，(3)体育教師教育論，ならびに(4)体育科教育学の研究方法論に分けて収録されている。

引用・参考文献

Cochran, K. F., Deruiter, J. A., & King, R. A., "Pedagogical Content Knowing: An Integrative Model for Teacher Preparation," *Journal of Teacher Education*, 44(4), 1993, pp. 263–272.

ICSSPE, "The Berlin Agenda for Action for Goverment Ministers," 1999. http://www.icsspe.org/about/structure/declarations-about-sport（2016年3月22日閲覧）

ICSSPE, "Designed to Move. A Physical Activity Action Agenda," 2012. https://www.designedtomove.org/en_US/?locale=en_US（2014年8月26日閲覧）

IPLA, "Physical Literacy," 2017. https://www.physical-literacy.org.uk/（2018年1月8日閲覧）

国際連合広報センター「ミレニアム開発目標」2000年。http://www.unic.or.jp/activities/economic_social_development/social_development/mdgs/（2018年1月6日閲覧）

国際連合広報センター「持続可能な開発のための2030アジェンダ採択──持続可能な開発目標ファクトシート」2015年。http://www.unic.or.jp/news_press/features_backgrounders/15775/（2018年1月6日閲覧）

文部科学省「平成23年度公立小・中学校における教育課程の編成・実施状況調査（A票）の結果について」2012年。http://www.mext.go.jp/a_menu/shotou/new-cs/__icsFiles/afieldfile/2012/01/31/1315677_1_1.pdf（2018年1月5日閲覧）

文部科学省「平成25年度公立小・中学校における教育課程の編成・実施状況調査の結果について」2014年。http://www.mext.go.jp/a_menu/shotou/new-cs/__icsFiles/afieldfile/2014/03/26/1342497_02_1.pdf（2018年1月5日閲覧）

文部科学省「平成27年度公立小・中学校における教育課程の編成・実施状況調査の結果について」2016年。http://www.mext.go.jp/a_menu/shotou/new-cs/__icsFiles/afieldfile/2016/03/11/1368193_02_1_1.pdf（2018年1月5日閲覧）

文部科学省「教職課程コアカリキュラム」教職課程コアカリキュラムの在り方に関する検討会，2017年。http://www.mext.go.jp/b_menu/shingi/chousa/shotou/126/houkoku/

1398442.htm（2018年1月2日閲覧）

文部科学省『小学校学習指導要領（平成29年告示）解説体育編』東洋館出版社，2018年。

中井隆司・高橋健夫・岡沢祥訓「体育の学習成果に及び教師行動の影響——特に，小学校における台上前転の実験的授業を通して」『スポーツ教育学研究』14(1)，1994年，1〜15ページ。

NASPE, *National Standards & Guidelines for physical education teacher education*, 3rd ed., AAHPERD Publications, 2009.

日本学術会議「提言 子どもの動きの健全な育成をめざして——基本的動作が危ない」健康・生活科学委員会，健康・スポーツ科学分科会，2017年。http://www.scj.go.jp/ja/info/kohyo/pdf/kohyo-23-t245-1.pdf（2017年12月28日閲覧）

O'Sullivan, M., "Learning to teach physical education," Silverman, S. J., & Ennis, C. D. (Eds.), *Student Learning in Physical Education*, Human Kinetics: Champaign, 2003, pp. 275–294

Shulman, L., "Knowledge and Teaching: Foundation of the New Reform," *Harvard Education Review*, 57(1), 1987, pp. 1–23.

Tannehill, D., van den Mars, H., & MacPhail, A., *Building Effective Physical Education Programs*, Jones & Bartlett Learning, 2015.

Tsangaridou, N., & O'Sullivan, M., "Using Pedagogical Reflective Strategies to Enhance Reflections Among Preservice Physical Education Teachers," *Journal of Teaching in Physical Education*, 14(1), 1994, pp. 13–33.

UNESCO, "Quality Physical Education: Guidelines for Policy-Makers," 2015a. http://unesdoc.unesco.org/images/0023/002311/231101E.pdf（2015年1月30日閲覧）

UNESCO, "International Charter of Physical Education, Physical Activity and Sport," 2015b. http://unesdoc.unesco.org/images/0023/002354/235409e.pdf（2015年12月5日閲覧）

小学校学習指導要領　体育

第1　目標
　体育や保健の見方・考え方を働かせ，課題を見付け，その解決に向けた学習過程を通して，心と体を一体として捉え，生涯にわたって心身の健康を保持増進し豊かなスポーツライフを実現するための資質・能力を次のとおり育成することを目指す。
(1) その特性に応じた各種の運動の行い方及び身近な生活における健康・安全について理解するとともに，基本的な動きや技能を身に付けるようにする。
(2) 運動や健康についての自己の課題を見付け，その解決に向けて思考し判断するとともに，他者に伝える力を養う。
(3) 運動に親しむとともに健康の保持増進と体力の向上を目指し，楽しく明るい生活を営む態度を養う。

第2　各学年の目標及び内容
〔第1学年及び第2学年〕
1　目標
(1) 各種の運動遊びの楽しさに触れ，その行い方を知るとともに，基本的な動きを身に付けるようにする。
(2) 各種の運動遊びの行い方を工夫するとともに，考えたことを他者に伝える力を養う。
(3) 各種の運動遊びに進んで取り組み，きまりを守り誰とでも仲よく運動をしたり，健康・安全に留意したりし，意欲的に運動をする態度を養う。

2　内容
A　体つくりの運動遊び
　体つくりの運動遊びについて，次の事項を身に付けることができるよう指導する。
(1) 次の運動遊びの楽しさに触れ，その行い方を知るとともに，体を動かす心地よさを味わったり，基本的な動きを身に付けたりすること。
　ア　体ほぐしの運動遊びでは，手軽な運動遊びを行い，心と体の変化に気付いたり，みんなで関わり合ったりすること。
　イ　多様な動きをつくる運動遊びでは，体のバランスをとる動き，体を移動する動き，用具を操作する動き，力試しの動きをすること。
(2) 体をほぐしたり多様な動きをつくったりする遊び方を工夫するとともに，考えたことを友達に伝えること。
(3) 運動遊びに進んで取り組み，きまりを守り誰とでも仲よく運動をしたり，場の安全に気を付けたりすること。

B　器械・器具を使っての運動遊び
　器械・器具を使っての運動遊びについて，次の事項を身に付けることができるよう指導する。
(1) 次の運動遊びの楽しさに触れ，その行い方を知るとともに，その動きを身に付けること。
　ア　固定施設を使った運動遊びでは，登り下りや懸垂移行，渡り歩きや跳び下りをすること。
　イ　マットを使った運動遊びでは，いろいろな方向への転がり，手で支えての体の保持や回転をすること。
　ウ　鉄棒を使った運動遊びでは，支持しての揺れや上がり下り，ぶら下がりや易しい回転をすること。
　エ　跳び箱を使った運動遊びでは，跳び乗りや跳び下り，手を着いてのまたぎ乗りやまたぎ下りをすること。
(2) 器械・器具を用いた簡単な遊び方を工夫するとともに，考えたことを友達に伝えること。
(3) 運動遊びに進んで取り組み，順番やきまりを守り誰とでも仲よく運動をしたり，場や器械・器具の安全に気を付けたりすること。

C　走・跳の運動遊び
　走・跳の運動遊びについて，次の事項を身に付けることができるよう指導する。
(1) 次の運動遊びの楽しさに触れ，その行い方を知るとともに，その動きを身に付けること。
　ア　走の運動遊びでは，いろいろな方向に走ったり，低い障害物を走り越えたりすること。
　イ　跳の運動遊びでは，前方や上方に跳んだり，連続して跳んだりすること。
(2) 走ったり跳んだりする簡単な遊び方を工夫するとともに，考えたことを友達に伝えること。
(3) 運動遊びに進んで取り組み，順番やきまりを守り誰とでも仲よく運動をしたり，勝敗を受け入れたり，場の安全に気を付けたりすること。

D 水遊び

　水遊びについて，次の事項を身に付けることができるよう指導する。

(1) 次の運動遊びの楽しさに触れ，その行い方を知るとともに，その動きを身に付けること。

　ア 水の中を移動する運動遊びでは，水につかって歩いたり走ったりすること。

　イ もぐる・浮く運動遊びでは，息を止めたり吐いたりしながら，水にもぐったり浮いたりすること。

(2) 水の中を移動したり，もぐったり浮いたりする簡単な遊び方を工夫するとともに，考えたことを友達に伝えること。

(3) 運動遊びに進んで取り組み，順番やきまりを守り誰とでも仲よく運動をしたり，水遊びの心得を守って安全に気を付けたりすること。

E ゲーム

　ゲームについて，次の事項を身に付けることができるよう指導する。

(1) 次の運動遊びの楽しさに触れ，その行い方を知るとともに，易しいゲームをすること。

　ア ボールゲームでは，簡単なボール操作と攻めや守りの動きによって，易しいゲームをすること。

　イ 鬼遊びでは，一定の区域で，逃げる，追いかける，陣地を取り合うなどをすること。

(2) 簡単な規則を工夫したり，攻め方を選んだりするとともに，考えたことを友達に伝えること。

(3) 運動遊びに進んで取り組み，規則を守り誰とでも仲よく運動をしたり，勝敗を受け入れたり，場や用具の安全に気を付けたりすること。

F 表現リズム遊び

　表現リズム遊びについて，次の事項を身に付けることができるよう指導する。

(1) 次の運動遊びの楽しさに触れ，その行い方を知るとともに，題材になりきったりリズムに乗ったりして踊ること。

　ア 表現遊びでは，身近な題材の特徴を捉え，全身で踊ること。

　イ リズム遊びでは，軽快なリズムに乗って踊ること。

(2) 身近な題材の特徴を捉えて踊ったり，軽快なリズムに乗って踊ったりする簡単な踊り方を工夫するとともに，考えたことを友達に伝えること。

(3) 運動遊びに進んで取り組み，誰とでも仲よく踊ったり，場の安全に気を付けたりすること。

3 内容の取扱い

(1) 内容の「A 体つくりの運動遊び」については，2学年間にわたって指導するものとする。

(2) 内容の「C 走・跳の運動遊び」については，児童の実態に応じて投の運動遊びを加えて指導することができる。

(3) 内容の「F 表現リズム遊び」の(1)のイについては，簡単なフォークダンスを含めて指導することができる。

(4) 学校や地域の実態に応じて歌や運動を伴う伝承遊び及び自然の中での運動遊びを加えて指導することができる。

(5) 各領域の各内容については，運動と健康が関わっていることについての具体的な考えがもてるよう指導すること。

〔第3学年及び第4学年〕

1 目標

(1) 各種の運動の楽しさや喜びに触れ，その行い方及び健康で安全な生活や体の発育・発達について理解するとともに，基本的な動きや技能を身に付けるようにする。

(2) 自己の運動や身近な生活における健康の課題を見付け，その解決のための方法や活動を工夫するとともに，考えたことを他者に伝える力を養う。

(3) 各種の運動に進んで取り組み，きまりを守り誰とでも仲よく運動をしたり，友達の考えを認めたり，場や用具の安全に留意したりし，最後まで努力して運動をする態度を養う。また，健康の大切さに気付き，自己の健康の保持増進に進んで取り組む態度を養う。

2 内容

A 体つくり運動

　体つくり運動について，次の事項を身に付けることができるよう指導する。

(1) 次の運動の楽しさや喜びに触れ，その行い方を知るとともに，体を動かす心地よさを味わったり，基本的な動きを身に付けたりすること。

　ア 体ほぐしの運動では，手軽な運動を行い，心と体の変化に気付いたり，みんなで関わり合ったりすること。

　イ 多様な動きをつくる運動では，体のバランスをとる動き，体を移動する動き，用具を操作する

動き，力試しの動きをし，それらを組み合わせること。
(2) 自己の課題を見付け，その解決のための活動を工夫するとともに，考えたことを友達に伝えること。
(3) 運動に進んで取り組み，きまりを守り誰とでも仲よく運動をしたり，友達の考えを認めたり，場や用具の安全に気を付けたりすること。

B　器械運動
　器械運動について，次の事項を身に付けることができるよう指導する。
(1) 次の運動の楽しさや喜びに触れ，その行い方を知るとともに，その技を身に付けること。
　ア　マット運動では，回転系や巧技系の基本的な技をすること。
　イ　鉄棒運動では，支持系の基本的な技をすること。
　ウ　跳び箱運動では，切り返し系や回転系の基本的な技をすること。
(2) 自己の能力に適した課題を見付け，技ができるようになるための活動を工夫するとともに，考えたことを友達に伝えること。
(3) 運動に進んで取り組み，きまりを守り誰とでも仲よく運動をしたり，友達の考えを認めたり，場や器械・器具の安全に気を付けたりすること。

C　走・跳の運動
　走・跳の運動について，次の事項を身に付けることができるよう指導する。
(1) 次の運動の楽しさや喜びに触れ，その行い方を知るとともに，その動きを身に付けること。
　ア　かけっこ・リレーでは，調子よく走ったりバトンの受渡しをしたりすること。
　イ　小型ハードル走では，小型ハードルを調子よく走り越えること。
　ウ　幅跳びでは，短い助走から踏み切って跳ぶこと。
　エ　高跳びでは，短い助走から踏み切って跳ぶこと。
(2) 自己の能力に適した課題を見付け，動きを身に付けるための活動や競争の仕方を工夫するとともに，考えたことを友達に伝えること。
(3) 運動に進んで取り組み，きまりを守り誰とでも仲よく運動をしたり，勝敗を受け入れたり，友達の考えを認めたり，場や用具の安全に気を付けたりすること。

D　水泳運動
　水泳運動について，次の事項を身に付けることができるよう指導する。
(1) 次の運動の楽しさや喜びに触れ，その行い方を知るとともに，その動きを身に付けること。
　ア　浮いて進む運動では，け伸びや初歩的な泳ぎをすること。
　イ　もぐる・浮く運動では，息を止めたり吐いたりしながら，いろいろなもぐり方や浮き方をすること。
(2) 自己の能力に適した課題を見付け，水の中での動きを身に付けるための活動を工夫するとともに，考えたことを友達に伝えること。
(3) 運動に進んで取り組み，きまりを守り誰とでも仲よく運動をしたり，友達の考えを認めたり，水泳運動の心得を守って安全に気を付けたりすること。

E　ゲーム
　ゲームについて，次の事項を身に付けることができるよう指導する。
(1) 次の運動の楽しさや喜びに触れ，その行い方を知るとともに，易しいゲームをすること。
　ア　ゴール型ゲームでは，基本的なボール操作とボールを持たないときの動きによって，易しいゲームをすること。
　イ　ネット型ゲームでは，基本的なボール操作とボールを操作できる位置に体を移動する動きによって，易しいゲームをすること。
　ウ　ベースボール型ゲームでは，蹴る，打つ，捕る，投げるなどのボール操作と得点をとったり防いだりする動きによって，易しいゲームをすること。
(2) 規則を工夫したり，ゲームの型に応じた簡単な作戦を選んだりするとともに，考えたことを友達に伝えること。
(3) 運動に進んで取り組み，規則を守り誰とでも仲よく運動をしたり，勝敗を受け入れたり，友達の考えを認めたり，場や用具の安全に気を付けたりすること。

F　表現運動
　表現運動について，次の事項を身に付けることができるよう指導する。
(1) 次の運動の楽しさや喜びに触れ，その行い方を知るとともに，表したい感じを表現したりリズムに乗ったりして踊ること。
　ア　表現では，身近な生活などの題材からその主な特徴を捉え，表したい感じをひと流れの動きで踊ること。

イ　リズムダンスでは，軽快なリズムに乗って全身で踊ること。
(2) 自己の能力に適した課題を見付け，題材やリズムの特徴を捉えた踊り方や交流の仕方を工夫するとともに，考えたことを友達に伝えること。
(3) 運動に進んで取り組み，誰とでも仲よく踊ったり，友達の動きや考えを認めたり，場の安全に気を付けたりすること。
G　保健
(1) 健康な生活について，課題を見付け，その解決を目指した活動を通して，次の事項を身に付けることができるよう指導する。
　　ア　健康な生活について理解すること。
　　　(ｱ) 心や体の調子がよいなどの健康の状態は，主体の要因や周囲の環境の要因が関わっていること。
　　　(ｲ) 毎日を健康に過ごすには，運動，食事，休養及び睡眠の調和のとれた生活を続けること，また，体の清潔を保つことなどが必要であること。
　　　(ｳ) 毎日を健康に過ごすには，明るさの調節，換気などの生活環境を整えることなどが必要であること。
　　イ　健康な生活について課題を見付け，その解決に向けて考え，それを表現すること。
(2) 体の発育・発達について，課題を見付け，その解決を目指した活動を通して，次の事項を身に付けることができるよう指導する。
　　ア　体の発育・発達について理解すること。
　　　(ｱ) 体は，年齢に伴って変化すること。また，体の発育・発達には，個人差があること。
　　　(ｲ) 体は，思春期になると次第に大人の体に近づき，体つきが変わったり，初経，精通などが起こったりすること。また，異性への関心が芽生えること。
　　　(ｳ) 体をよりよく発育・発達させるには，適切な運動，食事，休養及び睡眠が必要であること。
　　イ　体がよりよく発育・発達するために，課題を見付け，その解決に向けて考え，それを表現すること。
　3　内容の取扱い
(1) 内容の「A 体つくり運動」については，2学年間にわたって指導するものとする。
(2) 内容の「C 走・跳の運動」については，児童の実態に応じて投の運動を加えて指導することができる。
(3) 内容の「E ゲーム」の(1)のアについては，味方チームと相手チームが入り交じって得点を取り合うゲーム及び陣地を取り合うゲームを取り扱うものとする。
(4) 内容の「F 表現運動」の(1)については，学校や地域の実態に応じてフォークダンスを加えて指導することができる。
(5) 内容の「G 保健」については，(1)を第3学年，(2)を第4学年で指導するものとする。
(6) 内容の「G 保健」の(1)については，学校でも，健康診断や学校給食など様々な活動が行われていることについて触れるものとする。
(7) 内容の「G 保健」の(2)については，自分と他の人では発育・発達などに違いがあることに気付き，それらを肯定的に受け止めることが大切であることについて触れるものとする。
(8) 各領域の各内容については，運動と健康が密接に関連していることについての具体的な考えがもてるよう指導すること。

〔第5学年及び第6学年〕
　1　目　標
(1) 各種の運動の楽しさや喜びを味わい，その行い方及び心の健康やけがの防止，病気の予防について理解するとともに，各種の運動の特性に応じた基本的な技能及び健康で安全な生活を営むための技能を身に付けるようにする。
(2) 自己やグループの運動の課題や身近な健康に関わる課題を見付け，その解決のための方法や活動を工夫するとともに，自己や仲間の考えたことを他者に伝える力を養う。
(3) 各種の運動に積極的に取り組み，約束を守り助け合って運動をしたり，仲間の考えや取組を認めたり，場や用具の安全に留意したりし，自己の最善を尽くして運動をする態度を養う。また，健康・安全の大切さに気付き，自己の健康の保持増進や回復に進んで取り組む態度を養う。
　2　内　容
A　体つくり運動
　体つくり運動について，次の事項を身に付けることができるよう指導する。
(1) 次の運動の楽しさや喜びを味わい，その行い方を理解するとともに，体を動かす心地よさを味わっ

たり，体の動きを高めたりすること。
　ア　体ほぐしの運動では，手軽な運動を行い，心と体との関係に気付いたり，仲間と関わり合ったりすること。
　イ　体の動きを高める運動では，ねらいに応じて，体の柔らかさ，巧みな動き，力強い動き，動きを持続する能力を高めるための運動をすること。
(2)　自己の体の状態や体力に応じて，運動の行い方を工夫するとともに，自己や仲間の考えたことを他者に伝えること。
(3)　運動に積極的に取り組み，約束を守り助け合って運動をしたり，仲間の考えや取組を認めたり，場や用具の安全に気を配ったりすること。
B　器械運動
　器械運動について，次の事項を身に付けることができるよう指導する。
(1)　次の運動の楽しさや喜びを味わい，その行い方を理解するとともに，その技を身に付けること。
　ア　マット運動では，回転系や巧技系の基本的な技を安定して行ったり，その発展技を行ったり，それらを繰り返したり組み合わせたりすること。
　イ　鉄棒運動では，支持系の基本的な技を安定して行ったり，その発展技を行ったり，それらを繰り返したり組み合わせたりすること。
　ウ　跳び箱運動では，切り返し系や回転系の基本的な技を安定して行ったり，その発展技を行ったりすること。
(2)　自己の能力に適した課題の解決の仕方や技の組み合わせ方を工夫するとともに，自己や仲間の考えたことを他者に伝えること。
(3)　運動に積極的に取り組み，約束を守り助け合って運動をしたり，仲間の考えや取組を認めたり，場や器械・器具の安全に気を配ったりすること。
C　陸上運動
　陸上運動について，次の事項を身に付けることができるよう指導する。
(1)　次の運動の楽しさや喜びを味わい，その行い方を理解するとともに，その技能を身に付けること。
　ア　短距離走・リレーでは，一定の距離を全力で走ったり，滑らかなバトンの受渡しをしたりすること。
　イ　ハードル走では，ハードルをリズミカルに走り越えること。
　ウ　走り幅跳びでは，リズミカルな助走から踏み切って跳ぶこと。
　エ　走り高跳びでは，リズミカルな助走から踏み切って跳ぶこと。
(2)　自己の能力に適した課題の解決の仕方，競争や記録への挑戦の仕方を工夫するとともに，自己や仲間の考えたことを他者に伝えること。
(3)　運動に積極的に取り組み，約束を守り助け合って運動をしたり，勝敗を受け入れたり，仲間の考えや取組を認めたり，場や用具の安全に気を配ったりすること。
D　水泳運動
　水泳運動について，次の事項を身に付けることができるよう指導する。
(1)　次の運動の楽しさや喜びを味わい，その行い方を理解するとともに，その技能を身に付けること。
　ア　クロールでは，手や足の動きに呼吸を合わせて続けて長く泳ぐこと。
　イ　平泳ぎでは，手や足の動きに呼吸を合わせて続けて長く泳ぐこと。
　ウ　安全確保につながる運動では，背浮きや浮き沈みをしながら続けて長く浮くこと。
(2)　自己の能力に適した課題の解決の仕方や記録への挑戦の仕方を工夫するとともに，自己や仲間の考えたことを他者に伝えること。
(3)　運動に積極的に取り組み，約束を守り助け合って運動をしたり，仲間の考えや取組を認めたり，水泳運動の心得を守って安全に気を配ったりすること。
E　ボール運動
　ボール運動について，次の事項を身に付けることができるよう指導する。
(1)　次の運動の楽しさや喜びを味わい，その行い方を理解するとともに，その技能を身に付け，簡易化されたゲームをすること。
　ア　ゴール型では，ボール操作とボールを持たないときの動きによって，簡易化されたゲームをすること。
　イ　ネット型では，個人やチームによる攻撃と守備によって，簡易化されたゲームをすること。
　ウ　ベースボール型では，ボールを打つ攻撃と隊形をとった守備によって，簡易化されたゲームをすること。
(2)　ルールを工夫したり，自己やチームの特徴に応じた作戦を選んだりするとともに，自己や仲間の考

えたことを他者に伝えること。
(3) 運動に積極的に取り組み，ルールを守り助け合って運動をしたり，勝敗を受け入れたり，仲間の考えや取組を認めたり，場や用具の安全に気を配ったりすること。
F　表現運動
　表現運動について，次の事項を身に付けることができるよう指導する。
(1) 次の運動の楽しさや喜びを味わい，その行い方を理解するとともに，表したい感じを表現したり踊りで交流したりすること。
　ア　表現では，いろいろな題材からそれらの主な特徴を捉え，表したい感じをひと流れの動きで即興的に踊ったり，簡単なひとまとまりの動きにして踊ったりすること。
　イ　フォークダンスでは，日本の民踊や外国の踊りから，それらの踊り方の特徴を捉え，音楽に合わせて簡単なステップや動きで踊ること。
(2) 自己やグループの課題の解決に向けて，表したい内容や踊りの特徴を捉えた練習や発表・交流の仕方を工夫するとともに，自己や仲間の考えたことを他者に伝えること。
(3) 運動に積極的に取り組み，互いのよさを認め合い助け合って踊ったり，場の安全に気を配ったりすること。
G　保健
(1) 心の健康について，課題を見付け，その解決を目指した活動を通して，次の事項を身に付けることができるよう指導する。
　ア　心の発達及び不安や悩みへの対処について理解するとともに，簡単な対処をすること。
　　(ア) 心は，いろいろな生活経験を通して，年齢に伴って発達すること。
　　(イ) 心と体には，密接な関係があること。
　　(ウ) 不安や悩みへの対処には，大人や友達に相談する，仲間と遊ぶ，運動をするなどいろいろな方法があること。
　イ　心の健康について，課題を見付け，その解決に向けて思考し判断するとともに，それらを表現すること。
(2) けがの防止について，課題を見付け，その解決を目指した活動を通して，次の事項を身に付けることができるよう指導する。
　ア　けがの防止に関する次の事項を理解するとともに，けがなどの簡単な手当をすること。
　　(ア) 交通事故や身の回りの生活の危険が原因となって起こるけがの防止には，周囲の危険に気付くこと，的確な判断の下に安全に行動すること，環境を安全に整えることが必要であること。
　　(イ) けがなどの簡単な手当は，速やかに行う必要があること。
　イ　けがを防止するために，危険の予測や回避の方法を考え，それらを表現すること。
(3) 病気の予防について，課題を見付け，その解決を目指した活動を通して，次の事項を身に付けることができるよう指導する。
　ア　病気の予防について理解すること。
　　(ア) 病気は，病原体，体の抵抗力，生活行動，環境が関わりあって起こること。
　　(イ) 病原体が主な要因となって起こる病気の予防には，病原体が体に入るのを防ぐことや病原体に対する体の抵抗力を高めることが必要であること。
　　(ウ) 生活習慣病など生活行動が主な要因となって起こる病気の予防には，適切な運動，栄養の偏りのない食事をとること，口腔の衛生を保つことなど，望ましい生活習慣を身に付ける必要があること。
　　(エ) 喫煙，飲酒，薬物乱用などの行為は，健康を損なう原因となること。
　　(オ) 地域では，保健に関わる様々な活動が行われていること。
　イ　病気を予防するために，課題を見付け，その解決に向けて思考し判断するとともに，それらを表現すること。
3　内容の取扱い
(1) 内容の「A 体つくり運動」については，2学年間にわたって指導するものとする。また，(1)のイについては，体の柔らかさ及び巧みな動きを高めることに重点を置いて指導するものとする。その際，音楽に合わせて運動をするなどの工夫を図ること。
(2) 内容の「A 体つくり運動」の(1)のアと「G 保健」の(1)のアの(ウ)については，相互の関連を図って指導するものとする。
(3) 内容の「C 陸上運動」については，児童の実態に応じて，投の運動を加えて指導することができる。

(4) 内容の「D水泳運動」の(1)のア及びイについては，水中からのスタートを指導するものとする。また，学校の実態に応じて背泳ぎを加えて指導することができる。
(5) 内容の「Eボール運動」の(1)については，アはバスケットボール及びサッカーを，イはソフトバレーボールを，ウはソフトボールを主として取り扱うものとするが，これらに替えてハンドボール，タグラグビー，フラッグフットボールなどア，イ及びウの型に応じたその他のボール運動を指導することもできるものとする。なお，学校の実態に応じてウは取り扱わないことができる。
(6) 内容の「F表現運動」の(1)については，学校や地域の実態に応じてリズムダンスを加えて指導することができる。
(7) 内容の「G保健」については，(1)及び(2)を第5学年，(3)を第6学年で指導するものとする。また，けがや病気からの回復についても触れるものとする。
(8) 内容の「G保健」の(3)のアの(エ)の薬物については，有機溶剤の心身への影響を中心に取り扱うものとする。また，覚醒剤等についても触れるものとする。
(9) 各領域の各内容については，運動領域と保健領域との関連を図る指導に留意すること。

第3 指導計画の作成と内容の取扱い
1 指導計画の作成に当たっては，次の事項に配慮するものとする。
(1) 単元など内容や時間のまとまりを見通して，その中で育む資質・能力の育成に向けて，児童の主体的・対話的で深い学びの実現を図るようにすること。その際，体育や保健の見方・考え方を働かせ，運動や健康についての自己の課題を見付け，その解決のための活動を選んだり工夫したりする活動の充実を図ること。また，運動の楽しさや喜びを味わったり，健康の大切さを実感したりすることができるよう留意すること。
(2) 一部の領域の指導に偏ることのないよう授業時数を配当すること。
(3) 第2の第3学年及び第4学年の内容の「G保健」に配当する授業時数は，2学年間で8単位時間程度，また，第2の第5学年及び第6学年の内容の「G保健」に配当する授業時数は，2学年間で16単位時間程度とすること。
(4) 第2の第3学年及び第4学年の内容の「G保健」並びに第5学年及び第6学年の内容の「G保健」(以下「保健」という。)については，効果的な学習が行われるよう適切な時期に，ある程度まとまった時間を配当すること。
(5) 低学年においては，第1章総則の第2の4の(1)を踏まえ，他教科等との関連を積極的に図り，指導の効果を高めるようにするとともに，幼稚園教育要領等に示す幼児期の終わりまでに育ってほしい姿との関連を考慮すること。特に，小学校入学当初においては，生活科を中心とした合科的・関連的な指導や，弾力的な時間割の設定を行うなどの工夫をすること。
(6) 障害のある児童などについては，学習活動を行う場合に生じる困難さに応じた指導内容や指導方法の工夫を計画的，組織的に行うこと。
(7) 第1章総則の第1の2の(2)に示す道徳教育の目標に基づき，道徳科などとの関連を考慮しながら，第3章特別の教科道徳の第2に示す内容について，体育科の特質に応じて適切な指導をすること。
2 第2の内容の取扱いについては，次の事項に配慮するものとする。
(1) 学校や地域の実態を考慮するとともに，個々の児童の運動経験や技能の程度などに応じた指導や児童自らが運動の課題の解決を目指す活動を行えるよう工夫すること。特に，運動を苦手と感じている児童や，運動に意欲的に取り組まない児童への指導を工夫するとともに，障害のある児童などへの指導の際には，周りの児童が様々な特性を尊重するよう指導すること。
(2) 筋道を立てて練習や作戦について話し合うことや，身近な健康の保持増進について話し合うことなど，コミュニケーション能力や論理的な思考力の育成を促すための言語活動を積極的に行うことに留意すること。
(3) 第2の内容の指導に当たっては，コンピュータや情報通信ネットワークなどの情報手段を積極的に活用し，各領域の特質に応じた学習活動を行うことができるように工夫すること。その際，情報機器の基本的な操作についても，内容に応じて取り扱うこと。
(4) 運動領域におけるスポーツとの多様な関わり方や保健領域の指導については，具体的な体験を伴う

学習を取り入れるよう工夫すること。
(5) 第2の内容の「A体つくりの運動遊び」及び「A体つくり運動」の(1)のアについては，各学年の各領域においてもその趣旨を生かした指導ができること。
(6) 第2の内容の「D水遊び」及び「D水泳運動」の指導については，適切な水泳場の確保が困難な場合にはこれらを取り扱わないことができるが，これらの心得については，必ず取り上げること。
(7) オリンピック・パラリンピックに関する指導として，フェアなプレイを大切にするなど，児童の発達の段階に応じて，各種の運動を通してスポーツの意義や価値等に触れることができるようにすること。
(8) 集合，整頓，列の増減などの行動の仕方を身に付け，能率的で安全な集団としての行動ができるようにするための指導については，第2の内容の「A体つくりの運動遊び」及び「A体つくり運動」をはじめとして，各学年の各領域（保健を除く。）において適切に行うこと。
(9) 自然との関わりの深い雪遊び，氷上遊び，スキー，スケート，水辺活動などの指導については，学校や地域の実態に応じて積極的に行うことに留意すること。
(10) 保健の内容のうち運動，食事，休養及び睡眠については，食育の観点も踏まえつつ，健康的な生活習慣の形成に結び付くよう配慮するとともに，保健を除く第3学年以上の各領域及び学校給食に関する指導においても関連した指導を行うようにすること。
(11) 保健の指導に当たっては，健康に関心をもてるようにし，健康に関する課題を解決する学習活動を取り入れるなどの指導方法の工夫を行うこと。

索　引

あ行

あおり足　123
R-PDCA サイクル　69
ICT　109, 110, 134, 153, 158
アナロゴン　115
安全　89, 90, 96, 109, 142
安全確保につながる運動　12, 116
安全管理に関する技術　18
安全に関する指導　40, 175
インクルーシブな良質の体育　189
インストラクション　131
浮いて進む運動　116
動きや技のポイント　6
動きを持続する能力を高めるための運動　81
運動遊び　89
運動学習　131
運動学習時間　121
運動が苦手な児童　46, 73, 111
運動に意欲的でない児童　46, 73, 111
運動についての思考・判断　71
運動の技能　64, 71
運動の楽しさや喜び　41, 45
運動への関心・意欲・態度　71
運動や健康・安全についての思考・判断　64
運動や健康・安全への関心・意欲・態度　64
運動有能感　57, 136
運動領域　3, 41, 44, 48
多くの領域の学習を経験する時期　9
鬼遊び　126, 149

か行

回転系　90, 92, 94
回転跳び技群　92
学習カード　49
学習活動に即した評価規準　69, 131
学習過程　46
学習指導　55
学習指導課題　51
学習指導間の一貫性　52
学習指導にかかわる課題システム　192
学習指導の技術　18

学習指導方略　57, 59
学習指導モデル　52
学習指導要領　51, 64, 68
学習者についての知識　17
学習集団　48
学習のねらい　45, 46
学習評価　4, 62
各種の運動（遊び）　5, 7-9
かけっこ・リレー　103
課題システム　51
課題発見　106
学校インターンシップ　20
体つくり運動　78, 181
体つくり運動系　9, 77, 78, 80,
体つくりの運動遊び　78
体の動きを高める運動　9, 78, 81
体のバランスをとる運動　80
体の柔らかさを高めるための運動　81
体ほぐしの運動（遊び）　9, 78, 80, 81
体を移動する運動　80
カリキュラム・マネジメント　18, 39, 41, 50, 65, 188
簡易化されたゲーム　128, 129, 131, 151, 157
感覚づくりの運動　96
環境条件に関する知識　28
環境的要因　22
観点別学習評価　67
器械運動　89
器械運動系　10, 98, 115
器械・器具を使っての運動遊び　11, 89
基礎的な身体能力　40
基本的な動き（動作）　7, 102, 116
基本的な動きを組み合わせる運動　80
基本技　92, 94, 96
逆向き設計　52
キャリアステージ　18, 24
教育学的省察課題　29
教育的愛情　17
教員免許更新講習　20
教科内容　54, 55
教科内容についての知識　17, 27

教具　54, 55, 158
教材　54, 55, 123, 158
教材化　179
教授技能　59
教授方法についての知識　17
教職課程コアカリキュラム　189
教職大学院　21
共生　94, 130, 142, 147
競争的な課題　57
協調学習　57
協同学習　57
協同的な課題　57
協力　73, 96, 142
切り返し系　92
切り返し跳び技群　92
組合せ単元　44
クロール　116
形成的評価　66
ゲーム　12, 129, 149
けがの防止　178
健康・安全についての知識・理解　64
健康で安全な生活　4
健康な生活　177
懸垂　90
巧技系　90, 94
公正　73, 107, 142
公正，協力，責任，参画，共生および健康・安全　7, 72, 130
公的研修　20
後転　90, 92
後方足掛け回転　92
後方支持回転技群　92
ゴール型　12, 126, 127, 130, 135, 136, 149
小型ハードル走　103
呼吸　12, 114-116, 123
心の健康　177
個人及び社会生活における内容　175
個人生活における内容　175
個人的要因　22
固定施設　89
固定施設を使った運動遊び　11, 92
個別的な課題　57

203

コミットメント（積極的関与） 17

さ行

作戦 127, 134, 141, 142, 155
思考力，判断力，表現力等 3, 5, 18, 6, 46, 65, 71, 72, 79, 80, 82, 84, 89, 92, 96, 103, 106, 116–118, 127, 129–131, 134, 139–143, 152, 161, 177, 178, 180, 188
自己研修 21
自己の課題 6
自己評価 49, 66
自己保全能力 116
支持系 92
資質・能力 3, 7, 8, 27, 29, 39, 117, 123, 130, 188
資質・能力の三つの柱 5, 14
持続可能な開発目標 187
実生活へのつながり 49
指導技術 17, 18
指導計画 40
児童生徒に合わせて授業を構成するための知識を身につけている状態（PCKg） 28, 190
指導と評価の一体化 52, 64, 73, 132
指導内容 52
指導内容の系統性 8
児童の発達の特性 18
指導要録 63, 68
社会的技能 52
社会的スキル 188
集団に準拠した評価（相対評価） 63
授業改善 67
授業研究 20
授業の手続きに関する知識 27
授業場面の期間記録 32
熟練期 18
主体化 179
主体的・対話的で深い学び 14, 39, 44, 83, 118, 121, 129, 131, 157, 174, 179, 183
主体的な学び 45, 179
受理 56
生涯にわたる教師の成長過程（CPD） 27
障害のある児童への支援 49
省察 22, 29
省察主体としての教師 28
省察のサイクル 29, 192

情緒的スキル 188
初任期 18
初任者研修 20
初歩的な泳ぎ 12, 116
自立支援的なスタイル 57
心身の健康の保持増進に関する指導 40, 175
診断的評価 67
水泳運動 12, 116
水泳運動系 11, 114–118, 123
水中運動 114
スポーツの価値 7, 8
「する・みる・支える・知る」 5
生徒に関する知識 28
接転技群 90
専科教員 16, 189
専修免許状 21
戦術的課題 157
前転 90, 92
前方足掛け回転 92
前方支持回転技群 92
総括的評価 67
総合的な人間力 17
相互互恵的な関係 57
相互作用 56
相互作用の記録法 33
相互評価 49, 66
走・跳の運動（遊び） 11, 102
走の運動遊び 102
素材 54, 55, 179
組織的観察法 31

た行

体育・健康に関する指導 40, 174
体育授業実施のための省察の枠組み（RFTPE） 30
体育主任 19
体育・身体活動・スポーツに関する国際憲章 187
体育・スポーツ担当大臣等国際会議（MINEPS） 187
体育的行事 40
体育の質保証に向けた提案 187
体育の見方・考え方 5, 14
体育分野 3
第1回世界学校体育サミット 187
題材 39
体力テスト 77
体力の向上に関する指導 40
対話的な学び 134
高跳び 103

巧みな動きを高めるための運動 81
タブレット 123, 134
多様な動きをつくる運動（遊び） 9, 78, 80, 83
単位時間計画 40, 48
短距離走・リレー 103, 105
単元 39, 44, 66
単元計画 40, 45, 50
単元の評価規準 69
単独単元 44
力試しの運動 80
力強い動きを高めるための運動 81
知識及び運動 79, 80, 81, 87
知識及び技能 3, 5, 18, 46, 65, 67, 71, 72, 89, 90, 96, 103, 108, 114, 115, 118, 126, 127, 129–131, 139, 140, 142, 143, 161, 177, 178, 188
知識の創造者，研究者としての教師 28
知識を受け入れる教師 28
中学校への接続 80
中堅期 18
跳の運動遊び 102
ティームティーチング 122
鉄棒 89, 92
鉄棒運動 11, 89
鉄棒を使った運動遊び 11
投の運動（遊び） 11, 103
倒立 90
倒立回転 90
跳び箱 89
跳び箱運動 11, 89, 92
跳び箱を使った運動遊び 11

な行

仲間との交流 78
人間関係課題 51
認知学習時間 121
認知能力 188
ネット型 12, 126, 139–141, 143, 149
年間計画 40, 41, 50
年間指導計画 66

は行

ハードル走 103, 105
配慮を要する児童 17
走り高跳び 103, 106
走り幅跳び 103, 106
発達の段階 9, 10, 41, 82
発展技 92, 94, 96
発問 56, 66, 157

索　引

バディ（ペア）　122
バディシステム　122
バトンの受渡し　105
はね起き　90
幅跳び　103
パフォーマンス評価　63
ひと流れ　165
ひとまとまりの動き　165
評価　18, 49, 52, 55, 66, 69, 132
評価規準　69, 70
病気の防止　178
表現　13, 163, 164
表現遊び　163-165, 170
表現運動　13, 161
表現運動系　13, 163
表現リズム遊び　13, 161, 163
評定　67
平泳ぎ　116
フィードバック　56
フィジカルリテラシー　188
フォークダンス　13, 163-166
深い学び　134, 179
プル　123
平均立ち技群　90, 94, 96

ベースボール型　12, 126, 149-152, 153
ベルリンアジェンダ　187, 189
ボール運動　12, 149
ボール運動系　12, 126, 130, 149, 152, 153
ボールゲーム　126, 149
ボール操作　12, 13, 126-129, 139, 140, 150
ボールを持たないときの動き　12, 13, 126-129, 139, 141, 150
保健の見方・考え方　5, 14, 174, 176, 177
保健分野　3
保健領域　3, 41, 173, 174
ボビング　122
ほん転技群　90, 94, 96

ま行

マット　89
マット運動　11, 89
マットを使った運動遊び　11
学びに向かう力，人間性等　3, 5, 6, 18, 46, 65, 71, 72, 79, 80, 83, 89, 93, 98, 103, 107, 117, 118, 127, 129-131, 139, 142, 143, 153, 159, 162, 177, 178, 188
学びの地図　3
マネジメント　18, 51, 131, 192
見方・考え方　154, 173, 175
水遊び　12, 115
水の中を移動する運動遊び　116
ミレニアム開発目標　187
目標に準拠した評価　62, 63, 73, 132
もぐる・浮く運動（遊び）　115
モニタリング　55

や・ら・わ行

易しいゲーム　128, 129, 151, 157
豊かなスポーツライフ　4, 7, 8
用具を操作する運動　80
陸上運動　11, 103
陸上運動系　11, 102, 112
リズム遊び　164, 166, 170
リズムダンス　13, 163, 164, 165, 170
リテラシー　187
良質の体育　188

《監修者紹介》
吉田武男（筑波大学人間系教授）

《執筆者紹介》（所属，分担，執筆順，＊は編著者）
＊岡出美則（編著者紹介参照：はじめに，第3章，第5章，終章）
高田彬成（スポーツ庁政策課教科調査官，国立教育政策研究所教育課程調査官：第1章）
四方田健二（名古屋学院大学スポーツ健康学部講師：第2章）
日野克博（愛媛大学教育学部准教授：第3章）
柴田一浩（流通経済大学スポーツ健康科学部教授：第4章）
三田部　勇（筑波大学体育系准教授：第6章）
近藤智靖（日本体育大学児童スポーツ教育学部教授：第7章）
中村　剛（筑波大学体育系准教授：第8章）
細越淳二（国士舘大学文学部教授：第9章）
浜上洋平（帝京大学医療技術学部講師：第10章）
須甲理生（日本女子体育大学体育学部准教授：第11章）
吉野　聡（茨城大学教育学部准教授：第12章）
吉永武史（早稲田大学スポーツ科学学術院准教授：第13章）
七澤朱音（千葉大学教育学部准教授：第14章）
岡﨑勝博（東海大学体育学部教授：第15章）

《編著者紹介》

岡出美則（おかで・よしのり／1957年生まれ）
　日本体育大学スポーツ文化学部教授
　『新版　体育科教育学入門』（共著，大修館書店，2010年）
　『体育科教育学の現在』（共著，創文企画，2011年）
　『身体性コンピテンスと未来の子どもの育ち』（共著，明石書店，2014年）
　『よい体育授業をもとめて——全国からの発信と交流』（共著，大修館書店，2015年）

MINERVAはじめて学ぶ教科教育⑨
初等体育科教育

2018年12月30日　初版第1刷発行　　　〈検印省略〉

定価はカバーに
表示しています

編著者	岡　出　美　則
発行者	杉　田　啓　三
印刷者	藤　森　英　夫

発行所　株式会社　ミネルヴァ書房
607-8494　京都市山科区日ノ岡堤谷町1
電話代表　(075)581-5191
振替口座　01020-0-8076

ⓒ岡出美則ほか，2018　　　　　　　亜細亜印刷

ISBN978-4-623-08485-2
Printed in Japan

MINERVA はじめて学ぶ教科教育

監修　吉田武男

新学習指導要領［平成29年改訂］に準拠　　全10巻＋別巻1

◆ B5判／美装カバー／各巻190〜260頁／各巻予価2200円（税別） ◆

① **初等国語科教育**
塚田泰彦・甲斐雄一郎・長田友紀 編著

② **初等算数科教育**
清水美憲 編著

③ **初等社会科教育**
井田仁康・唐木清志 編著

④ **初等理科教育**
大髙 泉 編著

⑤ **初等外国語教育**
卯城祐司 編著

⑥ **初等図画工作科教育**
石﨑和宏・直江俊雄 編著

⑦ **初等音楽科教育**
笹野恵理子 編著

⑧ **初等家庭科教育**
河村美穂 編著

⑨ **初等体育科教育**
岡出美則 編著

⑩ **初等生活科教育**
片平克弘・唐木清志 編著

別 **現代の学力論（仮）**
樋口直宏・根津朋実・吉田武男 編著

【姉妹編】
MINERVA はじめて学ぶ教職　全20巻＋別巻1

監修 吉田武男　B5判／美装カバー／各巻予価2200円（税別）〜

① 教育学原論　　　　　　　　滝沢和彦 編著
② 教職論　　　　　　　　　　吉田武男 編著
③ 西洋教育史　　　　　　　　尾上雅信 編著
④ 日本教育史　　　　　　　　平田諭治 編著
⑤ 教育心理学　　　　　　　　濱口佳和 編著
⑥ 教育社会学　　　飯田浩之・岡本智周 編著
⑦ 社会教育・生涯学習　手打明敏・上田孝典 編著
⑧ 教育の法と制度　　　　　　藤井穂高 編著
⑨ 学校経営　　　　　　　　　浜田博文 編著
⑩ 教育課程　　　　　　　　　根津朋実 編著
⑪ 教育の方法と技術　　　　　樋口直宏 編著
⑫ 道徳教育　　　　　　　　　田中マリア 編著
⑬ 総合学習　　　　　　　　　佐藤 真 編著
⑭ 特別活動　　　　　　　　　吉田武男 編著
⑮ 生徒指導　　　　　花屋哲郎・吉田武男 編著
⑯ 教育相談　　高柳真人・前田基成・服部 環・吉田武男 編著
⑰ 教育実習　　　　　三田部勇・吉田武男 編著
⑱ 特別支援教育　小林秀之・米田宏樹・安藤隆男 編著
⑲ キャリア教育　　　　　　　藤田晃之 編著
⑳ 幼児教育　　　　　　　　　小玉亮子 編著
別 現代の教育改革　　　　　　徳永 保 編著

ミネルヴァ書房
http://www.minervashobo.co.jp/